人名の世界地図

21世紀研究会編

文春新書

154

はじめに

アルフレッド・ヒッチコックの作品に、「レベッカ」という不気味なサスペンス映画がある。イギリスの富豪マンダレー家の二度目の妻となった若いアメリカ女性が、死んだ前妻レベッカの影が支配する屋敷内で体験する恐怖を描いた作品である。この名レベッカには「縛る」「束縛する」との意味があるという。

つまりこの題名は、物語に組み込まれているある運命を暗示してはいないだろうか。

名前とは何だろう。

さまざまな国、さまざまな時代に、親は子供たちにどのような名前をつけてきたのだろうか。地名と同じように、人名の世界地図の上にも、民族間のたびかさなる抗争、大移動、宗教、文化の広がりが数千年におよぶ長い影を投げかけている。

九世紀から十世紀にかけて移動を開始したヴァイキングたちは、極北の海を渡って、イギリス、フランスなどを侵略しただけでなく、ゲルマン起源の名前をイギリスにもたらした。ウィリアム、ヘンリー、ロバートなどは、すべてヴァイキングの末裔によって英語名となったのだ。

リリエンタール、ゴールドスタインという名前がある。それぞれ百合の谷、金の石という意味をもつ美しい名である。しかしこの名には、悲劇が隠されている。

かつてユダヤ人たちは姓をもつことを禁じられていた。しかしある時代、ドイツの「話のわかる」領主が、ユダヤ人に姓を「売る」こともあった。だが、それでも、すぐにユダヤ人だとわかるようにと、植物、金属名しか使わせなかったのだ。リリエンタールとは、そうした名前だったのである。

その昔、中国には、名前をよばれると禍いがふりかかると信じた人たちがいた。また、「約束を破ったら姓を変える」というほど姓を大切にする朝鮮半島の人びとは、数百年前にさかのぼる先祖たちの記録「族譜」に記された先祖の名前とともに今を生きている。

世界には姓のない国もある。決められたもの以外の名前をつけるときには、特別な承認を必要とするスウェーデン、ハンガリーのような国もある。またプン（ミツバチ）ちゃん、クン（エビ）ちゃんのように、愛称でよびあい、友だちの本名を知らないタイの子どもたちもいる。文革時代には、熱にうかされた親たちによって、紅衛、造反と名づけられた子どもたちもいた。

アフリカから拉致された黒人たちは、もとの名を奪われ、奴隷貿易で栄えたイギリスの港町ブリストルとかいった地名や、所有者たちの悪意に満ちた皮肉によって、プリンス（王子）、デューク（公爵）と名づけられることもあった。

またあるとき、突然、改名させられることもある。鄧小平は鄧先聖という名前だったが、小学校にあがるとき、「聖人に先んずるとはけしからん」と言われて、鄧希賢と改名させられてしまった。鄧小平が、その名を捨てたのは、それから二十年ものちのことだった。

名前とは何だろう。

あらゆる国には、人名にまつわるさまざまな伝説がある。その名は、時代によって変容をうけながらも、長い歳月に耐えて生き残っている。ただ、そうした伝統名も、その名前が本来もっていた意味は失われ、言葉の響きのよしあしや有名人の名にあやかって名づけられることが多くなったという。

しかし名前は、数千年にわたる民族、人種、宗教がわかちがたく溶け合った坩堝のなかから生まれたものでもある。時代の流行や風潮などで一時的に忘れられることはあっても、必ずやその意味が問い直され、新たな意味づけがなされるときがくるように思う。

いまこそ、人名という泉の底に降りて、そこにどのような意味がひそんでいるのかを探ってみたい。

人名の世界地図　目次

第1章 名前にこめられた意味

エジプト・ルクソール神殿
神が発明したと信じた文字で、石に深く名前を彫り込んだ　前1250年頃

[オハイオ州]
18. ユリシーズ・シンプソン・グラント　Ulysses Simpson Grant
19. ラザフォード・バーチャード・ヘイズ　Rutherford Birchard Hayes
20. ジェームズ・エイブラム・ガーフィールド　James Abram Garfield
23. ベンジャミン・ハリソン　Benjamin Harrison
25. ウィリアム・マッキンリー　William McKinley
27. ウィリアム・ハワード・タフト　William Howard Taft
29. ウォーレン・ガマリエル・ハーディング　Warren Gamaliel Harding

[ニューヨーク州]
8．マーティン・ヴァン・ビューレン　Martin Van Buren
13. ミラード・フィルモア　Millard Fillmore
26. セオドア・ルーズヴェルト　Theodore Roosevelt「テディ（Teddy)」
32. フランクリン・デラノ・ルーズヴェルト　Franklin Delano Roosevelt

[バーモント州]
21. チェスター・アラン・アーサー　Chester Alan Arthur
30. カルヴィン・クーリッジ　Calvin Coolidge

[ニューハンプシャー州]
14. フランクリン・ピアース　Franklin Pierce

[マサチューセッツ州]
2．ジョン・アダムズ　John Adams
6．ジョン・クインシー・アダムズ　John Quincy Adams
35. ジョン・フィッツジェラルド・ケネディ
John Fitzgerald Kennedy「JFK」

[ニュージャージー州]
22. 24. スティーヴン・グローバー・クリーブランド
Stephen Grover Cleveland

[ペンシルバニア州]
15. ジェームズ・ブキャナン　James Buchanan

[ケンタッキー州]
16. エイブラハム・リンカーン　Abraham Lincoln

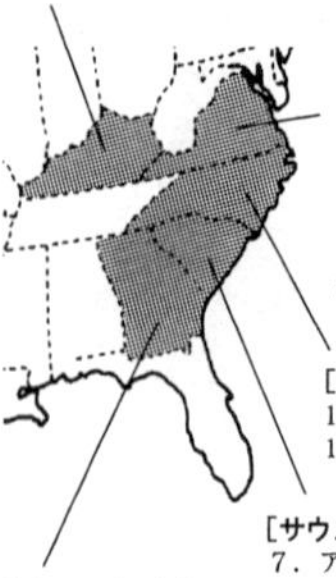

[ヴァージニア州]
1．ジョージ・ワシントン　George Washington
3．トマス・ジェファソン　Thomas Jefferson「トム（Tom)」
4．ジェームズ・マディソン　James Madison
5．ジェームズ・モンロー　James Monroe
9．ウィリアム・ヘンリー・ハリソン　William Henry Harrison
10. ジョン・タイラー　John Tyler
12. ザカリー・テイラー　Zachary Taylor
28. ウッドロー・ウィルソン　Woodrow Wilson

[ノースカロライナ州]
11. ジェームズ・ノックス・ポーク　James Knox Polk
17. トマス・アンドリュー・ジョンソン
Thomas Andrew Johnson

[サウスカロライナ州]
7．アンドリュー・ジャクソン　Andrew Jackson

[ジョージア州]
39. ジミー・カーター　Jimmy Carter

アメリカ合衆国大統領の出身地図

第30代までは、アメリカ合衆国の歴史がはじまった東部の州からの出身が多いことがわかる。多民族国家アメリカの人名からはどのようなことがみえてくるだろう。

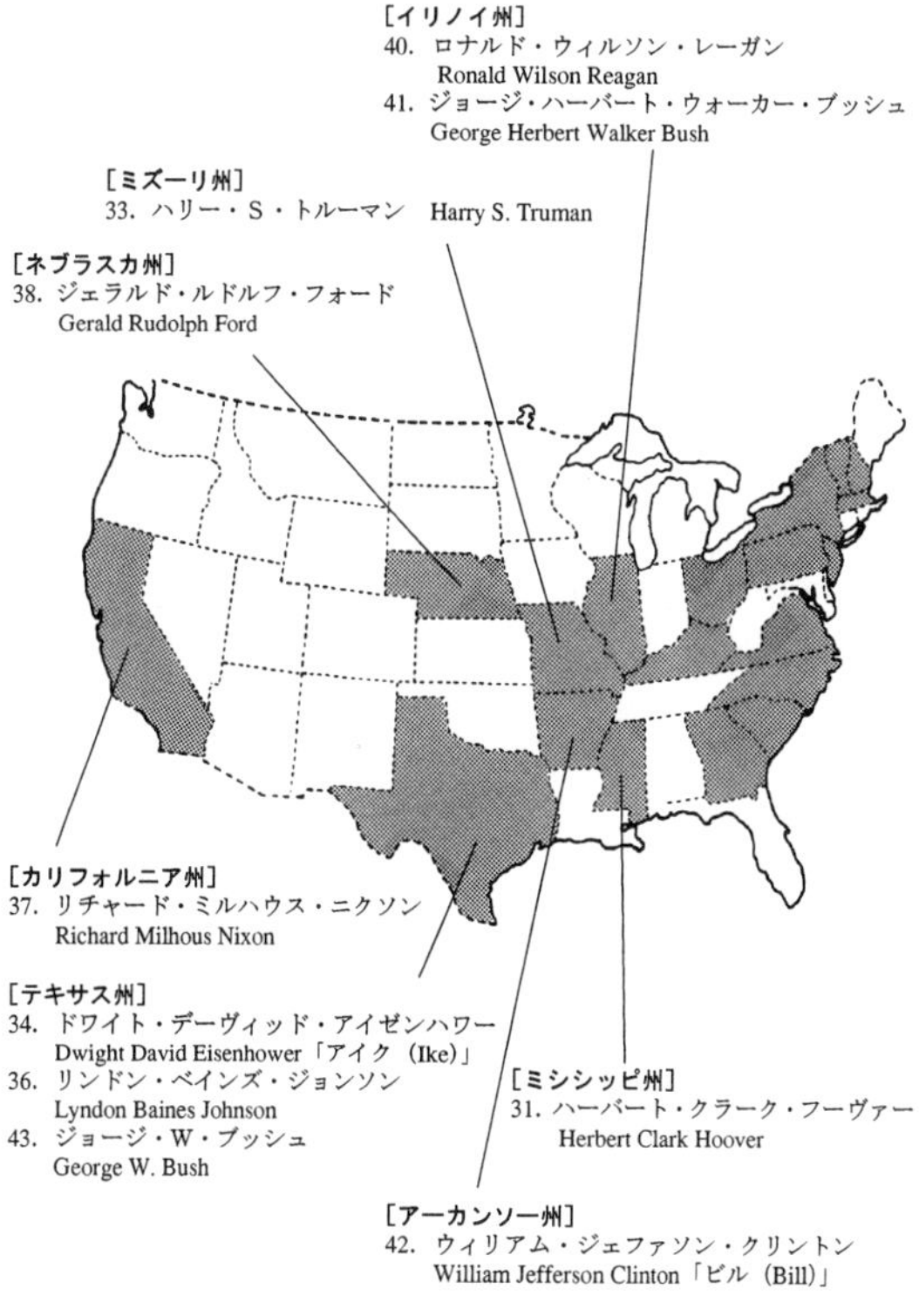

ピーターとピョートル

二十世紀最後のアメリカ大統領ビル・クリントンBill Clintonは、本名をウィリアム・ジェファソン・クリントンWilliam Jefferson Clintonという。

このことから、私たちは、アメリカ人の愛称は公的にも通用するものだと知ることができる。かつて中曽根康弘元首相がロナルド・レーガン元大統領と「ロン」「ヤス」で呼び合う仲だと喧伝されたことがあったが、日本では、中曽根氏の名前を間違っても「ヤス」とは略さないことを考えると、愛称で通るアメリカの人名に対する感覚の不思議さが浮かび上がってくる。

ウィリアム・ジェファソン・クリントンの名前はまた、アメリカ人にはジェファソンのようなミドル・ネームがあることを教えてくれる。

最後のクリントンはもちろん姓だが、このクリントンからは、アメリカ合衆国では北部の名士に多い姓であること、そしてもとはイングランド南部のオックスフォードシャーのグリンプトンGlympton、あるいは中部のノーサンプトンシャーのグリントンGlinton の出身だろうと、彼の出自がわかるようになっている。ちなみにクリントンとは、「丘のある町に住む人」を意味する。

欧米人の名前が、本人の名そして姓の順になっていることは常識だが、日本や中国のように、姓が一つ、名前が一つとは限らないので、どこまでが個人名でどこからが姓なのか迷うことがある。また、ともに一九世紀生まれのイギリスの作家ヘンリー・ジェイムズ Henry James とジェイムズ・ジョイス James Joyce のように、一つの名前が個人名にも姓にもなるという不思議さもある。

ヨーロッパでは、同じ起源の名前が各国で使われている。

たとえば、ピーター Peter という英語名は、新約聖書のペトロ Petros に由来する名前だ。ペトロは、イエス・キリストの使徒のなかでも傑出した立場にあるとされている。イエスが捕らえられたとき、彼は「イエスなど知らない」と言って三度裏切ったが、復活したイエスが最初にあらわれたのは、そのペトロの前であった。その後は苦難に耐えながら布教活動を続け、ローマで殉教した。そもそもシモンという名前だった彼がペトロという名前を与えられるとき、イエスは彼に、「汝の名はペトロ（岩）なり、その岩の上にわが教会を建てよう」と言ったという。そのため、殉教したペトロ（岩）の上に建てられた教会をサン・ピエトロ（聖ペトロ）教会という。ペトロという名がすでにこの教会の礎石となって死ぬことを予言する名前だったのだ。

キリスト教世界では、ペトロは長寿をもたらす者、天国の扉の番人として信仰されている。彼の名は、ドイツではペーター Peter、またはペトリ Petri、ペトルス Petrus、フランスではピエール Pierre、イタリアではピエトロ Pietro、スペインやポルトガルではペドロ Pedro、ロシアではピョートル Pyotr となる。

こうした名前は各言語に適応した形でもちいられるだけでなく、ひとたび伝統名として定着した名前は何世紀にもわたって使われ続ける。これも日本の命名習慣とは大きく異なる点だろう。そうした名前が、言語や世代を超えて使われてきたのは、キリスト教文化圏に共通した命名習慣による。それは直接には、個人名に聖人の名前が与えられる習わしによる。

このように聖人、もしくは英雄、有名人の名にあやかって命名するという発想は、西洋文化に広くみられる記念物主義《モニユメンタリズム》のあらわれかもしれない。つまりキリスト教社会の人名とは、社会で共有される記憶やイメージの結晶であって、親が願いをこめて創ってしまうようなものとは考えられていないのだ。

音楽家バッハは「小川さん」

キリスト教社会では、クリスチャン・ネームがもっとも重要とされてきた。クリスチャン・ネームとは、洗礼のときに与えられる名前のことで、本来は異教徒を改宗させたときに改めさせた名前のことだった。たとえば日本では、肥前長崎の大村純忠が最初にクリスチャン・ネームを与えられた大名だ。その名バルトロメイは十二使徒のひとりの名前で、英語ではバーソロミューBartholomewである。長々しい綴りが嫌われてか、この名は英語圏では人気がないが、短縮形のバートBartは、いまもよく使われている。

ただヨーロッパでは、ほとんどの地域にキリスト教が浸透したため、いつしか受洗・改名というプロセスが必要なくなってしまった。幼児洗礼によって教会で与えられた名前が、初めから本名となったのである。

クリスチャン・ネームは、アメリカやカナダではファースト・ネーム、あるいはギヴン・ネーム、イギリスではバプティスマル・ネーム、またはフォア・ネームとよばれる。欧米では、つまり、洗礼（バプティズム）で与えられ（ギヴン）、名前の最初（ファースト）あるいは前（フォア）に置かれるのがクリスチャン・ネーム、すなわち個人名（パーソナル・ネーム）ということだ。これに対して、姓はファミリー・ネームで、アメリカ、カナダではラスト・ネームともいわれる。最後（ラスト）に置かれるのが家の名（ファミリー・ネーム）というのはわかりやすいが、姓と訳される言葉にはもうひとつ、サーネームがある。サーネームを辞書で引くと、第一義の「姓、氏、苗字」に続いて、「あだ名、添え名、異名」とも記されている。

実際、イギリスの姓はおおむね、地理的特徴、父祖の名前、職業、あだ名のどれかに由来しているという。父の名前による姓については、のちに詳しく述べるが、あだ名や父の名前が個人名への添えものとしてつけ足されていた時代には、サーネームは一代限りで、いまでいう家名とは別のものだった。

サーネームが生まれた背景には、人口が増加して、個人を特定するためには個人名だけでは不十分になったという事情がある。同時に、中世の封建制度の確立にともなって、土地台帳に身分や出自を記す必要が生まれた。

日本と違って、支配者階級であっても氏族名を名乗る習慣がなかったヨーロッパの封建社会では、土地所有者であれば地名を出自を示すためのサーネームとした。

また農民の多くは、個人名に父親の名をつけて、親子関係をはっきりさせた。さらに時代が下って、人びとの移動が活発になり、教会が洗礼簿をはじめとする名簿を作成するようになると、サーネームは、しだいに世襲されるようになっていった。

こうして定着した姓のなかでは、地理的特徴に由来する姓がもっとも多い。

単純なのは、ヒル Hill やウッド Wood などで、日本語でも、そのまま丘、森という姓になる。プロゴルファーのタイガー・ウッズ Tiger Woods（本名エルドリック・ウッズ Eldrick Woods）の姓ウッズは、「森に住む人」ということだ。イギリスの演出家ピーター・ブルック Peter Brook のブルックは、「小川」を意味する。ドイツ語では、ヨハン・ゼバスティアン・バッハ Johann Sebastian Bach を頂点とする作曲家一族の姓バッハが、この「小川」にあたる。

ウッドやブルックは、シャーウッド Sherwood（州所有の森）やノースブルック Northbrook（北の小川）のような姓ともなる。またヒルトン Hilton（丘の町）のトン-ton（柵で囲った地）は town（町）だが、こうした言葉も、ブルックなどと同じように、他の言葉と結びついて新しい姓となった。ハーリー Harley のリー-ley（小さな森、開墾地）、フォードハム Fordham のフォード ford（浅瀬、渡し場）とハム-ham（村、屋敷）、マンスフィールド Mansfield のフィールド-field（野原）、コーンウェル Cornwell のウェル-well（泉）などもみな同様である。

万有引力の法則で名高いアイザック・ニュートン Isaac Newton のニュートンは、かりに訳せば、「新町」だが、イギリスには、この地名がおそらく百以上あるといわれている。

このように、地名やその土地柄に由来する姓は非常に多く、英米の場合、おそらく姓全体の半数を占めると考えられている。

民族名がすぐにわかる姓

多民族国家アメリカの姓を例にとって、民族的出自をそのままあらわす姓を集めてみよう。

実は、アメリカでは、日常生活で出会う人びとのあいだで、もとはどういう出自の人なのかを、名前と英語の発音から推理することがある程度の常識となっている。ということは、それだけ名前に民族の出自が強くあらわれているということだろう。

たとえば、フレドリクセン Fredricksen という人が隣に越してくれば、その語尾から、たぶん北欧系の人だろうと推理し、ゴルドバーグ Goldberg という人に会えば、ドイツ生まれのユダヤ人だろうという具合である。

民族的出自をそのまま示す姓のなかで、ずばぬけて多いのはスコット Scott である。

この姓の由来は、もちろんスコットランド。もう少し詳しくいうと、五世紀から六世紀にかけて北アイルランドからスコットランドへ移り住んだケルト系ゲール人の一派スコット（遊牧民）が、スコットランドの地名の語源となった。『アイヴァンホー』の著者として知られる文学者ウ

5. ［コーンウォール Cornwall］
地名の意味：ウェールズ人の岬
コーネル Cornell
コーニッシュ Cornish
コーンウォール Cornwall
コーンウォリス Cornwallis
コーンウェル Cornwell

6. ［アイルランド Ireland］
地名の意味：(ブリテン島の) 西側
アイルランド Ireland
アイリッシュ Irish

7. ［ノルウェー Norway］
地名の意味：(ヴァイキングの) 北航路
ノーマン Norman
ノーマンド Normand

8. ［デンマーク Denmark］
地名の意味：ゲルマン系デーン人との境界
デンス Dence
デンク Dench
デニス Dennis
デンス Denns

9. ［ドイツ Germany］
地名の意味：民衆の国 (Germany＝異邦人)
ジャーマイン Germaine
ジャーマン German
ジャーミング Germing
ジャーマン Jarman
ジャーミン Jermyn

10. ［オランダ Netherlands］
地名の意味：低地の国
ホランド Holland
ダッチ Dutch
ダッチマン Dutchman

11. ［フランドル地方 Flandre］
地名の意味：(風が) 強く吹く
フラメント Flament
フランダース Flanders
フリーミング Fleeming
フレメント Flement
フレミング Fleming
フリンダース Flinders

12. ［フランス France］
地名の意味：ゲルマン系フランク人
フランス France
フランセス Frances
フランシス Francis
フランキシュ Frankish
フレンチ French

13. ［ロレーヌ地方 Lorraine］
地名の意味：９世紀、カロリング王朝のローテル１世の所領
ローリング Loring
ロレイン Lorraine

14. ［ロアール川周辺 Loire］
地名の意味：流れ
ロアーリング Loaring

15. ［ガスコーニュ地方 Gascogne］
地名の意味：バスク人の地
ガスコーニュ Gascogne
ガスコイン Gascoyne
ガスキン Gaskin
ガスケイン Gaskain

16. ［ローマ Roma］
地名の意味：川の町
ロマイン Romain
ロマイン Romayne
ローム Rome
ルーム Room
ルーメ Roome

17. ［スペイン Spain］
地名の意味：ウサギまたはイヌ？
スペイン Spain
スパニエール Spanier

18. ［ポルトガル Portugal］
地名の意味：穏やかな港
ペッテンゲール Pettengale
ペッティンゲール Pettingale
ペッティンゲル Pettingell
ポルトゥガル Portugal
プッターギル Puttergill

出身地を示す欧米人の姓地図

1. ［イングランド England］
地名の意味：ゲルマン系アングル人の土地
イングランド England
イングリッシュ English
イングリス Inglis

2. ［ブリテン（島）Britain］
地名の意味：ケルト系ブリトン人
ブレトン Breton
ブレット Brett
ブリット Britt
ブリッテン Britten
ブリットン Britton

3. ［スコットランド Scotland］
地名の意味：ケルト系スコット人の土地
スコラン Scollan
スコットランド Scotland
スコット Scott
スカッツ Scutts

4. ［ウェールズ Wales］
地名の意味：ゲルマン系アングル人がケルト系ブリトン人につけたあだ名で「敵」
ウォルチ Walch
ウォーレス Wallace
ウォールス Walles
ウォーリス Wallis
ウォルシュ Walsh
ウォルスマン Walsman
ウェルチ Welch
ウェリッシュ Wellish
ウェルズマン Wellsman
ウェルシュ Welsh

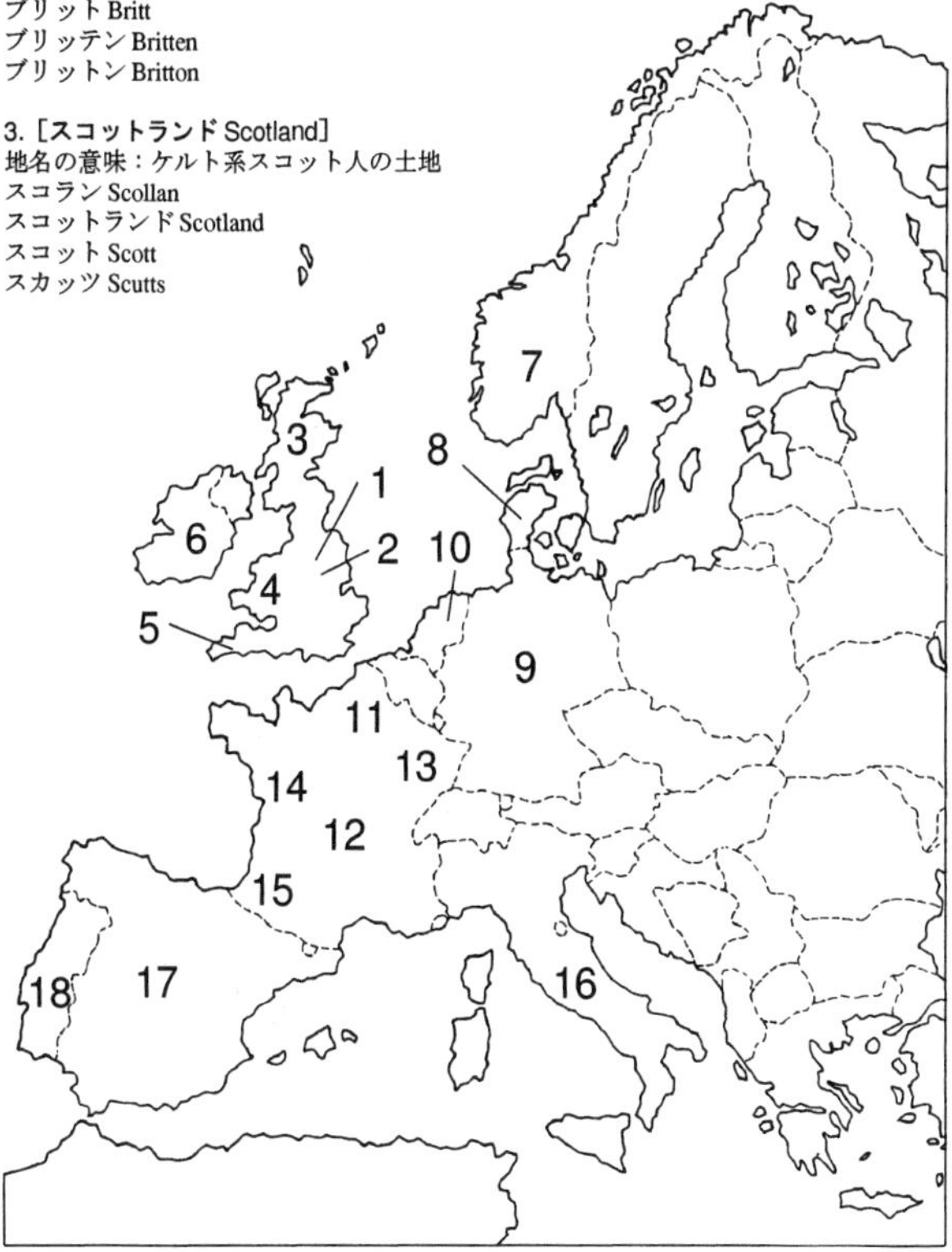

ォルター・スコットは、この姓を代表する人物といえよう。ちなみに、このスコットをスコッチとすると「しみったれ」という差別語にもなる。また「節約家」をイメージする人も多いという。「ウェールズの」を意味する姓にはウォルシュ Walsh、ウェルシュ Welsh などいくつもあって、すべてを合わせれば、スコット姓をしのぐという。

こうした姓は、イギリスのウェールズ地方に住んでいたケルト人の名に由来する姓で、アイルランドやスコットランド人に多い。アイルランド系の姓がアメリカに多いのは、一九世紀半ばにアイルランドを襲ったジャガイモ飢饉によって、百万人もの農民がアメリカに移住したことによる。したがって、アイルランド出身をあらわすアイルランド Ireland という姓も、アメリカには多い。

アイルランドから移住してきたカトリック教徒を二級市民として差別したイングランド人、いわゆるワスプ（WASP＝White Anglo-Saxon Protestant）には、イングランド England という姓もある。イングランドとは「アングル人の土地」という意味だ。大陸から移動してきたゲルマン民族の一派であるアングル人とともにイングランドを制圧したサクソン人は、故郷のドイツに、ザクセンという地名とともにザックス Sachs という姓を残している。

そのほか、姓がまだきちんと形成されていなかった時期にイギリスに移り住んだフランス人はフレンチ French、フランス France、フランシス Francis とよばれたり、ノルマンディー地方の出身者はノーマン Norman、ブルターニュ地方の人間はブリトゥン Britton、パリ出身者はパリス Paris と名乗ったりした。
　オランダからの移住者には、ホランド Holland という姓があるが、オランダ国民の自称はネーデルランド Netherlands なので、この姓は英語圏に生まれた独特の姓といえよう。このほかにも、ベルギーのフランドル地方出身者のフレミング Fleming、ギリシアのグレコ Greco、バスク地方出身のバスケス Vazquez といった珍らしい姓もアメリカにはみられる。

地名が姓となり、名前となる

アメリカ合衆国の初代大統領ジョージ・ワシントン George Washington は、一七世紀半ばにイギリスからヴァージニアに入植した一家をその祖とする。

　このワシントン Washington という姓は、語尾のトン-ton からもわかるように、もとはイギリスの地名だ。地図で探すと、イングランド北部の都市ニューカッスルの近くにその名がある。意味は「ワサ族の囲い地」である。つまり、アメリカ合衆国にあるワシントンという地名は、ワシントン大統領の名にあやかったものだが、人名から本来の地名にもどったことになる。

　イギリスには、民族の名に ing + ton や、ing + ham がついた地名がある。とくにサクソン人の一族が、開墾地の周りにトン ton（柵）を設け、ハム ham（村）をつくって住んでいた地域に由来する名前が多いという。

　なお、ジョージ・ワシントンの名声によって、この姓は個人名にも使われるようになった。

イギリスが合衆国の独立を認めたパリ講和会議の年（一七八三年）に生まれ、ワシントンと名づけられた男の子がいたが、その子は、長じて「アメリカ文学の父」とよばれるようになる。「短編小説の創始者」ともいわれるワシントン・アーヴィング Washington Irving である。アーヴィングは、晩年、大著『ジョージ・ワシントン伝』を著すこととなる。サクソン族の地名が姓になり、姓がまた地名となり、個人名ともなる。ワシントンという名前には、人名と地名の関係をいまに伝えるひとつの物語がある。

ライトもカーペンターも大工さん

職業に由来する英語の姓の代表は、スミス Smith（鍛冶屋《かじや》）、ミラー Miller（粉屋）、テイラー Taylor（仕立屋）であろう。なかでも、農具や馬の蹄鉄のほか、騎士が必要とした甲冑や槍、盾をつくる鍛冶屋は、ヨーロッパでは、もっとも重要な職業だった。スミス姓は英語圏では数においてトップを占め、ジョン・スミスといえば、もっともありふれた名前の代名詞ともなっている。

ドイツのハンス・シュミット Hans Schmidt、ポーランドのヤン・コヴァルスキ Jan Kowalski、ハンガリーのコヴァーチ・ヤーノシュ Kovács János、イタリアのジョヴァンニ・フェラーロ Giovanni Ferraro も、英語に訳せば、すべてジョン・スミス、つまり鍛冶屋のジョンだ。ちなみにアジア系マジャール人を祖とするハンガリー人の名前は日本人と同じように姓・名の順なので、コヴァーチが鍛冶屋を意味する。

なお、イギリスよりアメリカでスミス姓が多いのは、この種の姓をもつ各国の移民のほとんどが英語名の「鍛冶屋」であるスミスに改名したためといわれる。また黒人の解放奴隷の多くが姓を選ぶにあたって、もっとも平凡で無難な名前にしたためでもある。

職業にちなむ姓は、姓が定着しはじめた頃の社会で、職業がどのように分化し、専門化していったかを示している。

たとえば、イギリスで職業に由来する名前が姓としての役割をもちはじめた一二世紀頃には、テイラー（仕立屋）は服だけでなく、靴や靴下もつくっていた。一方ドイツでは、姓が定着したのはイギリスより何世紀かあとだったので、靴屋は仕立屋とは別の独立した職業となっていた。そのためドイツには、作曲家ロベルト・シューマン Robert Schumann のように靴屋（シューマン）にちなむ姓があるが、イギリスには見当たらない。その理由は、中世イギリスでは、靴作りはまだ独立した職業とはみなされていなかったためだという。

衣料、衣服にかかわる職業名には、テイラーのほかにも「織工」を意味するウェッブ Webb、ウィーヴァー Weaver、ウェブスター Webster や織物の目を詰めるために布を踏み洗いするウォーカー Walker などがある。食べもの関連の姓では、ベイカー Baker、バクスター Baxter（ともにパン屋）、フィッシャー Fisher（漁師）、ハント Hunt、ハンター Hunter（ともに猟師）がわかりやすい。また、ライト兄弟のライト Wright、歌手カレン・カーペンターのカーペンター Carpenter は、どちらも「大工」を意味する。そのほか、ターナー Turner（旋盤工）、クー

中世の職業名に由来するおもな名前

個人の名前とは別に、その人物を特定するために出身地、父(家系)の名、職業名、あだ名(肉体的な特徴、性格)などが添えられたが、出身地、父は変わるものではなく、職業もだいたいが世襲だったので、それらはやがて本来の意味とは離れて姓となっていった。欧米人の名前に残る中世の職業についてみてみよう。

アーチャーArcher　弓の達人、その職人
アロースミスArrowsmith　矢尻職人
ヴィッカーズVickers　司祭の召使い
ウィーラーWheeler　車輪の職人
カーターCarter　カート(二輪車)職人、御者
ウェンライトWainwright　四輪車の修理業
ウォーカーWalker　織物工
ウィーヴァーWeaver　織物工
ウェブスターWebster　織物工
ガードナー(ガーディナー)Gardner、Gardiner　庭師
カートライトCartwright　カート(二輪車)修理業
カーペンターCarpenter　大工
クーパーCooper　樽や桶の職人
クラークClark　下位の聖職者
グリーヴGrieve　財産管理人
グロヴァーGlover　手袋職人
ケロッグKellogg　ブタ肉屋
ケンプKemp　闘士
コックCook(e)　コック
ゴールドスミスGoldsmith　金細工職人、金融業者
サージェントSargent　召使い
サドラーSaddler　鞍袋職人
シェパードShepherd　羊飼い
シンガーSinger　歌手
ストリンガーStringer　(弓の)弦職人
スプーナーSpooner　スプーン職人　屋根のふき板職人
スペンサーSpencer　食糧を分ける人　執事、召使い
スマイスSmythe　鍛冶屋、金属工
スミスSmith　鍛冶屋、金属工
ナイトKnight　騎士
ダイアDyer　染色の職人
タイラーTyler　タイル職人
タッカーTucker　布地職人
タナーTanner　皮なめし職人
チャップマンChapman　(行)商人
チャップリンChaplin　礼拝堂の牧師
チャンドラーChandler　ろうそく職人
テイラーTaylor　仕立屋
ドレイパーDraper　羊毛地の職人
バーカーBarker　樹皮をなめす職人
パーカーParker　私有庭園の管理人
バクスターBaxter　女性パン職人
パーソンズParsons　司祭
バッカスBacchus　パン職人
バトラーButler　執事
ファーマーFarmer　徴税係
ファラFarrar　鍛冶屋または蹄鉄屋
フィエロンFearon　金物屋または鍛冶屋
フィッシャーFisher　漁師、魚屋
フェザーFeather　羽毛商人
フォウラーFowler　鳥撃ち
フォークナーFalkner　鷹匠(ハヤブサ)
フォスターForster　刃物職人
フォレスターForester　猟場の番人
ブッチャーButcher　肉屋
フーパーHooper　樽や桶のたが職人
プラマーPlummer　配管工
ブルワーBrewer　ビール醸造業
フレッチャーFletcher　矢の仕上げ職人
ヘイワードHayward　垣根を巡らす者、その管理人
ベーカーBaker　パン屋
ペッパーPepper　胡椒、香辛料の商人
ポッターPotter　土器職人
マーサーMercer　絹生地の商人
マーシャルMarshall　馬丁、高位の役人
マーチャントMerchant　商人
ミルズMills　粉屋
メイソンMason　(熟練した)石工
リーヴReeve　高位の役人　法執行者、執事
リスターLister　染色の職人
リーチLeach　医者
ロリメールLorimer　荷車の職人
レッドマンRedman　屋根ふき職人

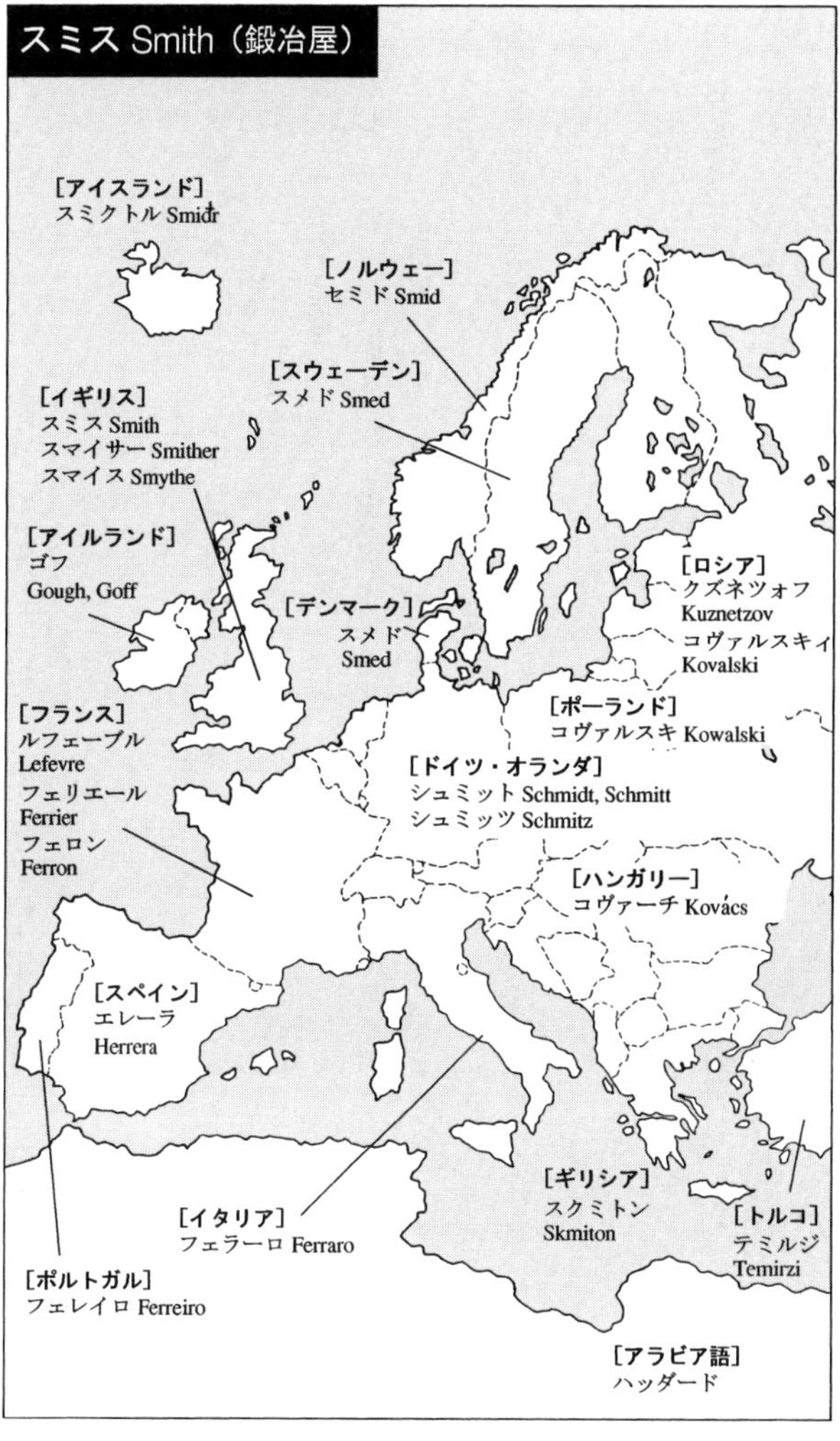
スミス Smith（鍛冶屋）
[アイスランド]
スミクトル Smiðr
[ノルウェー]
セミド Smid
[スウェーデン]
スメド Smed
[イギリス]
スミス Smith
スマイサー Smither
スマイス Smythe
[アイルランド]
ゴフ
Gough, Goff
[デンマーク]
スメド
Smed
[ロシア]
クズネツォフ
Kuznetzov
コヴァルスキィ
Kovalski
[ポーランド]
コヴァルスキ Kowalski
[フランス]
ルフェーブル
Lefevre
フェリエール
Ferrier
フェロン
Ferron
[ドイツ・オランダ]
シュミット Schmidt, Schmitt
シュミッツ Schmitz
[ハンガリー]
コヴァーチ Kovács
[スペイン]
エレーラ
Herrera
[ギリシア]
スクミトン
Skmiton
[イタリア]
フェラーロ Ferraro
[トルコ]
テミルジ
Temirzi
[ポルトガル]
フェレイロ Ferreiro
[アラビア語]
ハッダード

パー Cooper（桶職人）、メイソン Mason（石工）が、職業に由来する姓としてよく知られている。

ケネディとは醜い頭！

地名や職業名が個人名の添え名になるというのは、先祖の名前や地形による日本の屋号のような感覚だろう。当時、職業は世襲され、家の場所もそう変わるものではなかったから、こうした名前がやがて家名となるのはごく自然なことだった。

しかし、それとは対照的に、あだ名というまったく個人的なものが姓として定着してしまうこともあった。あだ名、ニックネームは、中世のアン・エケ・ナーメ an eke name（またの名）という言葉が一つになってネケナーメ neke name、これが今日のニックネーム nickname になったものだ。なぜ、あだ名が姓として定着したのか、日本人の感覚からはなかなか理解しがたいが、欧米にはこの種の姓がかなり多い。

たとえば、ブラウン Brown やホワイト White といった姓がそれにあたる。

アルセーヌ・ルパンの生みの親モーリス・ルブラン Maurice Leblanc はブラン blanc が「白」を意味するフランス語なので、ホワイトということだ。こうした姓は、肌や髪の色でその人をよんでいたということだろう。ブラウンなら浅黒い肌か褐色の髪というわけだ。

そのほか、グレイ Gray、ブラック Black もまた、髪の色などによるあだ名だが、赤毛ないし赤ら顔の人は、レッドRedではなく、リードRead、ReedやルースRouse、Rowseとなることが多かった。ウェールズ生まれの哲学者、バートランド・ラッセルBertrand Russell、フランス啓蒙期の思想家ジャン＝ジャック・ルソーJean-Jacques Rousseauも、ともに「赤」に由来する姓の持ち主だ。ちなみに、ラッセルの正式な名称は、Bertrand Arthur William 3rd Earl Russellである。

ドイツにも「赤」を意味するロートRothという姓がある。これはユダヤ系の姓としてよく知られており、英語ではロスと発音される。ユダヤ系の国際的財閥ロスチャイルド家Rothschildは「赤い盾」を意味するが、これは初代のロスチャイルドがフランクフルトのゲットー（ユダヤ人街）で営んでいた両替屋の看板に描かれていた赤い盾の絵に由来する名前だという。

肌や髪の毛の色のほか、太っているとか小柄だとか、ひげがあるとか足が速いとか、あだ名に由来する姓はいくつもある。

背が高いのでロングフェローLongfellow（のっぽ）、若いからヤングYoungというくらいならまだよいが、なかにはひどいあだ名もあった。キャメロンCameron（曲がった鼻）やケネディKennedy（醜い頭）は、そのような奇妙なあだ名が姓となってしまったものの代表である。

また「マイ・フェア・レディ」のヒロインのイライザ・ドゥーリトルや、童話ドリトル先生のドゥーリトルDoolittleという姓は、ドゥ・リトルdo little（ほとんど何もしない）、つまり「怠け者」ということなのだ。しかし、こうしたあだ名から生まれた名前は、時間とともに本来の意味は忘れられ、その後も、使い続けられることになる。そういえば、日本本土を初めて爆撃した飛行隊の指揮官の名がドゥーリトルだった。

マッカーサーはアーサーの息子

欧米人の職業、地名、あだ名に由来する姓をみてきたが、次に父親の名前に由来する姓をみてみよう。

父親の名前に由来する姓とは、「誰の息子」「誰の娘」をあらわす呼称がついた姓である。たとえばマクドナルド McDonald やマッカーサー MacArthur のように、マック Mc、Mac のついた姓であれば、スコットランド系だということがわかるが、マックとはスコットランドの高地ゲール語で「〜の息子」を意味する。つまり、マクドナルドは「ドナルドの息子」、マッカーサーは「アーサーの息子」ということだ。

「息子」は英語ではサン son。アングロ・サクソン人はこれを個人名の後につけて姓とした。ジョンソン Johnson は「ジョンの息子」、ピーターソン Peterson は「ピーターの息子」である。また、ウィリアムズ Williams（ウィリアムの息子）のように、所有を意味する-s だけで「〜の息子」をあらわすことも多い。もっとも、この-s は、「誰それの雇われ人」という意味でつけられることもあったので、必ずしも父親の名に由来する姓とは限らない。

イギリスの男性名としてもっとも愛された名前のひとつであるロバート Robert はロバートソ

父祖の名前を明らかにする接辞

［主な国・地方］―［接辞］―［例］―［意味］

アイスランド　-son, dottir
エグムンズソン Ögmundsson 「エグムンドの息子」
エグムンドッティル Ögmunsdóttir 「エグムンドの娘」
アイルランド　O'-　オハラ O'Hara 「ハラの息子」
アラブ　Ibn-　イブン・エズラ Ibn Ezra 「エズラの息子」
bin　ビン・アブダッラー bin Abdullah 「アブダッラーの息子」
binte　ビント・アフマッド binte Ahmad 「アフマッドの娘」
アルメニア　-ian, -yan　シモニアン Simonian 「シモン家の者」
アングロ・サクソン系　-ing　ベオーミング Beorming 「ベオム家の者」
イタリア　de, di, d'　ダルベルト d'Alberto 「アルベルトの息子」
degli　デリ・アルベルティ degli Alberti 「アルベルト家の者」
イングランド　-son, -s　ジョンソン Johnson 「ジョンの息子」
（英国）ウェールズ地方　ap, -s　アプ・ロイド ap-Lloyd 「ロイドの息子」
オランダ　-se, -sen, -z　ペテルス Peterse 「ペーテルの息子」
-szen, -en　ヤンセン Janszen 「ヤンの息子」
ギリシア　-antis　ゲオルガンティス Georgantis 「ゲオルギオスの息子」
スウェーデン　-son　アンドレアッソン Andoreasson 「アンドレアスの息子」
スコットランド　Mac　マクドナルド MacDonald 「ドナルドの息子」
スペイン　-es, -ez　ゴンサレス Gonzalez 「ゴンサロの息子」
チェコ　-ov, -ek, -ek, -ska　パヴロフ Pavlov 「パヴロの息子」
デンマーク　-sen　ハンセン Hansen 「ハンスの息子」
ドイツ　-sohn, -s, -zohn　メンデルスゾーン Mendelssohn 「メンデルの息子」
トルコ　-oglu　ブダコウル Budakoglu 「ブダックの息子」
ノルウェー　-sen, -son　ヨハンセン Johansen 「ヨハンの息子」
ノルマン系　Fitz-　フィッツジェラルド Fitzgerald 「ジェラルドの息子」
バスク地方　-ez　イバネス Ibanez 「イバンの息子」
ハンガリー　-fi, -f　ペトフィ Petofi 「ペーテルの息子」
フィンランド　-nen　ヘッキネン Heikkinen 「ヘンリクの息子」
フランス　de, D'　ドゥジャン Dejean 「ジャンの息子」
ブルガリア　-off, -eff　ゲオルギエフ Georgieff 「ゲオルグ家の出身」
ヘブライ　ben　ベン ダヴィッド ben David 「ダヴィデの息子」
ポーランド　-wicz　ヤノヴィッチ Janowicz 「ジョンの息子」
ポルトガル　-es, -az　ピレス Pires 「ペドロの息子」
ユーゴスラヴィア、セルビア、クロアチア　-ovich, -evich
デヤノヴィッチ Dejanović「デヤンの息子」
ルーマニア　-escu　アダメスク Adamescu 「アダムの息子」
ロシア　-in, -ski, -ov, -ev, -ska　イワノフ Ivanov 「イワン家の出身」
-ovich, -na, -ovna　パヴロヴィッチ Pavlovich 「パーヴェルの息子」
パヴロヴナ Pavlovna 「パーヴェルの娘」

ン Robertson やロバーツ Roberts といった姓を生み出す母胎となった。

この名からは、ロブ Rob やロビン Robin のほか、ホブ Hob やドブ Dob、ノブ Nob など多くの愛称が生まれたため、そこから、さらにさまざまな姓が派生している。ロビンス Robins、ロビンソン Robinson、ホッブス Hobbs、ホプキンス Hopkins、ドビー Dobey、ノッブス Nobbs などは、みな、ロバートという一つの名前から生まれた姓なのだ。

ロバートに由来する姓はおそらく百以上あると思われる。

なお、ロバートの愛称として、いま、もっともよく使われるボブ Bob は、先に述べたようなロバーツの愛称よりはるかのちの時代に生まれたもので、姓が固定してしまった現代では、「ボブ」から新しい姓は生まれそうにない。

ロバートと同じようなことは、イギリス人がよく使ったリチャード Richard にもみられる。リチャードの愛称ディック Dick やヒック Hick もまた、ロバートの愛称と同じように多くの姓を生み出したからだ。イギリスの文豪チャールズ・ディケンズ Charles Dickens や、アメリカ最高の女流詩人エミリー・ディキンソン Emily Dickinson の姓はディックから、映画監督アルフレッド・ヒッチコック Alfred Hitchcock や、「マイ・フェア・レディ」のヒギンズ Higgins 教授の姓は、ヒックから派生したものだ。ただし、ヒックという愛称は、いまではほとんど使われなくなってしまった。

特別な接頭辞、接尾辞をつけずに父祖の名前がそのまま姓となるケースも多い。

トマス Thomas やルイス Lewis などのように、姓にも名にも使われる名前の多くは、個人名がやがて家名として定着したものだ。

その逆に、姓から名への転用はどうかというと、これも英語圏では決して珍しいことではない。古くは由緒正しき家系をあらわす姓が、また近代になると国民的英雄の姓が、クリスチャン・ネームとしてしばしば子供たちに与えられてきた。

たとえば、広大な土地を所有する人の姓のなかで名前となったものとしては、クリフォード Clifford（流れの速い浅瀬のある地方の出身者）、シドニー Sidney（広大な干拓地の出身者）、ロドニー Rodney（イギリス南西部ロドニー出身者）、スタンリー Stanley（石の多い開墾地の住人）、フランクリン Franklin（自由土地所有者）などをあげることができる。

南アフリカのネルソン・ロリフラフラ・マンデラ元大統領 Nelson Rolihlahla Mandela の名ネルソン Nelson は、ソンがつくことからもわかるように、もとはアイルランドに古代から伝わる「闘士」という意味のニール Neil に「〜の息子」をあらわす接尾辞がつけられた姓である。

マンデラはこの名を、小学校にあがるとき、クリスチャン・ネームとして与えられたという。十九世紀初頭のイギリス海軍の英雄ネルソン提督にあやかったのかもしれないと、マンデラ自身は語っている。

ちなみに、父親がマンデラにつけた個人名ロリフラフラは、土着の言葉コーサ語で「木の枝を引っ張る」ということを意味しているため、トラブル・メーカーのニュアンスがあり、後年、この名前で彼の政治活動がからかわれることもあった。マンデラは、祖父の名である。彼は西アフリカから南アフリカにまで広く分布するバンツー語系の民族集団に属し、そのなかでも有力な氏族の一員であった。

二十世紀を生きた一人のアフリカ人の名前のなかにも、これだけ多くの意味がひそんでいるのである。

ロシア人の名前は?

ロシア人の名前は一般に、個人名、父の名を示す父称、姓の三つの部分からなる。西ヨーロッパの多くの国々では、父の名による父称はやがて家名となっていったが、ロシアでは、それがミドル・ネームとして使われているのである。

イワン・イワノヴィッチ・イワノフ Ivan Ivanovich Ivanov はロシア人の典型的な名前としてよく引き合いに出されるが、この意味は「イワン家のイワンの息子イワン」である。作曲家ピョートル・イリイチ・チャイコフスキー Pyotr Ilyich Tchaikovsky であれば、「チャイコフスキー家のイリヤの息子ピョートル」ということになる。ちなみにその父の名はイリヤ・ペトローヴィチなので、チャイコフスキーの祖父の名はやはりピョートル(ペトロ)だったことがわかる。

スラヴ語圏の姓には、先祖の名前や職業名、地名などに、英語でいえば「誰それの」の-sにあたるオフ-ov、エフ-ev、イン-in、スキー-skiをつけたものが多い。たとえば「パヴロフの犬」の実験で名高いイワン・ペトローヴィチ・パヴロフ Ivan Petrovich Pavlov の姓パヴロフは「パウロの」を意味し、ポーランド人に多いコヴァルスキ Kowalski は「鍛冶屋の」ということだ。

一方、イチ-ichやヴィッチ-vichは所有形容詞であり、「誰それの息子」を意味する。ロシア人は、通常、この接尾辞がついた父の名を示す父称をミドル・ネームとしてもちいるが、セルビアのように、この父称が本式の姓へと昇格した社会も多い。

「〜イチ」は息子に与えられる接尾辞だから、女性の場合、父称はこれとは異なる。

ロシア出身のバレリーナ、アンナ・パヴロヴァの正式名はアンナ・パヴロヴナ・パヴロヴァ Anna Pavlovna Pavlova で、ミドル・ネームのパヴロヴナは「パヴロの娘」を意味する。つまり「パヴロ家のパヴロの娘アンナ」ということだ。姓も男性ならパヴロフとなるところだ。史上初の女性宇宙飛行士、ヴァレンティナ・ウラディミーロヴナ・テレシコヴァ Valentina Vladimirovna Tereshkova は、「テレシコフ家のウラディミールの娘ヴァレンティナ」である。

このように、男女で異なる父の名を示す接尾辞を使うのはスラヴ人ばかりではない。

古くは北ゲルマン人もそうだった。英語の daughter（娘）と同じ語源のダター datter やドッティル dóttir を父の名前につけて、個人名の次に並べる習慣は、たとえばスウェーデンでは一八世紀頃まで続いていたという。しかし、スカンディナヴィア三国では、結局、こうした女性

愛称のつくられ方

小さな共同社会のなかで、同名の人物が増えたとき、たとえば2人のウィリアム氏を区別する必要から愛称が生まれたという。ここでは、愛称がどのようにつくられてきたか、おもなものを整理してみた。

1） -ie、-y、-kinのような接辞をつけて名前を変形させる。
ジョン John→ジョニー Johnnie
2） 音節部分で切って短縮する。
ウィリアム William→ウィル Will
アレクサンダー Alexander→アレックス Alex
ロバート Robert→ロブ Rob　レイモンド Raymond→レイ Ray
サムエル Samuel→サム Sam　パトリック Patrick→パット Pat
アレクサンドラ Alexandra→サンドラ Sandra
エリザベス Elizabeth→ベス Beth
3） 名前の綴りから1文字以上の文字を省略して短縮する。
ワルター Walter→ワット Wat　ギルバート Gilbert→ギブ Gib
レイモンド Raymond→レイモン Raymon
ジョセフ Joseph→ジョー Joe
エリザベス Elizabeth→リズ Liz
4） 韻を踏んで変化させる。
ロバート Robert→ロブ Rob→ホブ Hob→ノブ Nob→ボブ Bob
（ホブ Hob→ホプ Hop）
リチャード Richard→リック Rich→ディック Dick→ヒック Hick
マーガレット Margaret→マグ Mag→メグ Meg→ペグ Peg
5） 音を和らげる。
マイケル Michael→マイク Mike　ヘンリー Henry→ハリー Harry
テレサ Teresa→トレーシー Tracy　メリー Mary→メイ May
6） 転訛したことによるもの。
キャサリン Catherine→カレン Karen
チャールス Charles→キャロル Carroll
ジョン John→ジャック Jack　サラ Sarah→サリー Sarry
7） 母音ではじまる名前の最初の音節にNをつける。
エドワード Edward→ネッド Ned
（これが韻を踏んで変化し、テッド Tedに）
アン Ann→ナン Nan（愛称の接辞がついてナンシー Nancyに）
8） 2）～7）のようにして生まれた愛称に1）の接辞をつける。
ホプキンHopkin　ロビンRobin　ワトキンWatkin　サミーSammy
ジャッキー Jackie

こうして、ウィリアムWilliamの愛称をみてみると、ウィルWill、ウィリス Willis、ウィリー Willy、ビル Bill、ビリー Billy、ビリー Billieなどが生み出された過程がわかる。しかしその変化は多様で、すべての愛称の成り立ちについて述べることは不可能だろう。

名前のための接尾辞は消えて、「息子」を意味するセン-senやソン-sonのついた姓だけが残った。

ただ、スカンディナヴィア人が古い時代に移住したアイスランドでは、いまでも、女性形になった父の名を示す姓が使われている。たとえば、アンナ・ソルハトルスドッティル Anna Þorhallsdóttir という名前の最後のドッティルが「娘」をあらわす接尾辞で、「ソルハトルスの娘」となる。これがついていない女性は、アイスランドでは、移民か外国人だとすぐにわかる。

カラヤンの先祖はアルメニア出身

マックやサン（ソン）のように、民族や言語に特徴的な接頭辞や接尾辞は数多くある。そのため、姓をみただけで祖先がどこの出身だったかわかることもある。三一頁で、その代表的な接辞を表にしてみたが、ここでは二十世紀の大指揮者、ヘルベルト・フォン・カラヤン Herbert von Karajan についてみてみよう。

カラヤンはオーストリア生まれだが、マケドニア系の家系として知られている。事実、四代前の先祖は、ギリシア領マケドニア生まれで、カラヤンニスというギリシア人的な語尾の姓をもっていた。だが、もともとカラ Kara はトルコ語で「黒い」を意味し、ヤン jan の -an や -ian はアルメニアの姓に特有の接尾辞だ。つまりカラヤンとはアルメニア人の末裔ということなのだ。

アルメニア人のなかには、ビザンティン帝国の時代にマケドニアに移住し、商人として財をなした人が多かったという。そうした人たちのなかで、カラヤンニスは、ザクセンに繊維工業をもたらした功績で神聖ローマ帝国の貴族の称号を与えられたというから、「ユダヤ人が三人いても一人のアルメニア人にかなわない」といわれるほど商才にたけたアルメニア人の典型だったのだろう。有名人として、いちはやく肖像権まで厳しく管理した指揮者カラヤンにも、アルメニア系らしい金銭感覚が受けつがれていたのかもしれない。

また、アルメニア共和国の国歌の作曲者で、「剣の舞」でも有名なアラム・ハチャトリアン Aram Khachaturian も、アルメニア人らしい姓をもつ人物のひとりである。彼の名、アラムは、古代アルメニア（現在のアルメニア共和国とは異なり、トルコ、ロシア、イランにまたがるアルメニア高原のあたり）の地名の語源となった族長アラムにちなんだ名前である。

ミドル・ネームにご用心

ロシア人のミドル・ネームは、父親の名前を示す父称をつけるが、英語圏の人のミドル・ネームは何をつけても構わない。

アメリカのジョン・F・ケネディ John F. Kennedy のFは母方の姓フィッツジェラルド Fitzgerald の略であり、ウォルター・イライアス・ディズニー Walter Elias Disney（ウォルト・ディズニー）のミドル・ネーム、イライアスは祖父の名前だ。ビル・ゲイツの本名、ウィリアム・H・ゲイツ三世 William H. Gates III のHは、正式にはノルマン系の名前を代表する母方の姓ヘンリー Henry である。

しかし略称としてのイニシャルではなく、アルファベットの一文字を正式なミドルネームにした人もいる。第三三代アメリカ大統領ハリー・S・トルーマンがその人で、彼は、父方の祖父の名がアンダーソン・シップ Shippe・トルーマン、母方の祖父がソロモン Solomon・ヤングだったので、両家の頭文字をとって、ただ一文字のSにしたといわれている。

英語圏のミドル・ネームは、母方の姓をもちいることが多いのでよく省略されるが、（ジョージ・）バーナード・ショー George Bernard Shaw のように、ファースト・ネームより強調されることもある。

しかし、英語圏のミドル・ネームを省略するのと同じ感覚でスペイン語圏の人のミドル・ネームを省略すると、とんでもない間違いとなる。たとえば、スペインの独裁者フランコ将軍の名はフランシスコ・フランコ・バアモンデ Francisco Franco Bahamonde だが、この名は、フランシスコが個人名、フランコが父方の姓、バアモンデが母方の姓なのである。

スペイン語の人名では、父方の姓と母方の姓のあいだにイ y（and の意）をはさむのが正式な言い方だが、これを省《はぶ》いた形のほうが圧倒的に多く、母姓そのものも日常的には省かれる。

ところがこの原則どおりにいかない例もけっこう多い。

たとえば二十世紀の絵画史を変えた画家ピカソの名はパブロ・ルイス・イ・ピカソ Pablo Ruiz y Picasso だが、二十代から父姓のルイスを削って母姓のピカソのみをサインとして使用

ピカソの名前を読む

パブロ・ディエゴ・ホセ・フランシスコ・デ・パウラ・ホアン・ネポムセノ・マリア・デ・ロス・レメディオス・クリスピン・クリスピアノ・デ・ラ・サンティシマ・トリニダード・ルイス・イ・ピカソ

Pablo, Diego, José, Francisco de Paula, Juan Nepomuceno, María de los Remedios, Crispin, Crispiano de la Santísima Trinidad, Ruiz y Picasso

Pablo＝亡き伯父の名、新約聖書のパウロ

Diego＝父方の祖父と最年長の伯父の名、旧約聖書の預言者ヤコブ

José＝父の名、新約聖書のヨセフ

Francisco de Paula＝母方の祖父の名、聖人名パオラのフランチェスコ（海上での守護者）

Juan Nepomuceno＝代父（洗礼の付き添い人）で、父の友人の弁護士の名、14世紀後半のボヘミアの守護聖人ジョン・ネポマック

María de los Remedios＝代母（洗礼の付き添い人）、救済のマリア

Crispin＝3世紀の殉教聖人クリスピアヌス、ピカソの誕生日10月25日の守護聖人、靴修理の守護者

Crispiano de la Santísima Trinidad＝三位一体のクリスピアーノ（クリスピンの愛称）［三位一体名を最後にもってくるのは古い習慣］

Ruiz y Picasso＝（父方の姓）ルイス　と　（母方の姓）ピカソ

したため、一般的にはパブロ・ピカソとして知られるようになった。ちなみに、ピカソのフル・ネームはすさまじく長い。

また、コロンビア出身のノーベル文学賞受賞者ガブリエル・ガルシア・マルケス Gabriel García Márquez は、父姓のガルシアがあまりにも月並みな姓なので、母姓のマルケスと合わせてガルシア・マルケスとし、これが彼の通称となった。

第2章

聖書がつくった人名の世界地図

ブラジル・リオデジャネイロ、コルコバードの丘
両手を広げた巨大なキリスト像で知られる　1931年

子供が生まれたとき

生まれた子どもに名前をつけるとき、親たちはその子の幸福を第一に願うだろう。その子が将来、誇りをもって名乗れる名前であること、名前がその子の人生の重荷になるようなものであってはならないということは、欧米の名づけ本にもよく書かれている。

そして望ましい名づけ方として、次のような注意があげられている。

いい意味の名であり、いわれがあること
姓と名の調和がとれていること
綴りが簡単で、紛らわしくないもの
読みやすく、発音しやすいこと
愛称形にしたとき、おかしくならないもの
不快、縁起の悪い意味の名前はもちろん、そうしたイメージを連想させないもの
国籍に合ったもの
頭文字にしたとき、たとえばLCF（ルシファー＝悪魔）のように、悪い意味にならないもの
説明をしないとわかってもらえないような名でないこと
性別が明らかなもの

名前には、宗教的、社会的なイメージがあるので、その子にあった名前を考えるのが、親にと

っては一苦労というわけだ。ほとんど固定したものとなってしまった姓と違って、そのときどきに生み出される個人名には、その時代の精神があらわれることも少なくない。

日本の場合は、原則として、子どもの名前は両親が自由につけてもいいことになっている。欧米でも、プロテスタント系のアメリカ、カナダ、イギリス、ドイツなどでは自由であり、カトリック教徒の多いフランスでも、最近は教会に束縛されることはあまりないという。自由なイメージのあるフランスだが、実は一九五〇年代頃までは、キリスト教の聖人名や伝統的な名前が好まれ、綴り方などが検閲されていたこともあるのだ。

しかし時代は変わり、女優カトリーヌ・ドヌーヴ Catherine Deneuve の影響もあって有名になったカトリーヌや、私たちがよく耳にするフランス人の男性名のマルセル Marcel や女性名サラ Sarah も、いまでは、昔風のイメージなのだそうだ。マリー Marie やエリザベート Elisabeth もすでに珍しい名前になっているという。

ヴァチカンをかかえるイタリアでも、洗礼名には聖人にちなんだ名前をつけるのが理想的とされてはいるものの、最近ではあまり聖人名にこだわらなくなってきており、長男や長女に祖父や祖母の名前をつける風習も、敬遠されるようになってきたという。それでもスペイン、デンマーク、ハンガリー、ギリシア、チェコ、そしてロシアなど、人びとの信仰があつく、教会の影響も大きい国々では、教会が保管している名前のリストのなかから子供の名前を選ぶということが今日でもおこなわれている。

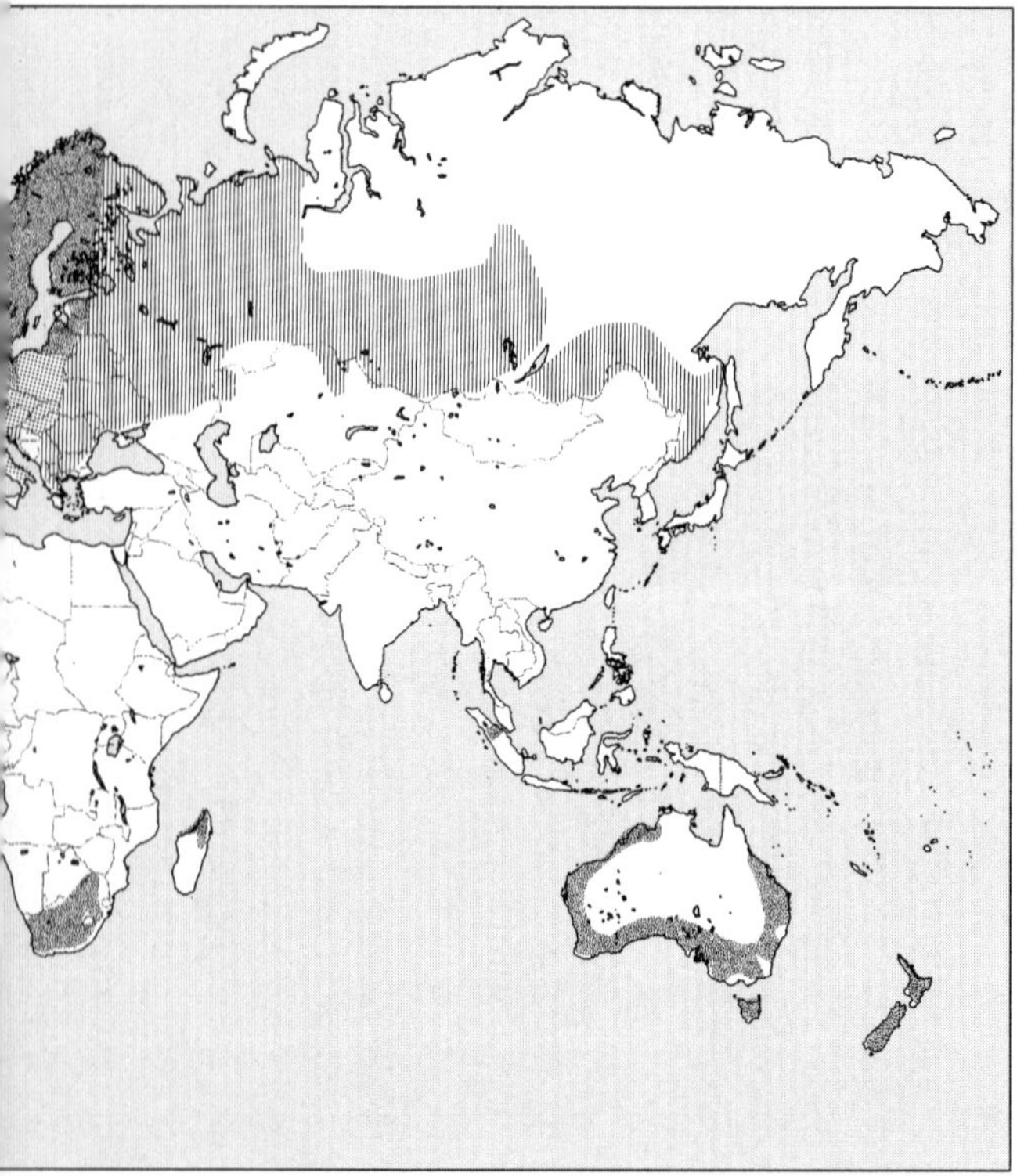

英語圏では、とくにプロテスタントの人たちは、名づけ本を読んで自分たちの名前の由来を初めて知るくらいで、日常的には、その名の意味をあまり意識していないようだ。新約聖書だろうが、旧約聖書だろうが、響きのよい名前、その時代の流行りの名前を好む傾向にあるという。厳格なカトリック社会にも、そうした自由な風が吹きはじめているようだ。

しかし日本でもそれは同じである。たとえば恒

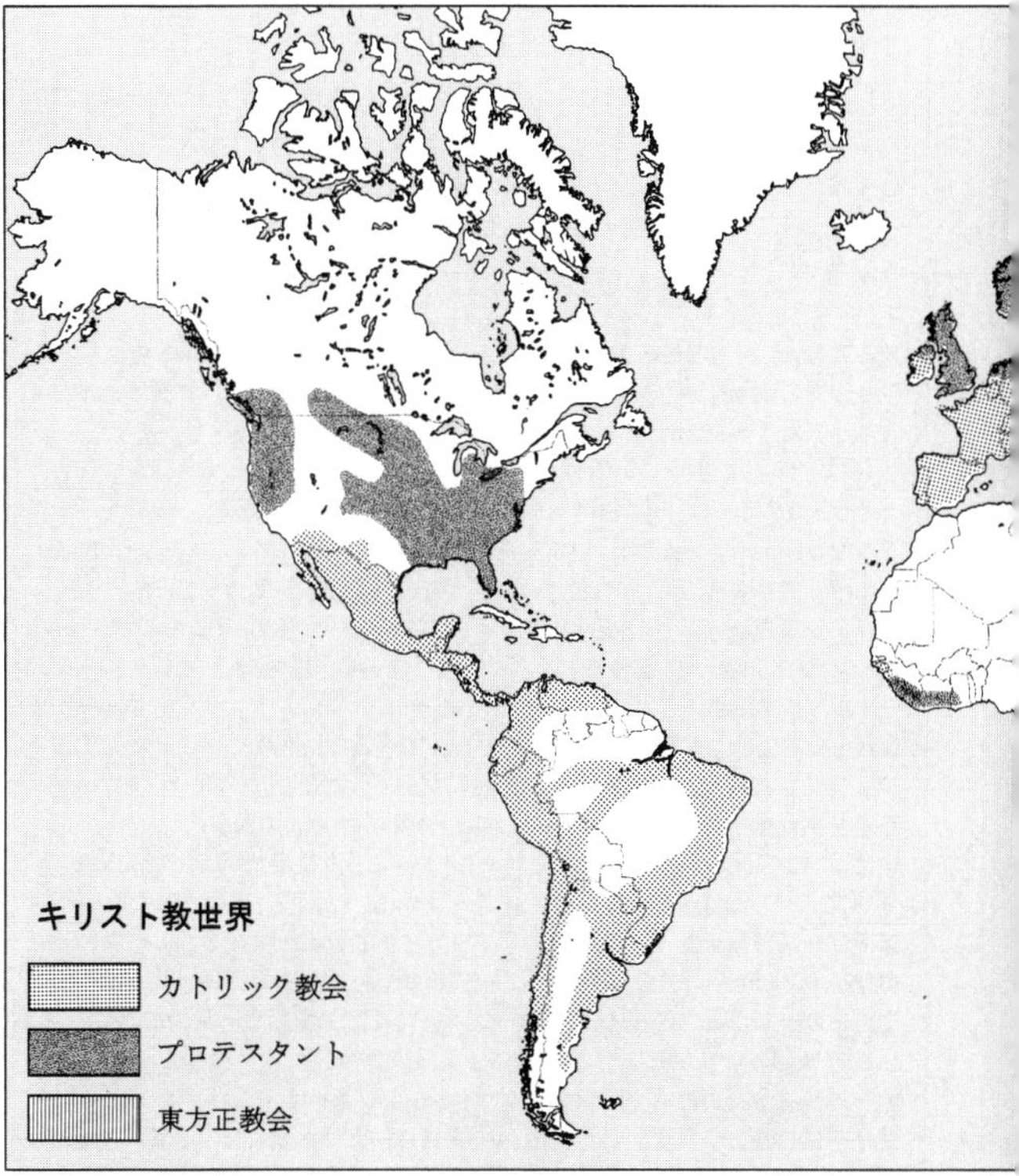

雄といった名前について、そう名づけられた子供は、ふだんは何の意識もしていないが、これがガンジス河の漢字名である恒河《ごうが》からとった名前だと知れば、人名がたどった二千年の道のりと親の願いに思いをはせることもあるのではないか。

国の承認が必要な名前

一九七六年、ロンドンの青年男女に、性的魅力がある名前を尋ねた調査報告がある（レズリー・アラン・ダンクリング

姓と名の相性

1971年、イングランドとウェールズ地方で代表的な姓と、その家庭に誕生した子がどのような名前を選んだかを調査したものを紹介しておこう（『ギネスの名前百科』より）。人気のある名前は聖書に由来するものがほとんどで、これらの名前と姓の組合わせは、まずは心地よい音のリズムを優先させている。（凡例　マーク・スミス、トレーシー・スミス）

スミス Smith→［男性名］マーク Mark、［女性名］トレーシー Tracey
ジョーンズ Jones→［男性名］デイヴィッド David、［女性名］セーラ Sarah
ウィリアムズ Williams→［男性名］デイヴィッド David、
［女性名］シャロン Sharon
テイラー Taylor→［男性名］マーク Mark、［女性名］ジョアン Joanne
ブラウン Brown→［男性名］スティーヴン Stephen、［女性名］トレーシー Tracey
デイヴィス Davies→［男性名］マーク Mark、［女性名］セーラ Sarah
エヴァンス Evans→［男性名］デイヴィッド David、［女性名］トレーシー Tracey
トーマス Thomas→［男性名］デイヴィッド David、［女性名］セーラ Sarah
ウィルソン Wilson→［男性名］マーク Mark、［女性名］トレーシー Tracey
ロバーツ Roberts→［男性名］デイヴィッド David、［女性名］トレーシー Tracey
ジョンソン Johnson→［男性名］マーク Mark、［女性名］トレーシー Tracey
ライト Wright→［男性名］ポール Paul、［女性名］セーラ Sarah
ロビンソン Robinson→［男性名］マーク Mark、［女性名］ジョアン Joanne
トンプソン Thompson→［男性名］ポール Paul、［女性名］ジョアン Joanne
エドワーズ Edwards→［男性名］デイヴィッド David、［女性名］セーラ Sarah
ホワイト White→［男性名］デイヴィッド David、［女性名］セーラ Sarah
ウォーカー Walker→［男性名］マーク Mark、［女性名］セーラ Sarah
ヒュー Hughes→［男性名］マーク Mark、［女性名］ニコラ Nicola
ホール Hall→［男性名］スティーヴン Stephen、［女性名］ジョアン Joanne
グリーン Green→［男性名］デイヴィッド David、［女性名］ジョアン Joanne
クラーク Clark→［男性名］スティーヴン Stephen、［女性名］トレーシー Tracey
ルイス Lewis→［男性名］デイヴィッド David、［女性名］ジョアン Joanne
ハリス Harris→［男性名］ポール Paul、［女性名］ミッチェル Michelle
ジャクソン Jackson→［男性名］ポール Paul、［女性名］リサ Lisa
ターナー Turner→［男性名］ポール Paul、［女性名］ジョアン Joanne
ウッド Wood→［男性名］ポール Paul、［女性名］トレーシー Tracey
モリス Morris→［男性名］デイヴィッド David、［女性名］リサ Lisa
ムーア Moore→［男性名］スティーヴン Stephen、［女性名］ニコラ Nicola
クーパー Cooper→［男性名］スティーヴン Stephen、［女性名］セーラ Sarah
マーティン Martin→［男性名］ポール Paul、［女性名］トレーシー Tracey

「データで読む英米人」)。以下、イギリスの女性が好む男性名のベストテンをあげてみる。

一位　デイヴィッド　　六位　ロバート
二位　スティーヴン　　七位　リチャード
三位　ポール　　　　　八位　マイケル
四位　マーク　　　　　九位　クリストファー
五位　アダム　　　　　十位　フィリップ

デイヴィッド、スティーヴンといった名前から、どのようにしてセックスアピールを感じるのか、私たちには理解し難いが、好まれるのがどれも伝統的な名前だということはわかる。

同じ頃に生まれたイギリス人の名前のベストテンを示す別の統計では、アダム、ロバート、マイケル、フィリップにかわって、アンドリュー、マシュー、ダニエル、ダレンが入っているが、ダレン以外、とくに変わった名前はない。

英米人の名前にも、もちろん、流行はあるが、「風花《ふうか》」ちゃんとか「希龍《きりゅう》」くんといった新しい名前が続々と生まれてくる日本からみると、欧米人の命名は、ちょっと保守的な感じがしないでもない。ヨーロッパでも、息子に父親や祖父の名を与えるといった古くからの習慣は、いまでこそあまり流行らなくなったが、そのかわりにマスコミに登場する有名人の名前をファースト・

ネームにするといった傾向が、二十世紀の後半からとくに目立ってきた。欧米では、新しい名前を「考案」するなどということは思いもおよばない、という人が多いし、風変わりな名前は、一般的にはあまり受け入れられないようだ。

英米の名前蒐集家や研究者は、「一八五〇年の名前ベスト一〇〇」といったリストを年代ごとにいくつも作成しているが、現代の名前のリストと比べてみても、順位が変わっているだけで、登場する名前はさして違ってはいない。

つまり欧米人は、中世以来このかた、数に限りのある名前のリストのなかからどれかを選ぶという方法で命名してきたのである。これは決して比喩ではない。英語圏、とくに新天地であるアメリカやオーストラリアでは、それでもけっこう新しい名前が使われたこともあったが、前述したように、名前は原則として決められた人名リストのなかから選び、それ以外の名前をつけたいときは、申請して、承認を待つといった手続きが必要な国もいまだにあるのだ。

同じ国であっても、つけられる名前は、時代や地域によって異なる。それに近年は、移民の増加で、非西欧圏の名前もかなり流入している。しかし西欧社会では、名前のリストが無限に拡大していくということは、基本的には、考えにくい。

欧米で名前のリストが固定化したのは、第1章でも述べたが、キリスト教の影響による。教会が聖書の登場人物や聖人の名をつけることを奨励したからである。

ノルマン系の名前で埋めつくされたイギリス

イギリスを例に、少し詳しくみていこう。一〇六六年、フランスにノルマンディー公国をおこしたノルマン人がイングランドを征服すると、古くからのアングロ・サクソン系の名前は一部を残して、ほとんどが消えてしまった。

それ以前は、たとえばアルフレッド Alfred とイーディス Edith という夫婦が、自分たちの名前を合わせて、子供にアルディス Aldith と命名するようなことが、貴族たちのあいだでよくおこなわれていた。このような命名法は、紀元前三〇〇〇年頃のインド・ヨーロッパ祖語にまでさかのぼることができるという。

イングランドの名前に混乱をもたらしたノルマン人も、もとはといえば、アングロ・サクソン人と同じゲルマン系の民族だが、彼らは両親の名前の一部を合わせて新しい名前をつくるという習慣を、フランス語を受け入れた頃に、すでに手放してしまっていた。

ノルマン人のイングランド征服によって、アングロ・サクソン人たちは、ウィリアム、ロバート、ヘンリー、リチャードといったノルマン風の名前と、父祖の名を繰り返しもちいるという習慣を受け入れたが、それは同時に、名前を固定し、新たな名前の誕生の機会を奪うことにもなった。

そのため、ノルマン人の支配が一世紀を超える頃になると、国中《くにじゅう》がノルマン風の、しかも同じ名前で埋めつくされることになってしまった。

各国で変化した名前の例

【英語圏】

ウィリアム William ＝「意志」「冑」の２つの意味をもつ
ロバート Robert ＝「名誉」「輝かしい」の２つの意味をもつ
リチャード Richard ＝「支配」「厳格な」の２つの意味をもつ
ウォルター Walter ＝「軍隊」「支配」の２つの意味をもつ

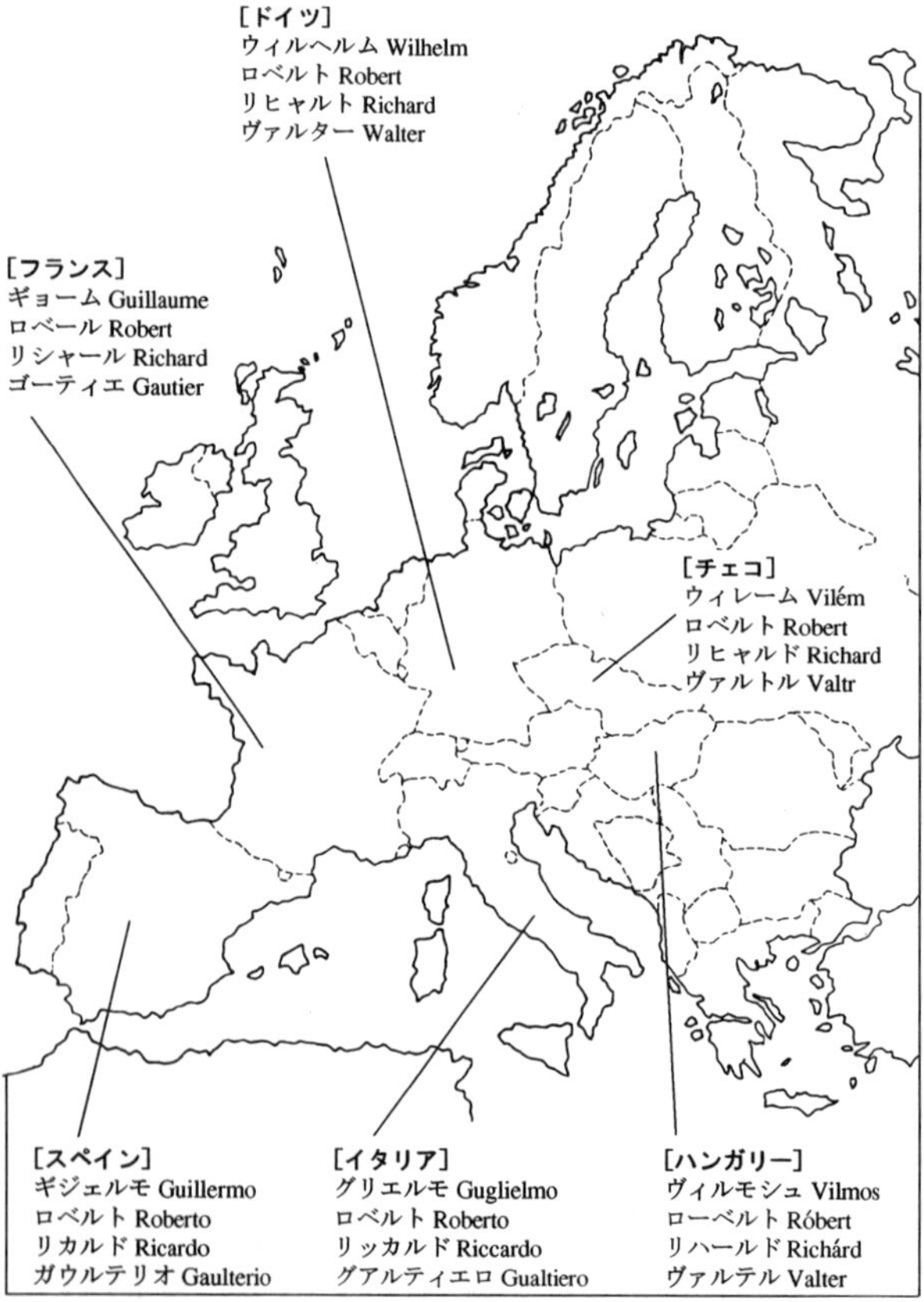

そのような状況を、いくぶん変えたのが、教会によるクリスチャン・ネーム（洗礼名）の奨励だろう。それによって、ヘブライ語やギリシア語、ラテン語の流れをくむ聖書中の人名や聖人名がイギリスに登場した。また聖人に列されたアングロ・サクソン人たちの名が復活した。イングランドには、このようにして何度か、新しい命名習慣の波が押し寄せた。

その結果、イギリス、アメリカ、オーストラリアをはじめとする英語圏の名前のリストはキリスト教的な名前とノルマン的な名前を中心に、アングロ・サクソン人の古英語系の名前（エドワード、エドマンドなど）、アイルランド、スコットランド、ウェールズに残るケルト系の名前（ジェニファー、ケヴィン、ブライアンなど）、そして少数の造語名（シェイクスピアが創ったジェシカなど）が加わったものになっている。

さて、さきほど、一四人の人気男性名があがったが、そのなかには、聖書に登場する人物や後世の聖人に由来する名前が十一もある。それを、順にみていこう。

尊敬され、嫌悪されたダヴィデ

デイヴィッドDavidは旧約聖書のダヴィデの名による。ダヴィデはヘブライ語で「最愛の人」「親愛なる人」を意味する。前十世紀頃、イスラエル王となったダヴィデは、勇敢かつ才知にたけた人物で、しかも聖書中の詩編の作者ともされている。

羊飼いの少年だったダヴィデが勇名を馳せるきっかけとなったのは、ペリシテ人の巨人戦士ゴリアテとの一騎討ちによってだった。のちに中世の十字軍の騎士たちは、このダヴィデに理想の騎士像を重ね合わせた。そのため、彼の名は、十字軍に参加したノルマン人によってヨーロッパに広まっていったという。ユダヤ民族にとっての「救世主」ダヴィデは、むろんユダヤ人に好まれる名前でもある。

イギリスのウェールズでは、この地で布教につとめた聖デイヴィッド（七世紀）が守護聖人となった。また一二世紀から一三世紀にかけて、三人のデイヴィッド王があらわれたため、この名前とウェールズ人とのつながりはさらに深くなった。スコットランドでも、デイヴィッドという王が二人いたため、よく使われる名前のひとつとなった。

ダヴィデは、たしかに輝かしい名前ではあった。しかし彼には、非常に人間くさいエピソードが常につきまとう。家臣の妻の水浴み姿に心を惑わされ、王宮によび入れて妊娠させてしまったこともあった。ピューリタン（清教徒）たちは、とりわけこの罪を忌み嫌ったため、アメリカの初期の移民などはデイヴィッドという名前を子供たちにほとんどつけなかった。

そうしたこだわりは、やがて、しだいに薄れていったが、アメリカでは十八世紀の終わり頃から、旧約聖書の人名を命名する習慣がうすれ、一九世紀後半になると、デイヴィッドの名はほとんど顧みられなくなった。

しかし、二十世紀中頃からこの名前の人気が急に復活する。七〇年代、八〇年代は、アメリカでもイギリスでも、常に人名人気リストの上位に入っていた。一九七六年、イギリスで、このデイヴィッドがセクシーな名前のトップにあげられたのは、ロック歌手デイヴィッド・ボーイ David Bowie の人気によるものかもしれない。

デイヴィッドから派生した姓は多い。「〜の息子」という接尾辞サン -son がついたダヴィッドソン Davidson は、スコットランドでもっとも一般的な姓のひとつである。

殉教者ステパノとスティーヴン・スピルバーグ

スティーヴン Steven、Stephen は、キリスト教の最初の殉教者・聖ステパノの名前に由来する。
ステパノは十二使徒の弟子のなかから選ばれた七人の助祭の一人だった。彼は福音を伝え、奇跡をおこなったが、ユダヤ人たちの怒りをかって石で打ち殺されてしまった。聖書は、ステパノが最後に、「主よ、この罪を彼らに負わせないでください」と叫んだ言葉を伝えているが、そうした迫害に屈しない姿が、のちの時代の人びとに大きな感銘を与えたのであろう。
さて、ステパノのギリシア語名ステファヌス Stephanus からは、さまざまな名前が生まれている。
ドイツではシュテファン Stefan、イタリアではステファノ Stefano、スペインではエステバン Esteban となる。フランスのエティエンヌ Etienne も、このステパノにまでさかのぼる名前だ。ロシア語ではステパーン Stepan で、ロシア民謡「ステンカ・ラージン」のステンカ Sten'

kaはその愛称である。英語のステファニーStephanieは、スティーヴンから派生した女性名だ。

ところでスティーヴンは、英語圏で数百年にわたって脈々と受けつがれてきた名前だが、綴りにはギリシア語風のStephenと、中世の英語の伝統を伝えるStevenの二種類がある。

車椅子の天文物理学者スティーヴン・ホーキングStephen Hawkingや作家スティーヴン・キングStephen Kingは前者、映画監督スティーヴン・スピルバーグSteven Spielbergは後者だ。ちなみに、その語源となったギリシア語のステパノスは「勝利の冠」を意味する。そこから転じて「王」「王のように成功した者」をも意味するようになった。

スティーヴンの愛称はスティーヴSteveで、これは正式な名前としても使われている。俳優スティーヴ・マックイーンの本名は、テレンス・スティーヴ・マックイーンTerence Steve McQueen。姓としては、スティーヴンスStevensや、『宝島』の著者の名で知られるスティーヴンソンStevensonなどがある。

パウロからポールへ

聖ステパノが石打ちの刑で殺されたとき、その場にサウロというユダヤ人がいた。

サウロは、さらに、イエスの弟子たちを捕えるための旅に出るが、その旅の途上、突然、天からの光によって地に打ち倒された。

「サウロ、あなたは、なぜ、わたしを迫害するのか」。そうよびかける声に、サウロが「あなたはどなたですか」と尋ねると、「わたしは、あなたが迫害しているイエスである。立ちて町に入れ。そうすれば、あなたのなすべきことが知らされる」という声があったという。

悔い改めたサウロは洗礼を受け、今度はキリスト教伝道の旅に出た。

聖パウロの回心の物語は、キリスト教徒であれば、誰でも知っている。パウロとはラテン語でパウルス、「小柄な人」を意味する言葉だという。

パウロは、回心以来、大伝道者となってキリスト教の布教、発展に大きく貢献し、最後は皇帝ネロによってローマで殉教したとされる。

パウロは、英語では、ポール Paul。のちの世に、パウロという名をもつ英雄こそあらわれなかったが、それでもこの名は、西欧で絶えることなく受けつがれてきた。二十世紀の後半、この名が英米で人気を得た背景には、俳優ポール・ニューマン Paul Newman やビートルズのポール・マッカートニー Paul McCartney の影響があったのかもしれない。

パウルスからは、ポーラ Paula、ポーリーヌ Pauline、ポーレット Paulette といった女性名が生まれている。スペインでは、女性名はパウラ Paula だが、男性名はパブロ Pablo となる。パブロ・ピカソ Pablo Ruiz y Picasso や、チェロ奏者パブロ・カザルス Pablo Casals のファースト・ネームとして知られている。ただ、カタロニア地方出身のカザルスは、スペイン語のパブロでなくカタロニア語のパウ Pau を誇りをもって名乗っていたという。

運ばれた遺骸から生まれた名前

マーク Mark、Marc は、新約聖書の「マルコの福音書」で知られる聖マルコの名前から生まれた。マルコは、ローマの軍神マルスに由来するギリシア語系の名前だと考えられている。ラテン語ではマルクス Marcus、ここから英語のマークが生まれた。

福音書を記したとされるマタイ、マルコ、ヨハネ、ルカの四人のうち、マルコだけは一九世紀まで、英米人の名前に使われることはほとんどなかった。

しかし二十世紀初頭から、にわかに「マーク」の名が増えてきた。その背景には、一九一〇年に没したアメリカの人気作家マーク・トウェイン Mark Twain の影響を指摘する人もいる。もっとも、マーク・トウェインのマークとは、ミシシッピ川で水先案内人をしていた若者サミュエル・ラングホーン・クレメンズ Samuel Langhorne Clemens が、水深を知らせるかけ声「マーク・トウェイン！（二尋）」からとった筆名で、実は聖マルコとは関係ないのだが。

マークは、一般的には Mark と綴られるが、Marc もある。フランス語的なこの綴りは、フランス系住民が八割を占めるカナダのケベック州などでは、出自を忘れたくないという親の思いによって、子供に名づけられることが多い。

聖マルコは、パウロやペテロの伝道につきしたがったあと、エジプトのアレクサンドリアにおもむき、その地で殉教したと伝えられている。マルコの遺骸は九世紀にヴェネツィアに運ばれ、それを納めるためにサン・マルコ寺院が建立された。以来、ヴェネツィアでは、マルコの名がよく使われるようになった。『東方見聞録』を書いたマルコ・ポーロ Marco Polo も、ここヴェネツィアの出身である。

マイク・タイソンとミック・ジャガー

アダムについては、説明するまでもないだろう。人類の始祖とされたアダムという名は、ヘブライ語で「人間」、あるいは「赤」を意味する。赤は大地の色である。旧約聖書は「主なる神は、土《アダマ》の塵で人《アダム》を形づくり」と、人間の創造を記している。

アダム Adam という名前はイングランド以外では、中世後期のスコットランドでとくに好まれた。理由はアダムナン（小アダム。「火」を意味する）というケルト人の聖人崇拝にあるらしい。アダムは、その後、まったく顧みられない時期もあったが、一八世紀後半には復活した。ちなみに、その頃、名声を確立した『国富論』のアダム・スミス Adam Smith の生地は、スコットランドである。

アダムという名前は、アメリカでは、むしろ珍しい名前に属する。ただし「アダムの息子」を意味するアダムス Adams という姓は、アメリカには多い。ジョン・アダムス John Adams とジョン・クインシー・アダムス John Quincy Adams は親子で、この二人はそれぞれアメリカ合衆国の第二代と第六代の大統領となった。最近では、この名前から、映画「アダムス・ファミリー」を連想する人も多いだろう。ほかにもアトキンス Atkins やアディソン Addison など、アダムから派生した姓はいくつもある。

ちなみに、二人の大統領を出したアダムス家が名門を意識したことはいうまでもない。ジョン・クインシー・アダムスは、期待いっぱいに長男をジョージ・ワシントン・アダムスと名づけた。ジョージはハーヴァード大学を卒業するなど努力はしたものの、期待の重圧に耐えかねて二八歳の若さで謎の死を遂げている。

人気名ランキング第八位のマイケル Michael は、大天使ミカエルに由来する名前だ。ミカエルは、ヘブライ語で「誰か神のごとき?」を意味するという。それは悪魔の長ルキフェル（英語名ルシファー LCF）が神に背いたとき、大天使ミカエルがそう叫んで悪魔に勝利したという伝説による。

ミカエル崇拝は、イタリア、フランスを経て、七世紀頃にはアイルランドにまで広まっていった。とくにアイルランドでは、一九一九年のアイルランド建国に尽力したマイケル・コリンズ Michael Collins が英雄として讃えられたこともあって、このマイケルの名前が好まれている。ちなみに、四〜五世紀のローマ時代、アイルランドに布教に訪れ、キリスト教を定着させた聖パトリックは「アイルランドの父」と称されている。この名もアイルランドに定着し、マイケルとともにアイルランドを連想させる名前となっている。

さてマイケルという名は、特徴のない平凡な名前なので、目立たない名前を選ぶ傾向が強いアフリカ系アメリカ人にも好まれている。歌手のマイケル・ジャクソン Michael Jackson、バスケット・ボールのマイケル・ジョーダン Michael Jordan など、有名人にも多い。ヘビー級ボクサー、マイク・タイソン（本名は、マイケル・ジェラルド・タイソン Michael Gerard Tyson）のように、マイク Mike は、マイケルの愛称だが、独立した名前ともなっている。ちなみに二十世紀半ばに生まれたアフリカ系アメリカ人の男子の名前ベスト5は、ジェイムズ James、マイケル、ロバート Robert、チャールズ Charles、ウィリアム William である。

フランスでは、男性は Michel、女性は Michelle で、ともにミシェルとよばれる。ビートルズの、一九六六年のヒット曲「ミシェル」は「ミシェル、マ・ベル（ミシェル、僕の美しい人）」というフランス語の歌詞ではじまるが、この歌によって、この名前をもつ女の子が英語圏でいっきに増えたという。たとえば、一九七五年のオーストラリアでは、新生女子の名前の第一位になっている。

ミカエルのスペイン語の女性名はミカエラ Micaela だが、男性名はミゲル Miguel となる。また、ロシア語化したミハイル Mikhail は、ソヴィエトを崩壊に導いたゴルバチョフ元大統領 Mikhail Sergeevich Gorbachev のファースト・ネームとして有名だ。

マイケルの愛称は、マイクのほかにミック Mick、ミッキー Mickey などがある。

ローリング・ストーンズのミック・ジャガー Mick Jagger は、マイケルがセクシーな名前のベストテン入りするのに一役かったかもしれない。マイケルの愛称のひとつであるミッチェル Mitchell は、そのまま姓にも転じた。『風とともに去りぬ』の著者マーガレット・ミッチェル

Margaret Mitchell が有名だ。

ヤンキーとはオランダ人だった!

前節で紹介したように、マイケルという名前がアイルランド人に多かったことから、その愛称のミックやミッキーはアイルランド人をさす俗称、ときには蔑称となった。イギリスでもアメリカでも、アイルランド系移民は差別を受けていたため、催眠剤や下剤を混ぜた酒をミッキーとかミッキー・フィンとよぶなど、その名は悪口としてよく使われていた。

アイルランド系アメリカ人は、いまでこそイングランド系アメリカ人とほぼ同化したとされているが、長いあいだ、貧しく、頑固というステロタイプで語られてきた。

当然、アイルランドを代表するもうひとつの名前、パトリック Patrick の愛称も、侮辱的にもちいられることが多かった。

パトリックの愛称パディ Paddy やパット Pat は、ミッキーがアイルランド人の貧しさをあげつらう名前であれば、かんしゃくもちというイメージと結びついている。また警官や消防士となったアイルランド系移民が多かったため、パディは警官をさす俗語ともなった。

一方、イギリス人のあだ名といえば、イギリス人らしいイギリス人を意味するジョン・ブル John Bull が有名だ。ブルとは雄牛のことで、ジョン・ブルといえば、雄牛のように頑固で無愛想なイギリス人気質をいう。これはミックやパディと違って、あだ名だが、蔑称ではない。

ジョンの語源はヨハネ。後に述べるが、キリストに洗礼を授けたヨハネに由来するこの名前は、キリスト教圏では、男性の代名詞のように使われたため、いくつものあだ名を残している。

たとえば、ジョニー・クラポー Johnny Crapaud（クラポーは仏語でカエル）は、カエルを食べるフランス人をからかうときの言い方だ。英語の辞書を開くと、カナダ人や中国人の俗称として、ジョニー・カナック Johnny Canuck、ジョン・チャイナマン John Chinaman などという言葉も載っている。

ジョンのドイツ語表記ハンス Hans はドイツ人を、またロシア語表記のイワン Ivan を英語読みしたアイヴァンは、ロシア人一般やロシア系をさす言葉になった。もっとも、ハンスもイワンも、いまではとっくに流行遅れの名前になっている。

ジョンは、オランダではヤン Jan となる。ニューイングランドに入植したオランダ人をイギリス人がからかってよんだヤンキー Yankee（オランダ野郎）は、転じてアメリカ北部の住民を、さらにはアメリカ人全体をさす俗称となった。

ジョンの愛称のひとつにジャック Jack があるが、スコットランドでは、これがジョック Jock となる。ジョックはマックとともにスコットランド人であることを示す名前だ。

ちなみに競馬の騎手を意味するジョッキー jockey も、スコットランドのジョンの愛称に由来する。

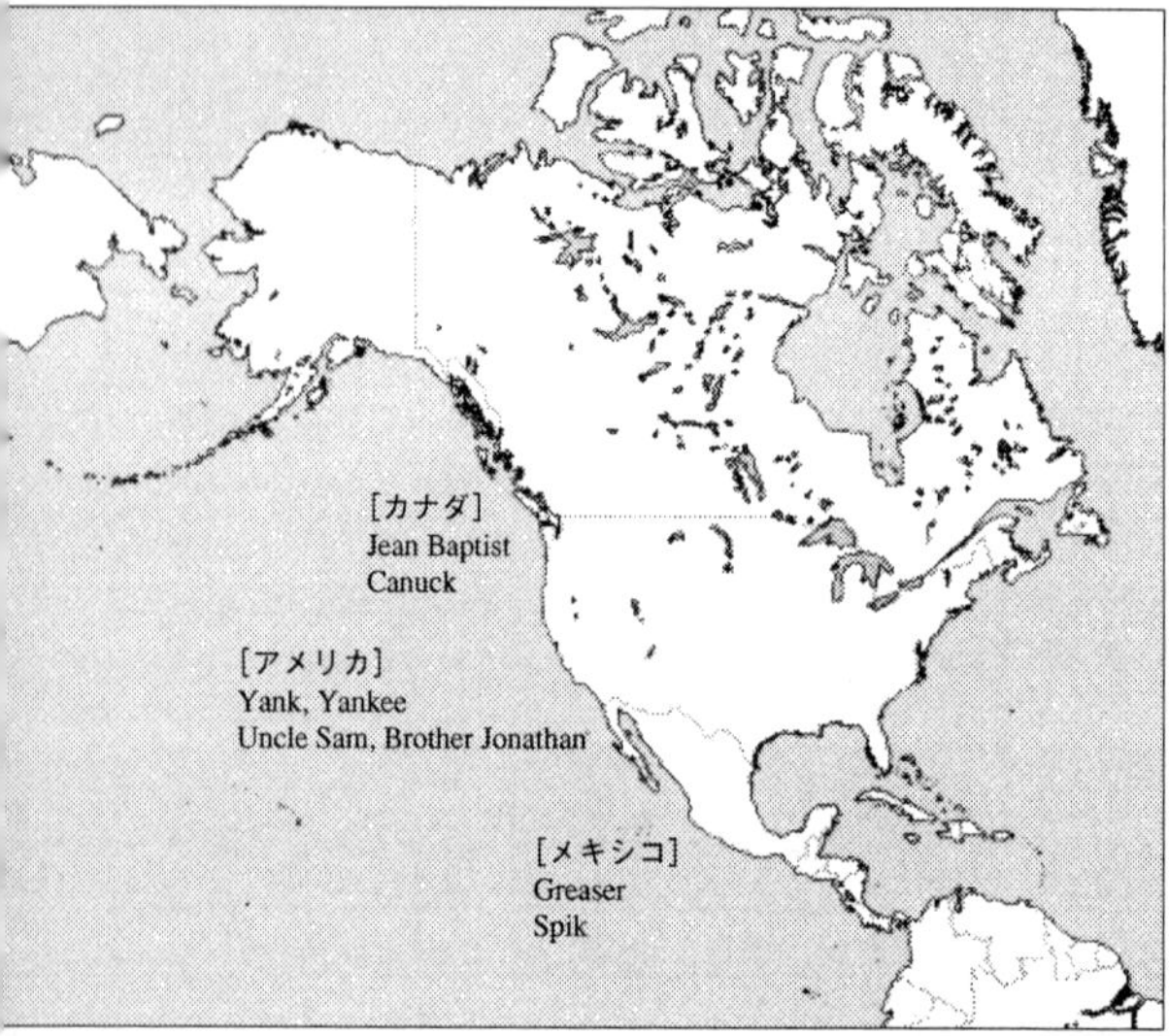

味の隠語として使われていたため。
[イタリア][スペイン]　デイゴDago＝両国に多い名、ディエゴDiegoの転訛したもの。
[ギリシア]　ジョニーJohnny＝Johannidesがギリシアで一般的な人名と考えられていたため。
[スウェーデン]　オラフOlaf＝北欧の守護聖人St.Olafによる。
[ロシア]　イワンIvan＝ロシアの典型的な男性名。
イワン・イワノヴィッチIvan Ivanovitch＝「ロシア人のなかのロシア人」的な意味。

[中国]　ジョン・チャイナマンJohn Chinaman＝Johnというありふれた名前と「中国人」を組み合わせて「典型的な中国人」というニュアンスで使われた。

[フィリピン]　フィップFip、フリップFlip＝フィリピンの国名はスペインの皇太子フェリペFelipe（Philippe）2世の名にちなんだもの。その短縮形。

[アメリカ]

ヤンクYank、ヤンキーYankee＝オランダ語のヤンJan（＝John）の皮肉った言い方Jankeに由来するといわれる。

アンクル・サムUncle Sam＝「U.S.合衆国」の頭文字をイメージさせるので、典型的なアメリカ人というニュアンスで使われる。

ブラザー・ジョナサンBrother Jonathan＝典型的なアメリカ人を指す、古い言い方。Jonathanは愛国者として有名だったコネチカット州知事ジョナサン・トランバルJonathan Trumbullのこと。大統領ワシントンが使った言い方にちなんだもの。
[カナダ]　ジーン・バプティストJean Baptist＝ジーンは、フランス系カナダ人が洗礼名として好んだ名前。
カナックCanuck＝フランス系カナダ人のこと。

[メキシコ]　グリーサーGreaser＝メキシコ人に対する蔑称。「機械にグリースをさす者」という職業名に由来する。

スピックSpik＝英語のspeakから。英語が話せないラテン・アメリカの人びとに対して、広くもちいられる。

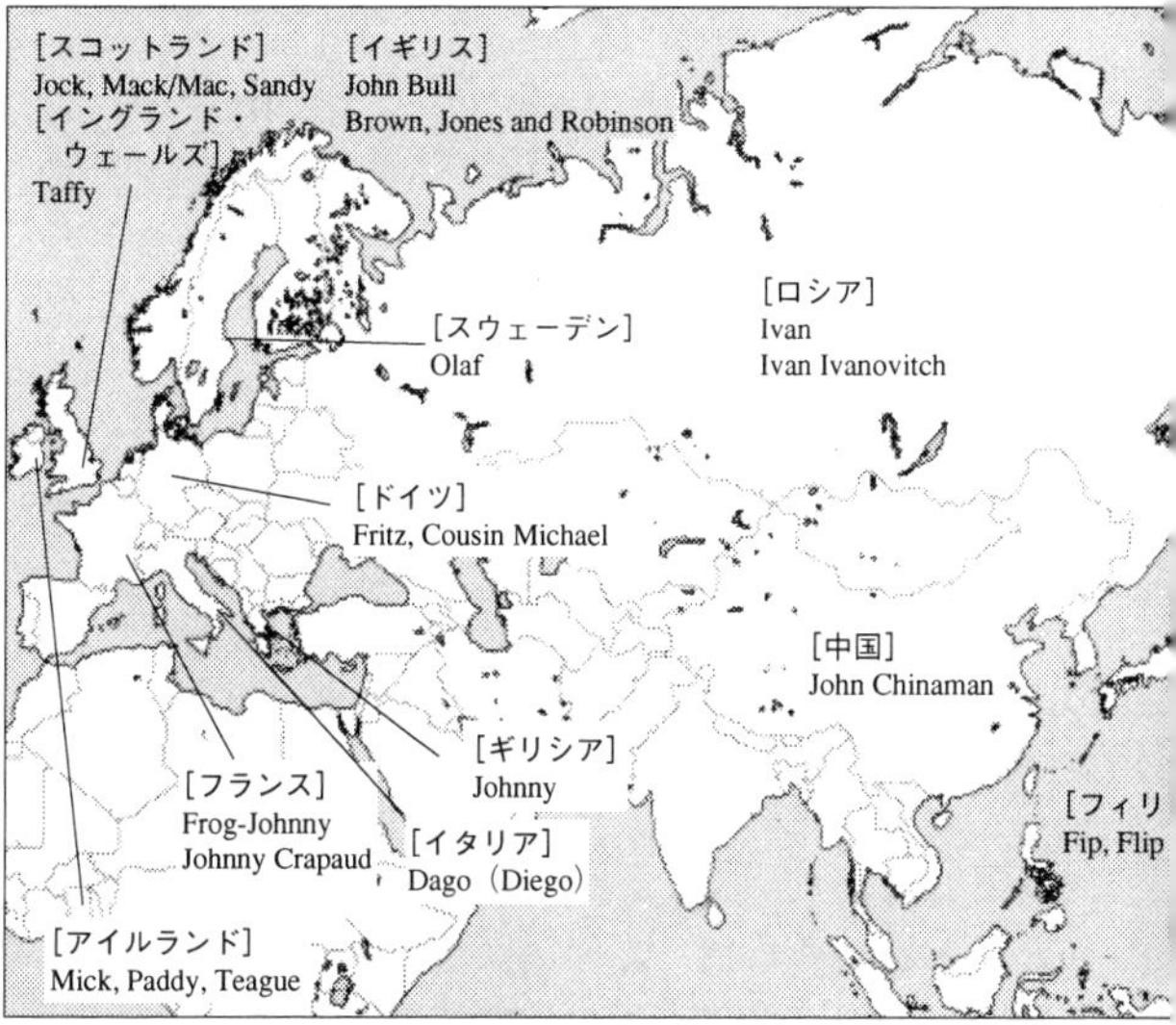

英語圏の人がつけた国や民族のあだ名

しばしば、その国の代表的な人名が、あだ名になっていたりする。多くの場合、「～野郎」というような侮蔑的なニュアンスで使われる。

[イギリス]
ジョン・ブル John Bull＝「典型的なイギリス人」という意味。1713年のジョン・アーバスノットによる作品 "Law is a Bottomless Pit, or the History of John Bull" の主人公に由来。
ブラウン、ジョーンズとロビンソン Brown Jones and Robinson＝イギリスにおける俗人の典型。19世紀のリチャード・ドイルの作品に登場する3人のイギリス人の名前による。
[イングランド・ウェールズ地方]
タフィー Taffy＝守護聖人デイヴィッド David の短縮形 Davy が転訛したもの。
[スコットランド]　ジョック Jock＝John のスコットランドでの表記。
マック Mack/Mac＝スコットランド出身者の名前に多い「～の息子」という接辞による。
サンディ Sandy＝スコットランド出身者に多い、アレクサンダー Alexander という名前の短縮形。
[アイルランド]
ミック Mick＝マイケル Michael の愛称。アイルランドの人名に多かったから。北アイルランドではカトリック教徒に対する蔑称だった。
パディ Paddy＝守護聖人パトリック St. Patrick の愛称。
ティーグ Teague＝古いアイルランド特有の名前。
[フランス]　フロッグ・ジョニー Frog-Johnny またはジョニー・クラポー Johnny Crapaud＝カエルを食べるフランス人に対する蔑称。Crapaud はフランス語でカエル。
[ドイツ]　フリッツ Fritz＝いかにもドイツ的な男性名。
カズン・マイケル Cousin Michael＝古くはドイツで、Michael が「粗野な人物」という意

コロンブスを守った伝説の聖人

クリストファー Christopher という名前は、「キリストに捧げられし者」を意味するギリシア語クリストフォロス Christophoros を語源としている。この言葉には「キリストをになう者」という解釈もあって、そこから幼年のキリストを肩に乗せて川を渡ったという聖クリストフォロスの伝説が生まれた。クリストフォロスは、一四人いる救難聖人のなかの一人である。

救難聖人とは、危険にあったときにその名をよぶと、神に救いを求めてくれる聖人のことで、ペストのような悪疫の恐怖にさらされていた時代にはとくに崇拝された。クリストフォロスも、その時代には、水夫や巡礼、旅人の守護聖人、要塞の守護神などとしてあがめられていたが、一七世紀になると、その信仰はすたれてしまう。ところが、二十世紀になって各種交通機関が飛躍的に発達するや、交通安全の守護聖人として復活を遂げる。カトリックの浸透した南米では、アンデスの山地を走るトラックやバス、タクシーは、フロントガラスなどにクリストフォロスにちなんだお守りを飾っている。西洋史上、もっとも有名なクリストファーといえば、一五世紀末のクリストファー・コロンブス Christopher Columbus だろう。

コロンブスはジェノヴァ出身、イタリア語ではクリストフォロ・コロンボ Cristoforo Colombo である。スペイン語ではクリストバル・コロン Cristóbal Colón となる。コロンブスの父は織物業者だったというから、まさか息子の未来を予見して、船乗りの守護聖人の名をつけたわけではないだろうが、その命名は、なにか将来の運命を予見させてはいないだろうか。

救難聖人

唯一絶対の神を信じるキリスト教であるが、殉教者など、聖人として列された者のおこない、力にあやかりたい、という民間信仰的なものもあった。とくに危機に遭ったときなど、その聖人の名を唱えると、その危機から回避されると信じられていた。
一般に14救難聖人として知られるうち、代表的な聖人をここにご紹介しておきたい。

クリストフォロス Christophoros（3世紀頃、小アジアで殉教。キリストを背負って川を渡った）＝旅の安全、洪水、疫病、嵐
バルバラ Barbara（3〜4世紀頃、実在したかどうか定かでない処女殉教者）＝雷除け、砲手、消防士の守護
ブラシウス Blasius（4世紀前半、セバステの司教）＝織匠の守護、のどや肺の病気
キュリアクス Cyriacus（309年頃、ローマ）＝悪霊除け
ディオニュシオス Dionysios（3世紀、ガリアとよばれていた時代のパリで殉教）＝魔除け
エウスターキウス Eustachius（118年に殉教といわれるが実在したかどうか不明）＝困難な状況を回避
ゲオルギウス Georgius（303年頃に殉教）＝戦士、馬具職人、肉屋などの守護
アレクサンドリアのカタリナ Catharina Alexandriana（4世紀、聖書外典の人物）＝製粉業、少女、哲学者、看護婦などの守護
マルガレタ Margareta（2世紀頃、古代シリアの都アンティオキア）＝不浄なものを清浄にする
パンタレオヌス Pantaleonus（305年頃没）＝医者の守護

クリストファーには、その息子であることを示す「ソン」や「セン」がついて、姓にもなる。カントリー&ウェスタンのスターで俳優業もこなすクリス・クリストファーソン Kris Kristofferson は、その綴りからするとスウェーデン系だろうか。

馬を愛する者

本章の初めに紹介した「女性に好かれる男性名」のベストテンで十位になっているフィリップ Philip はどうだろう。
新約聖書には、十二使徒のひとりでガリラヤ湖畔の漁夫だったピリポと、サマリヤに福音を伝えた

伝道者ピリポという二人のピリポが登場する。

ピリポとは、ギリシア語ではフィリッポス Philippos。フィロス philos（愛する）とヒッポス hippos（馬）で、「馬を愛する者」を意味する。戦車を牽く馬は、ギリシア人にとって、軍事、権威の象徴である。ギリシア神話では、ペガサスやケンタウロスなど、空想上の動物のなかでも、馬の身体をもつものにはとくに善良な性質が付与されている。ヒッポがつく名前は神話にも登場するが、「医聖」ヒポクラテス Hippokrates の名前にもなっている。

フィリッポスの名をもつ歴史上の人物としては、古くはアレクサンドロス大王の父フィリッポス二世があげられる。この王は息子に比べれば知名度は低いが、マケドニアの勢力を広げた傑物で、その活躍ぶりには、若きアレクサンドロスが「世界には限りがある。父上は息子のために征服の余地を残さぬおつもりか」と嘆いたほどだった。フランスでは、中世以降、フィリップ Philippe 二世をはじめとして、その名をもつ王侯は多い。フランスでフィリップの名が好まれたのは、使徒ピリポがガリアにキリスト教を伝えたという伝承によるが、アレクサンドロス大王の父王の名もまた、この名前にいいイメージをもたらしていたのかもしれない。

フィリップは、スペインでは、フェリペ Felipe となる。

スペイン王国の最盛期の国王はフェリペ二世で、この名はスペイン語圏では非常に多い。ちなみに一六世紀前半、スペインはアジア東南部の諸島を植民地とし、当時、皇太子だったフェリペ二世の名にちなんで、そこをイスラス・フェリペナ（フェリペの島々）と名づけた。このフェリ

守護聖人のシンボルが隠されたイギリス国旗

はじめは白地に赤い十字の聖ジョージの旗がイングランドの国旗だった(1277〜)。その後、青地に白のX型十字の聖アンドリューの旗が組み合わされ（1603〜）、さらにアイルランド合併にともなって白地に赤のX型十字のアイルランドの聖パトリック旗が追加された（1800〜）。

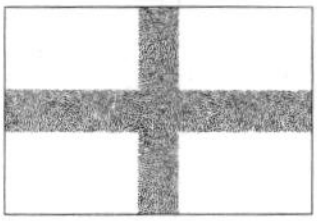

１.聖ジョージ旗

２.聖アンドリュー旗

３.最初の連合王国旗

４.聖パトリック旗

ペナは、のちに英語化され、フィリピンとなった。

姓としてのフィリップやフィリップス Phillips は、イギリスにもアメリカにも多い。フィリップの愛称フィル Phil から生まれた姓にはフィルキンズ Filkins などがある。

聖人名を北に伝えたヴァイキング

アンドリュー Andrew はイエスの最初の弟子となった聖アンデレ（ギリシア語名アンドレアス Andreas）の名前に由来する。この名は「男らしい」「力強い」を意味するギリシア語アンドロスを起源にするという。

使徒アンドレアスは、黒海やカスピ海沿岸で布教をし、最後はギリシアの都市パトレで、X字型十字架にかけられて殉教したという。

その聖アンドレアスの腕が、修道僧レグルスによって四世紀にスコットランドに移され、その地の守護聖人になった、とイギリスでは信じられている。

イギリス国旗ユニオン・ジャックの青地に白のX字型十字は、このアンドレアスの十字架をあらわしている。また名門ゴルフクラブで有名なスコットランドのセント・アンドリュースは、聖アンドレアスに捧げられた教会の名前に由来する。

聖アンドレアスはロシアの守護聖人でもある。

ギリシアの守護聖人としてコンスタンティノポリス（コンスタンティノープル）で崇められていたアンドレアスは、ドニエプル川水系を利用して黒海と往き来するヴァイキングによって、ウクライナやロシアに広まっていったのだ。

ヴァイキングはよく海賊の代名詞とされて、あまりよいイメージでは語られないが、スカンディナヴィア半島からロシア西部に上陸した彼らは、九世紀にキエフ公国をおこし、さらに南下して黒海を経由し、ビザンツ帝国の首都として繁栄していたコンスタンティノープル（イスタンブール）との交易ルートを確保した。こうしたヴァイキングの活動によって、キリスト教文化はしだいに北方へと伝えられていったともいえる。

アンドレアスは、デンマーク語ではdの発音が抜けてアナスAndersとなる。そのアナスに、息子を意味する「ソン」や「セン」がついた姓はスカンディナヴィア三国に多い。『マッチ売りの少女』などの童話で名高いデンマークの作家ハンス・クリスチャン・アンデルセンHans Christian Andersenの姓Andersenは、デンマーク人の発音では、アナスンとなる。

アメリカでは、第七代大統領アンドリュー・ジャクソンAndrew Jacksonがいる。イギリスには、アンドリュー皇太子Andrew Albert Christian Edwardがおり、愛称はアンディAndyだ。また、アメリカのポピュラー歌手アンディ・ウィリアムス、ポップ・アートの旗手アンディ・ウォーホルAndy Warholも有名だ。

ちなみに、ウォーホルの本名はアンドルー・ウォーホラで、スロヴァキアからの移民の家系であることがわかる。

フランスの小説家アンドレ・ジードAndré Paul Guillaume Gide、ポーランドの映画監督アンジェイ・ワイダAndrzej Wajda、ハンガリーのピアノ奏者アンドラーシュ・シフAndrás Schiffの名前は、どれも、アンドレアスをそれぞれ母国語読みにしたものである。

その名は「神の贈り物」

マシューMatthewは、十二使徒のひとりで、マタイ福音書の著者とされている聖マタイの名にちなんだものだ。

マタイの語源は明らかではないが、「神の贈り物」を意味するヘブライ語から派生した名前ではないかと考えられている。マタイは、もとの名をレビといい、当時の社会ではひどく嫌われていた税金徴収人だった（後世マタイは、簿記係や会計士、銀行家の守護聖人になった）。

ドイツではマテウスMatthäus、フランスではマティユMathieu、イタリアとスペインではそれぞれマッテオMatteo、マテオMateoとなる。

マシューの愛称は、さらにマットMatやマティMattyともなった。若手映画俳優マット・ディロンMatt Dillonは、テレビ・シリーズのヒーローにちなんだ芸名だ。

マシューから派生した姓にはマシューズMatthews、マットソンMatson、マッキンMachinなどがある。

ダニエルDanielは、旧約聖書に登場する預言者の名前である。この名はヘブライ語で「神は私の審判」を意味するという。

ダニエルは、「バビロンの捕囚」によって、ユダヤからバビロンへ連れ去られたユダ王国の王族の一人で、どのような夢もたちどころに解くことができたという。彼は三代にわたるバビロンの王に仕えながら、バビロニア帝国以後の、ペルシア、ギリシア、ローマの各帝国の成立と、メシアの誕生をも預言していたと伝えられている。

獅子の穴に投げ込まれても無事だったという逸話で知られるこの預言者の名前は、初期のキリスト教信者が自分たちの名前として以来、途絶えることなく使い続けられてきた。とくにアイルランドでは、ゲール語のドーナルという名前と似ていたため、もっともよく使われる名前のひとつとなった。

ダニエルは、イタリアではダニエーレDaniele、ギリシア、ロシアではダニイルDaniilとなるが、ヨーロッパでは、ほとんどダニエルだ。

ダニエルの愛称は、ダニーDannyあるいは、ダンDanとなる。コメディアンで映画俳優、そして歌手でもあったダニー・ケイ Danny Kaye は本名をデイヴィッド・ダニエル・コミンスキ David Daniel Kominski といい、ユダヤ系の移民の子孫である。

ダニエルの愛称から、良き時代のダニー・ケイを思い出すか、あるいはコミカルな役柄が得意の俳優ダン・エイクロイド Dan Aykroyd を思いおこすかは、世代の違いということかもしれない。

ダニエルはそのままダニエルや、ダニエルズ Daniels という姓になっている。

さて、一九七五年頃、イギリスで人気のあった男性名のうち、キリスト教と関係のある名前をみてきた。

冒頭であげた一四の名前の最後にダレン Darren があるが、これだけは語源が不明で、一九六〇年まで、イギリスではまったく知られていなかった名前だという。その突然の流行の背景には、アメリカの人気テレビ番組「ビウィッチド」がある。日本でも「奥様は魔女」というタイトルで高視聴率をあげたシリーズ番組だった。日本語の吹き替えでは、魔女サマンサがご亭主を「ダーリン」とよんでいたが、あれは、「愛しい人」とよびかけるダーリン darling ではなく、実はダレンという固有名詞だったのだ。

ちなみに「愛しい人」のダーリンと、手紙の書き出しにもちいる「親愛なる」のディアからも、それぞれダーリーン Darlene、Darleen や、ダリル Darrel、Daryl という名前が生まれている。

ダレンという名前は、おそらく二十世紀になってから生まれた新造語なのだろう。しかし、そうした「奇抜」とも感じられる名前が社会に受け入れられる可能性は少ない。

名前の研究者たちは、ダレンという名は、テレビに影響されやすい労働者階級の親がつけるたぐいの名前だと冷ややかな評価を与えているようだし、実際、一九九四年のイングランドとウェールズの男子名のリストをみると、七五年に十位だったこの名は、あっけなく百位にまで落ちている。

すべては神にゆきつく

さて、クリスチャン・ネームとして普及していながら、これまで触れなかった名前についてみよう。

ジョン John は、十一世紀以来、英語圏で非常によく使われた名前だった。たとえば、一六世紀半ば頃のロンドンでは、四人に一人がこの名前をもっていたという。

ジョン・F・ケネディ John F. Kennedy、ジョン・フォード John Ford、ジョン・ウェイン John Wayne、ジョン・レノン John Lennon……ジョンという名の有名人は、いまも大勢おり、愛称のジャック Jack、ジャッキー Jacky、ジョニー Johnny もよくきく名前だ。

ジョンはヘブライ語で「ヤハウェ（神）は恵み深し」を意味するヨハナン Johanan を語源としている。ヨハネは、このヨハナンから生まれた名前だが、ヨハネとよばれる人物は聖書に一四人登場する。そのなかでは、ヨルダン川でキリストに洗礼を授けたヨハネと、十二使徒のひとりで、福音書を著した伝道者ヨハネがとりわけ重要だ。とくに洗礼者ヨハネはキリストの先駆者であり、イエスは彼を「女から生まれた者のなかで最高の人」とほめている。

このヨハネの名はキリスト教の布教とともに、各地の言語のなかで、それぞれのよび方を獲得していった。

フランスの俳優ジャン・ギャバン Jean Gabin、モーツァルトのイタリア語のオペラ「ドン・ジョヴァンニ Don Giovanni」のモデルとなった伝説的人物ドン・ファン Don Juan（スペイン語、ドンは敬称）、作曲家ヨハン・シュトラウス Johann Strauss（オーストリア）とヤン・シベリウス Jean Sibelius（フィンランド）、イワン雷帝 Ivan（ロシア）、俳優ショーン・コネリー Sean Connery（スコットランド）、映画「シェーン Shane」（アイルランド名シャーン Sean の変化形）、シドニー・オリンピック水泳の金メダリスト、イアン・ソープ Ian Thorpe（イアンはスコットランド形）。女優ジェイン・フォンダ Jane Fonda、ロック歌手ジャニス・ジョプリン Janis Joplin、「オルレアンの少女」ジャンヌ・ダルク Jeanne d'Arc（フランス）、ポーランド映画「尼僧ヨアンナ Johanna」。

思いつくままあげただけでも、ヨハネに由来する名前がキリスト教圏を代表する名前であることがわかる。

また歴代教皇（ローマ法王）のなかでもヨハネは群を抜いて多く、現在のヨハネ・パウロ二世までで二四人もいる。余談だが、一九七八年に法王に選出されて以来、精力的に世界各地を訪ね歩いたヨハネ・パウロ二世のあだ名は「ジョニー（ヨハネ）・ウォーカー」である。

ジョンから生まれた姓もまた、多様だ。ジョンソンJohnson、ジョーンズJones、ジョンストンJohnston、ジャクソンJacksonはもちろん、イギリス、ウェールズ地方のジェンキンスJenkins、イタリアのジャンニーニGiannini、オランダのヤンセンJansen、ドイツのヘンデルHändel、ポーランドのヤノヴィッチJanowicz、ロシアのイワノフIvanovなど、枚挙にいとまがないほどだ。

ところで、ジョンの語源であるヨハナンは、ユダヤの神ヤハウェをあらわすヨyoと「恵み深き」を意味するハナンhananを組み合わせた名前だ。

このハナンと同じ語源をもち、やはり「恩寵」を意味するハンナhannahは、そのまま女性名となり、聖書にも登場する。

ヨハナンの名前の最初にくるヨyoについて、少し説明を加えておこう。

ヘブライ語の表記は子音だけなので、母音記号をつけなければ音声化することができない。ヘブライ人（ユダヤ人）は彼らの唯一神を四つのヘブライ文字（ラテン文字に直せばYHWH）で書きあらわした。この読み方は、おそらくは「ヤハウェYahweh」が正しいと思われるが、かつては「イェホヴァYehowah」（日本語表記ではエホバ）と誤読されていた。

四文字のはじめのYはそれだけで「神」をあらわしているが、ヨハナンのほかにも、Yがつく

ジョン John（ヨハネ）

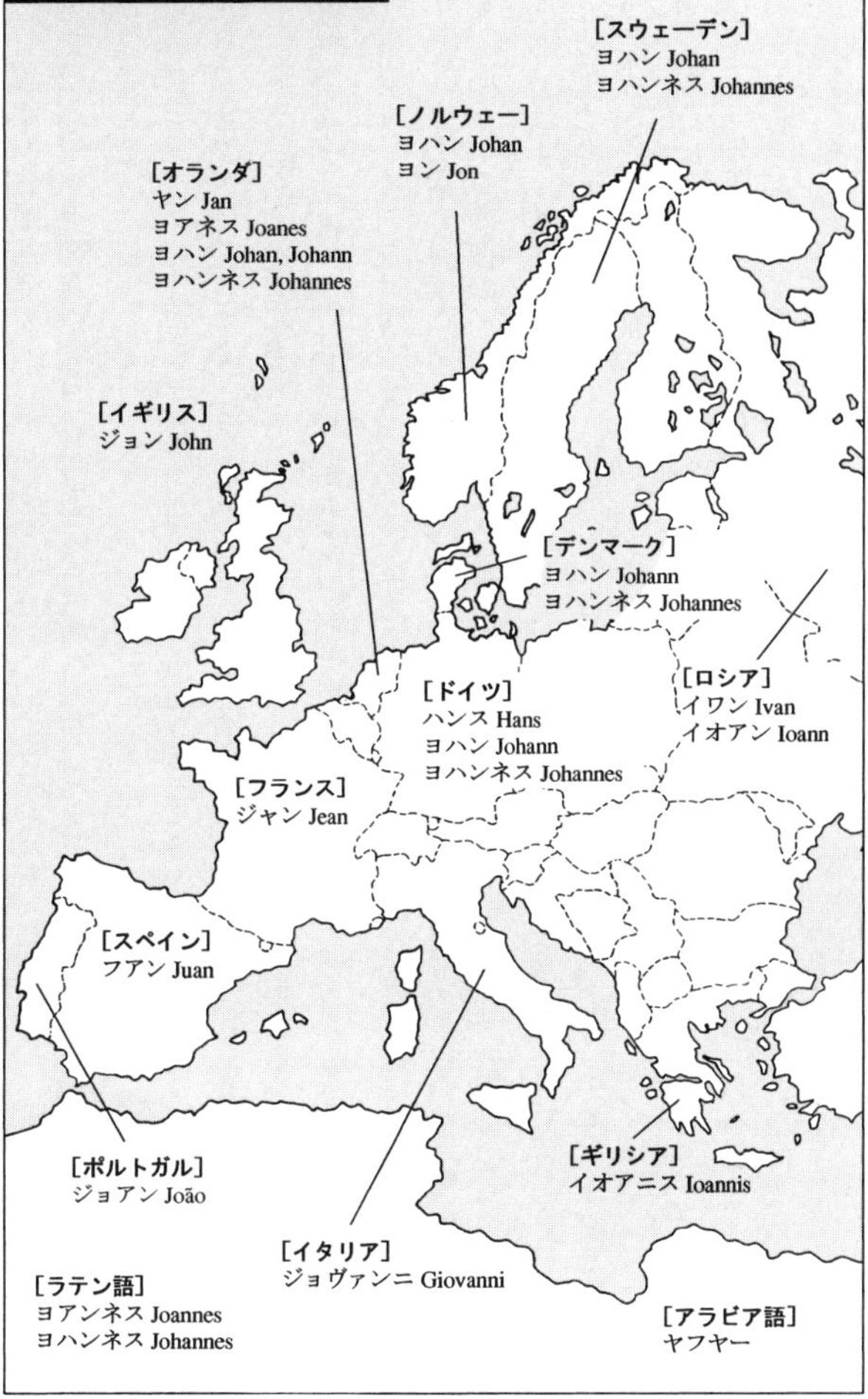
[スウェーデン]
ヨハン Johan
ヨハンネス Johannes
[ノルウェー]
ヨハン Johan
ヨン Jon
[オランダ]
ヤン Jan
ヨアネス Joanes
ヨハン Johan, Johann
ヨハンネス Johannes
[イギリス]
ジョン John
[デンマーク]
ヨハン Johann
ヨハンネス Johannes
[ドイツ]
ハンス Hans
ヨハン Johann
ヨハンネス Johannes
[ロシア]
イワン Ivan
イオアン Ioann
[フランス]
ジャン Jean
[スペイン]
フアン Juan
[ポルトガル]
ジョアン João
[ギリシア]
イオアニス Ioannis
[イタリア]
ジョヴァンニ Giovanni
[ラテン語]
ヨアンネス Joannes
ヨハンネス Johannes
[アラビア語]
ヤフヤー

ヘブライ語名は旧約聖書にいくつか登場する。

たとえば、モーセの後継者ヨシュア（イェホシュア Yehoshua）の名は、「神は救済する」という意味である。

ちなみにヨシュアはギリシア語ではイエスース Iesous となる。

つまりヨシュアは救世主イエスと同じなのである。英語圏では、ジーザス Jesus（イエスの英語読み）という名が人名にもちいられることはほとんどないが、別形のジョシュア Joshua（ヨシュアの英語読み）は、案外、人気がある。ちなみに、ジーザスのスペイン語名ヘスス Jesus は、ふつうに人名としてもちいられる。

ヨハナンやヨシュアのYがジョンやジョシュアのJに変わったのは、ラテン語表記に影響されたためである。この種の名前としてよく知られているものには、「神よふやしたまえ」を意味するヨセフがあり、ジョセフ Joseph（イギリス）、ジュゼッペ Giuseppe（イタリア）、ホセ José（スペイン）となった。また、ジョナサン Jonathan（イギリス）やヨナタン Jonathan（ドイツ）となったヨナタンには「神はあたえたもう」という意味がある。

ジョンからはじまって、ジェレミー Jeremy、ジェリー Jerry やジョセフィーヌ Josephine（フランス語の女性名）といった名前も、こうしたグループに属する名前であることを考えれば、ユダヤ教の神ヤハウェにゆかりのある名前は、キリスト教圏のなかで相当なパーセンテージを占めていることが理解されるだろう。欧米人は名前のなかにも、二千年にわたるキリスト教文化を共有しているのだ。

小舟に乗ってきた名前

ジェイムス James やジェイコブ Jacob という名前の起源となったヤコブもまた、ヤハウェのYを構成要素にもつヘブライ語名だと考えられるが、旧約聖書はそれとは別に、この名前についての逸話を残している。

旧約のヤコブはユダヤ人の三代目の族長で、双子の兄のかかと（アケブ）をつかんで生まれてきたためヤコブ（かかとをつかむ者）と名づけられたという。「かかとをつかむ」とは、「足を引っ張る」とか「押しのける」という意味になる。

そして、その名のとおり、ヤコブは、母の入れ知恵で、兄エサウが受けるはずの家督相続の権利を奪いとった。エサウはあとでそのことを知り、「彼をヤコブとはよくも名づけたものだ」と激しく泣き叫んだという。

名前の意味はともかくとして、ヤコブはその後、ある土地で石を枕に野宿中、夢のなかで神に祝福され、別の土地では神とおぼしき人物と一晩中格闘することによって、イスラエル（神の戦士）という名を与えられた。また、イスラエル十二氏族の祖となる十二人の息子をもうけるなど、ユダヤ教では重要な人物として記憶されている。

ヤコブという名は、新約聖書の時代にはすでに一般的な名前だったようで、十二使徒のなかに二人、新約聖書全体のなかでは四人のヤコブが登場している。なかでも大ヤコブとよばれるゼベダイの子ヤコブはヨハネの兄弟で、十二使徒のなかでもよく知られた人物である。

大ヤコブは十二使徒のなかで、もっとも早く殉教した。

ヘロデ王によってエルサレムで斬首されたヤコブの亡骸は、伝説によれば、小舟に乗って漂った末、星に導かれて、スペイン北西の海岸にたどりついたという。そして、九世紀にその墓が「発見」されるや、当時、イベリア半島の大半を占領していたイスラーム勢力への抵抗もあって、墓のある土地はサンティアゴ・デ・コンポステーラ（星の野の聖ヤコブ）と名づけられ、聖堂が建てられた。以後、サンティアゴ・デ・コンポステーラはエルサレム、ヴァティカンと並ぶキリスト教の三大巡礼地となっている。

サンティアゴ Santiago とは、聖ヤコブのスペイン語的変化形である（ただし、現在のヤコブのスペイン語名はハコボ Jacobo またはハイメ Jaime)。

さてヤコブは、英語ではジェイコブ Jacob、あるいはジェイムズ James となる。フランス語でもジャコブ Jacob とジャック Jacques という二種類の名前になっている。

英語圏でジェイコブよりジェイムズの人気が高いのは、スコットランドやイングランドの王室がこの名をもつ王を輩出したからである。スコットランドでは、一二世紀頃から、スペインのサンティアゴ・デ・コンポステーラへの巡礼が盛んになり、また旧約聖書のヤコブが枕にしたという石をスコットランド人が故国へ持ち帰ったという伝説によって、ジェイムズの名はカトリック教徒に広く知れわたった。

スコットランド王ジェイムズ六世は、エリザベス一世の没後にイングランドの王位をついで、イングランド王ジェイムズ一世となったが、この名はいまにいたるまでスコットランドとの関係が深い。アメリカの三九代目の大統領ジミー・カーター Jimmy Carter の改名前の名はジェイムズ・アール・カーター二世 James Earl Carter Jr.で、アイルランド系スコットランド人の家系である。

ジミー Jimmy はジム Jim とともに、ジェイムズのよく知られた愛称である。俳優ジェイムズ・ディーン James Dean もジミーの名で親しまれた。

ジェイコブのほうはジェイク Jake とよばれることが多い。アメリカでは、ジェイコブはユダヤ系やドイツ系移民によくもちいられた名前だが、それ以外の出自の人びとには嫌われた。とくにジェイコブから生まれたジェイキー Jakie という呼び方はユダヤ人差別と結びついていたため、本来はジョンの愛称であるジャックを使うことが多かった。

女性名としてはジャクリーン Jacqueline がある。ケネディ元大統領夫人の人気にあやかって、この名もよく使われるようになった。なお、ジェイコブもジェイムズも、そのまま姓にもなっている。アメリカの作家ヘンリー・ジェイムズ Henry James は、アイルランド移民の家系だが、ジェイムズを姓とする人はスコットランドにも多い。

サイモンもルークもトマスも

アーロン Aaron は、モーセの兄の名アロンに由来する。口の割礼を受け、うまく話すことのできなかったモーセの代弁者として、最初の司祭長となった人である。かつてアーロンはユダヤ人の名前として知られていたが、一九七〇年代から一般にも広まっていった。アメリカ現代音楽の旗手アーロン・コープランド Aaron Copland は、ロシア系ユダヤ人である。ちなみにコープランドの父は商人だったが、ブルックリン最古のユダヤ教会の筆頭役員でもあったので、誇りをもって子供にアーロンと名づけたのであろう。

ベンジャミン Benjamin も、旧約聖書に登場するベンヤミン Benjamin に由来する名前だ。アメリカ建国期に活躍した政治家で発明家のベンジャミン・フランクリン Benjamin Franklin は、この名前の流行に大きな影響を与えた。なお、彼にあやかってフランクリンという姓を名前にも使うようになった。アメリカ合衆国第三二代大統領フランクリン・デラノ・ルーズヴェルト Franklin Delano Roosevelt のファースト・ネームは、一世紀前の英雄の人気の反映である。

ベンジャミンの愛称は、ベン Ben、ベニー Benny、ベンジー Benjy などがあるが、これらは聖ベネディクトゥス Benedictus に由来する男性名ベネット Bennet の愛称でもある。イギリス国会議事堂の時計塔の鐘「ビッグ・ベン」は、設置当時、労働大臣として工事責任者をつとめたベンジャミン・ホール卿のニック・ネームにちなんだ名前だ。

サミュエル Samuel は旧約聖書に登場する預言者サムエルに由来する。
映画監督サム・ペキンパーのサム Sam や、自称「チビでニグロでユダヤ人」のエンターテイナー、サミー・デイヴィス・ジュニア Sammy Davis Jr. のサミーは、サミュエルの愛称形だ。
サイモン Simon は旧約聖書に登場するヘブライ語名シメオン Simeon を起源とし、意味はおそらくヘブライ語で「聴く」だと思われる。
ギリシア語ではシモン Simon で、新約聖書には八人のシモンがいる。
南米では、国名にもなった独立運動の英雄シモン・ボリーバル Simón Bolívar（スペイン語）の名前として記憶されている。『第二の性』の著者シモーヌ・ド・ボーヴォワール Simone de Beauvoir のシモーヌは、フランス語での女性名だ。英語のサイモンは、「サイモンとガーファンクル」のポール・サイモン Paul Simon でもわかるように、そのまま姓になっているほか、シムソン Simson やシンプソン Simpson という姓も生みだした。
ルーク Luke は福音史家ルカの名に由来する。ギリシア語名はルカス Lukas である。
ルークは、あまり人気のある名前ではないが、姓のルーカス Lucas はよく知られている。映画監督ジョージ・ルーカス George Lucas は「スター・ウォーズ」のヒーローを自分の姓にちなんだ名のルーク・スカイウォーカーとしている。
トマス Thomas の名は、十二使徒のひとりトマスに由来する。
イギリスでは、伝統的に、ジョン、ウィリアムにつぐ人気があった。

トム Tom、トミー Tommy の愛称でも親しまれるこの名の有名人は、アメリカ合衆国第三代大統領トマス・ジェファソン Thomas Jefferson、発明王トマス・アルヴァ・エディソン Thomas Alva Edison、『魔の山』の著者トマス・マン Thomas Mann など、枚挙にいとまがない。人気名だけあって、トマス、トムソン Thomson、トンプソン Thompson といった、多くの姓をも生みだした。

このほか、聖書の登場人物に由来をもつ英語名には、ヘブライ語起源ではアイザック Isaac（イサク、アブラハムの子）、ジョエル Joel、ネイサン Nathan、ギリシア語起源ではジェイソン Jason（イアソン、使徒行伝の人物）、ティモシー Timothy（テモテ、使徒パウロの協力者、殉教者）などがあげられる。

第3章

ギリシア・ローマ——失われたものの伝説

ギリシア・アテネのアクロポリス
ギリシア文明の中心として繁栄　前5世紀

宗教改革が「名前」を変えた

キリスト教の聖人や聖書の登場人物に由来する名前の起源をたどってゆくと、ヘブライ語だけでなく、ギリシア語やラテン語に由来する名前が多いことがわかってくる。前章であげたアンドリュー、マーク、クリストファーは、たしかに聖人伝説によって有名になったものだが、名前自体はギリシア語に起源をもっている。

ゲルマン民族もスラヴ民族の言葉も、ギリシア語やラテン語を取り入れることによって豊かになっていったのだから、英語やロシア語の人名にギリシア、ローマ起源の名前があるからといって、別に驚くことはないのかもしれない。

しかし聖人伝説や、聖書という後ろ盾をもたないギリシア、ローマ起源の名前は、異教的なものとして、中世キリスト教社会では、長いあいだ退けられてきたのである。つまり、今日残っているギリシア語、ラテン語に由来する名前の大部分は、それが聖人や教父の名前であったために、かろうじて生き残ってきたものといえる。

ところが、そうした名前にすら、異を唱えた人びとがいた。

一六世紀の宗教改革で生まれたプロテスタントである。プロテスタントの諸教会は、一般的には、聖人崇拝を認めない。そのため彼らは、宗教的意味をもたない名前を嫌って、聖書に出てくる名前だけを選ぶ傾向があったが、なかでもピューリタン（清教徒）の態度は徹底していた。

一七世紀前半、チャールズ一世から迫害を受けたピューリタンたちは、イギリスを離れて新大陸に上陸したが、当時の出生名簿を調べてみると、移民史初期のボストン生まれの男子の九割が聖書にゆかりをもつ名前だった。

同じ記録で女子の名前をみると、マリアの英語形メアリー、洗礼者ヨハネの母の名エリザベス、「創世記」に登場するサラという三つの名前だけで、全体の四割を占めていたことがわかる。四大殉教聖女に由来するアグネス、バーバラ、キャサリン、マーガレットは、過去数百年ものあいだ、イギリスの女の子に命名されていた名前だが、ピューリタンたちはどれも聖書とは関係がないとして、退けたのだった。

しかし、ピューリタンの社会では、道徳的で抽象的な意味の言葉を人名としてもちいるという、画期的な試みもなされた。ただ、フェイス Faith（信仰）、マーシー Mercy（慈悲）など、人名として定着した名前はほんの少数で、ジョイ・アゲイン Joy Again（歓喜ふたたび）、サンクフル Thankful（感謝）といったような造語名のほとんどは、結局、忘れ去られていった。

こうしたボストンの記録は、人名の歴史のなかのやや極端な例だが、宗教改革が人名にもたらした影響は、三百年ものあいだ、子供を得た親たちの気持を揺さぶり続けていたのである。

自分の首を抱えて歩いた聖ドゥニ

ギリシア神話の世界は日本人にもよく知られているが、神々の名前をそのままつけることはあまりなかった。

しかし、そのなかで、もし有名な名をあげるとすれば、ゼウスの娘とされるヘレネであろう。スパルタ王妃の座を捨てて美少年パリスと出奔し、パリスの故国トロイを滅亡に導いたヘレネの物語は、のちのキリスト教徒にとっておよそ好まれる題材ではない。しかし、キリスト教が広まるまでの数世紀のあいだに、この名は地中海世界にすでに定着していた。さらに、キリスト教が広まる過程でも、この名前をもつ聖女の伝説が生まれたために、ヘレネの名はキリスト教社会にも受け入れられ、多くの女性名の母胎ともなった。

もうひとつ、西洋の名前の源となった神として、ディオニュソス Dionysos をあげることができる。

この神も、酒と性的な解放のイメージによって、キリスト教社会では嫌われていた。しかし、キリスト教普及以前、ディオニュシオス Dionysios（ディオニュソス信者）を名乗るギリシア人は数多くおり、新約聖書には、ディオニュシオスというギリシア人が聖パウロによって回心したという記述がある。学芸と理論で名高いアテネのギリシア人の改宗は、キリスト教にとっては、異教に対する勝利の象徴でもあった。

アテネの初代司教になったとされるこの聖ディオニュシオスは、アテネの守護聖人である。

一方、パリの初代司教をつとめ、パリのモンマルトル（殉教者の丘の意）で処刑されたという聖ディオニュシオスは、もちろん別人なのだが、九世紀になると同一人物とされ、フランスでデイオニュシオス崇拝が一気に高まっていった。

聖ディオニュシオスは、フランスではサン＝ドゥニ Saint-Denis。モンマルトルから十キロ離れた現在のサン＝ドゥニは、首を斬られたディオニュシオスが自分の首を抱えて歩き、ついに力尽きて倒れた、とされる場所である。

さて、肝心の、ディオニュソスに起源をもつ名前だが、ドゥニ Denis はフランスでそのまま男性名（綴りは Dennis または Denys）となったほか、女性名ドゥニーズ Denise など、いくつかの変化形を生んだ。ドゥニは英語ではデニス Dennis。英語圏の名前のなかでは、比較的安定した人気を保ち続けている男性名だ。

大地の女神ガイア

ギリシア神話では最高神ゼウスが君臨するオリュンポス山の神族を中心にドラマが繰り広げられるが、オリュンポス神族が世界を支配する前に、ゼウスの父母をふくむ巨神族の物語があり、そのさらに前には、原初の神カオス（混沌）からガイア（大地）が産まれたという創世神話がある。

創世神話にはいくつかのヴァージョンがあるものの、地母神ガイア Gaia は自らが産んだ天空や海と母子婚をして巨神族を産み、さらにゼウスの成長を助けたとされる。オリュンポス神族の神々の太祖としてのガイア（大地）には重要な役割が与えられているが、このガイアと、「働き」

を意味する言葉が合わさってできた名前がゲオルギオスGeorgios（農夫）である。

古代、中世を通じてもっとも崇拝された殉教者、聖ゲオルギオスは、実在の人物だったと思われるが、名高い竜退治の物語をはじめとする多くの伝承がつきまとい、実像ははっきりしない。

聖ゲオルギオスの伝説は、かなり早い時期から西方に広まった。たとえばフランスでは、すでに六世紀にその聖遺物がまつられていたという。

その後、十一世紀にエルサレムから帰ったノルマン人の十字軍兵士（一説には、征服王ウィリアムの次男ロベール）が、白地に赤色の十字の旗を掲げてゲオルギオスが現われ、十字軍を勝利に導いたという伝説を広めた。そのため、イングランドをはじめとするヨーロッパ各地で、勝利に導く理想の騎士として、聖ゲオルギオス崇拝がいっきに高まり、一三世紀にはイギリスの守護聖人とされるにいたった。

ゲオルギオスの英語名はジョージGeorge。イギリスでは、百六十以上の教会が聖ジョージにささげられ、彼の標章の赤色十字は国旗ユニオンジャックのモチーフともなっている。

一八世紀前半には、ジョージ一世、続いて二世が即位。そのジョージ二世にあやかってジョージと名づけられたヴァージニア生まれのある男の子は、のちにイギリスに反旗をひるがえして、アメリカ合衆国初代大統領となる。

ジョージ・ワシントンGeorge Washingtonは、その姓ワシントンだけでなく、ジョージという名前でも、後世に大きく影響を与えた。アメリカでは、一八世紀の終わりから二十世紀半ば頃まで、ジョージという名前は常に人名人気リストの上位にランクされていた。しかしアメリカでは、あまりにも平凡な名前となってしまったため、二十世紀のはじめには、寝台車のポーターをよぶときの決まり文句「ヘイ、ジョージ」になってしまった。

聖ゲオルギオスは、ドイツではゲオルク Georg、フランスではジョルジュ Georges、イタリアではジョルジョ Giorgio、スペインではホルヘ Jorge となる。やはりゲオルギオスを意味する現代ギリシア語のヨルゴス Yorgos は形こそ変わったが、いまも人気のある名前だ。ロシアではゲオールギイ Georgij やユーリ Yurij など、いくつかの変化形を生みだしている。

女性名としてはジョージア Georgia（イギリス）や、ジョルジーナ Georgina（イタリア）、そしてその愛称にはジーナ Gina などがある。ジョージという姓はウェールズにも多い。

トルコから運ばれた遺体がサンタクロースに

ギリシア語で「勝利」を意味するニケ Nike は、戦勝を伝える女神として神格化されてから、翼の腕をもった姿であらわされるようになった。「知恵と正義の戦い」をつかさどる女神アテナと同一視されることもある。余談だが、ニケの英語読みはナイキ。スポーツ用品メーカーの社名として有名だ。

アリストテレスの息子ニコマコス Nikomachos など、ギリシアにはニケという言葉をふくむ名前の人が多かった。

十二使徒に助祭として選ばれた七人のヘレニスト（ギリシア語を話すユダヤ人）のなかにも、ステファノやフィリポと並んで、ニコラオスNikolaos（ニコラオ）の名がある。だが、ニコラオスの名が広く知れわたったのは、小アジアのミュラ（現トルコのデムレ）の司教をつとめた聖ニコラウスによる。聖ニコラウスは、現在知られているあらゆる聖人のなかで、もっとも広く親しまれている。日本での知名度も一〇〇パーセントに近いはずだ。聖ニコラウス、別名サンタクロースである。

聖ニコラウスの実像はよくわからないが、伝説はさまざまな逸話に彩られており、そのどれもがキリスト教社会ではよく知られている。子どもや未婚女性を保護し、船乗り、パン職人、仕立屋、織工、肉屋、公証人、弁護士、学生の守護聖人ともされているというのだから、その人気のほどがうかがえよう。

聖ニコラウス崇拝を西ヨーロッパに伝えたのは、十一世紀のノルマン人である。小アジアにあったミュラの町は、当時セルジューク・トルコの勢力下にあり、聖ニコラウスの遺体はそこから南イタリアに建国されたばかりのノルマン公国のバリ市に移されたのだった。そして、ノルマン人の船乗りたちを介して、その名と伝説がヨーロッパ中に広まったのである。

聖ニコラウスがサンタクロースに変身したのは、オランダ語の短縮形によって、ニクラウスがクラースKlaasとなり、そこに聖人を意味するサンSaintがついたことによる。聖ニクラウスの祝日、一二月六日の前夜に贈り物をかわす習慣が北欧の伝説と結びつき、アメリカのニューアムステルダム（現ニューヨーク）に渡ったオランダ系移民を通じて、おなじみの赤い衣装に白いひげのサンタクロースとして、アメリカ中に広まっていったのだ。

トルコからオランダへ、そしてアメリカから日本へ。聖ニクラウスがサンタクロースとなって日本に贈り物を渡しにくるまでには、九百年の旅路があったのだ。

ニコラウスは各国語でさまざまに変化した。

英語ではニコラス Nicholas。植民地時代のアメリカでは、オランダ系とドイツ系移民にこのニコラスという名前が多かったが、その後、愛称のニック Nick は、ギリシア系移民の代名詞となった。愛称にはニクス Nix やニコル Nichol もある。アメリカ合衆国第三七代大統領リチャード・ミルハウス・ニクソン Richard Milhous Nixon、俳優ジャック・ニコルソン Jack Nicholson の姓は、いずれもこのニコラスに由来する。

フランスでは、男性名は Nicol、女性名は Nicole で、ともにニコルと発音される。女性形にはニコレット Nicolette やコレット Colette もある。地動説を唱えたニコラウス・コペルニクス Nicolaus Copernicus は、母国のポーランドではミコワイ・コペルニク Mikolaj Kopernik とよばれる。

北欧では、ニルス Nils と変化して、非常にポピュラーな名前となった。ニルソン Nilsson やニルセン Nilsen といった姓も多い。もっとも、ニコラウスがニルスとなった理由は、アイルランドのゲール語名ニール Neil がニコラスの短縮形と考えられたことにもよる。

さて紀元前四世紀半ば、マケドニアは、アレクサンドロス大王の父、フィリッポス二世の時代に急速に勢力を拡大し、ギリシアまでも勢力下におさめてしまう。その息子アレクサンドロス三世（大王）は、前三三二年、エジプトからペルシアを駆逐すると、そのまま東方への大遠征をおこない、インダス川にいたるまでの大帝国を築いた。

彼の支配は、ギリシア文化を征服地に強制することはなく、融合するものだった。エジプトでは、自分の名前の音を変えることなく、古代エジプトの象形文字ヒエログリフで刻み、エジプトの神のもとで戴冠式をおこなった。そのため、当時の地中海世界では、アレクサンドロスはペルシアの脅威から自分たちを守ってくれる人物とされていた。そして、その名のとおり、アレクサンドロス Alexandros には、ギリシア語で「守護する者（人民の守護者）」という意味がある。

いうまでもなくこの大王の偉業が、のちの世界の人びとに与えた影響ははかり知れないほど大きい。ギリシア文化との融合はヘレニズムとよばれ、アレクサンドロスは神格化されて、彼の名にちなんだ都市は七十以上も建設されたという。大王にあやかった名前に人気が集まったのも容易に想像ができる。

アレクサンドロス大王の時代から現在にいたるまで、その名をもつ英雄たちがさまざまな国に生まれた。

有名なところでは、一二世紀から一三世紀にかけて、三人のアレクサンダー Alexander がスコットランド王としてあらわれ、勇名を馳せた。一三世紀、ロシアでは、モンゴルのタタール（ダッタン）や、ドイツ、スウェーデンなど、ヨーロッパ諸国の脅威からロシアを守ったアレクサンドル・ニェフスキー Aleksandr Nevski が聖人として崇拝された。

そのほかこの名は、アレクサンダー Alexander（ドイツ）、アレッサンドロ Alessandro（イタリア）、アレッシャンドル Alexandre（ポルトガル）、北欧ではアレクサンデル Alexander などとなって、各国の男性名として定着した。英語の愛称のアレックス Alex、アレック Alec、Aleck やサンドラ Sandra（女性名）は、独立した名前としても使われている。

ところで、前述の聖ニコラウスはロシアの守護聖人で、ロシア語名ニコライ Nikolai は、ロシア革命で退位したロマノフ王朝最後の皇帝ニコライ二世の名でもある。

その父は、アレクサンドル Aleksandr 三世で、この二つの伝統名は、革命後も引き続き男性名の人気リストの上位に入っている。ロシア正教会を迫害した共産党も、聖人の名を子供に命名する伝統にまでは手をつけられなかったということだろう。

ただし革命後に明らかに増えた名前はある。

革命の指導者ウラディミール・イリイチ・レーニン Vladimir Iliich Lenin の個人名ウラディミールである。ウラディミールはもともとロシアの伝統名のひとつだが、革命前はさほど見かけなかったことを考えると、二十世紀のウラディミール人気はやはり、レーニンにあやかってのことと思われる。

怪僧ラスプーチンの名は？

ギリシアの神々ともギリシア人とも直接の関係はないが、キリスト教とのかかわりによって使われ続けたギリシア語起源の名前もある。

たとえば、ヘブライ語のメシア（救世主）のギリシア語訳であるクリストス Christos は、そのままキリスト教徒を意味する男性名クリスティアン Christian（イギリス）、クリスティアン Christian（ドイツ）となって、ドイツや北欧でよく使われてきた。デンマークには、クリスティアンの名前をもつ国王が十人もいた。

クリスティ Christie は、本来、男性名であるクリスティアンやクリストファーの愛称だが、「ミステリーの女王」アガサ・クリスティ Agatha Christie で知られるように、姓にも転じた。現在、クリスティやクリス Chris は、女性名ともなっている。

英語圏ではあまり一般的ではなかったクリスティアンという名前が、このところ、やや増えてきたのに対して、次に紹介するグレゴリー Gregory は、一時期、アメリカで流行ったものの、いまでは古めかしいイメージが強いという。

グレゴリーの語源はグレゴリウス Gregorius。「油断なく」とか「警戒する」を意味するギリシア語である。

この名前は、初期キリスト教時代の聖職者にとくに好まれたが、一般の人にまでグレゴリウスの名が広まったのは、七世紀初頭の教皇、グレゴリウス一世（大教皇グレゴリウス）の名声による。グレゴリウス一世は、アングロ・サクソン人をはじめとする諸民族への布教を開始するとともに、教会内部の改革をはかり、中世キリスト教社会の基礎を築いた教皇だった。

教皇グレゴリウスの名は、その後、一九世紀半ばまでに一六世を数える。なかでも、一六世紀のグレゴリウス一三世は、ユリウス・カエサルが制定したユリウス暦を改めて、グレゴリオ暦を公布したことで知られている。

グレゴリーという名前は、イングランドのカトリック教徒によくもちいられていたが、スコットランドでは、それよりも早くからケルト語風に変化したグレゴール Gregor として定着していた。

このグレゴールに「～の息子」をあらわすマック Mc がついたマグレガー McGregor という姓は、かつてスコットランド高地で強大な勢力をほこった氏族の名前である。この一族はスコットランド王室を脅かすほどの存在だったため、一七世紀から一八世紀にかけて、二百年近くその名を名乗ることが禁止されていたという。

アメリカでグレゴリーという名が一九四〇年代頃から増えはじめたのは、映画俳優グレゴリー・ペック Gregory Peck の影響によるらしい。現在は、プロゴルファーのグレッグ・ノーマン Greg Norman のように、愛称形のグレッグをときたま見かける程度だ。

グレゴリオに由来する名はスラヴ圏に多い。帝政ロシア末期、政治に介入して暗殺された「怪

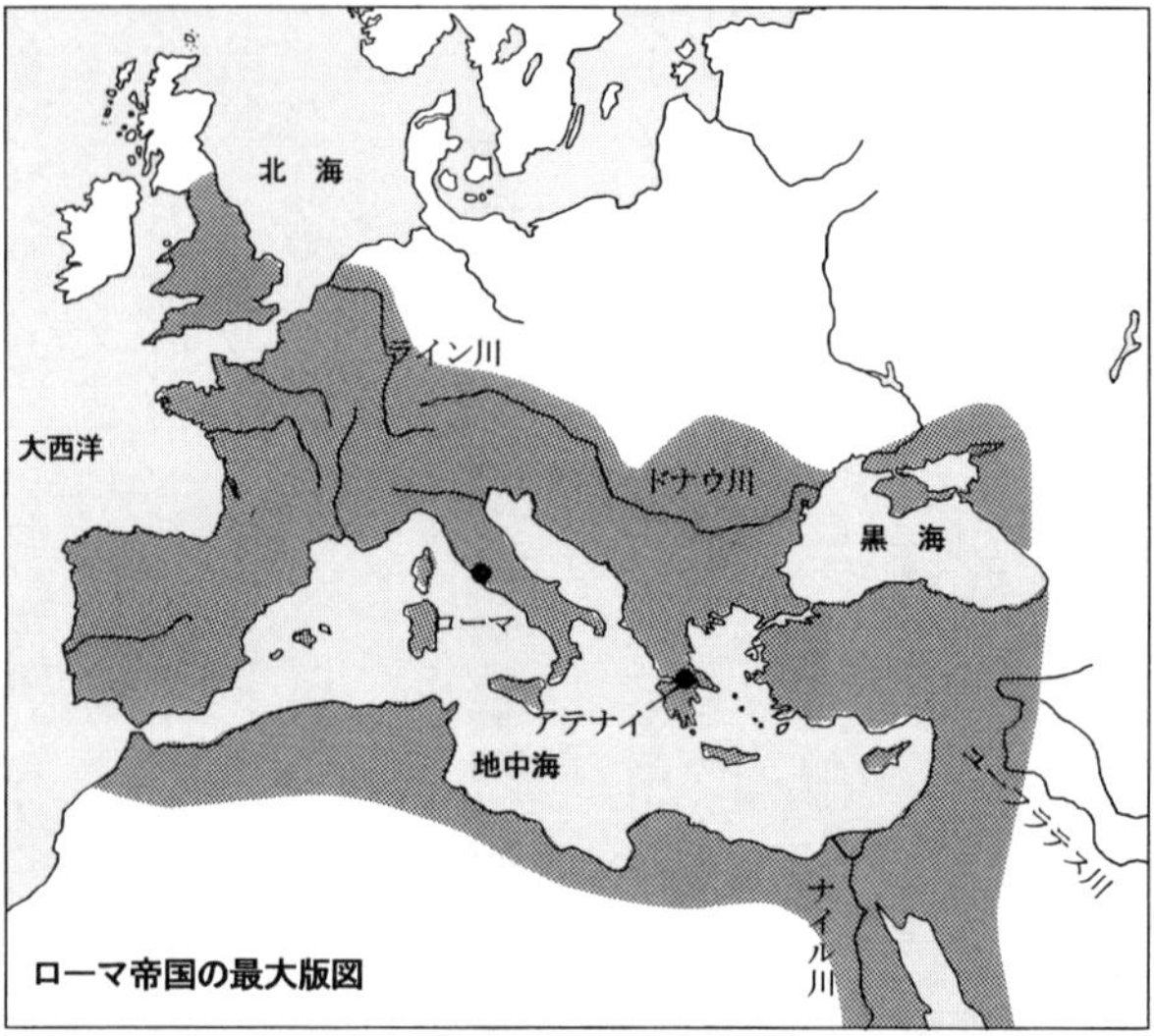

ローマ帝国の最大版図

僧」ラスプーチンの正式な名は、グリゴリー・エフィモヴィチ・ラスプーチン Grigorij Efimovich Rasputin である。またルーマニアには、グレゴリオ Gregorio を姓とする人も多い。

古代ローマ人の名前

インド・ヨーロッパ語族は、基本的には、一つの個人名しかもっていなかった。

これは、紀元前から姓が重んじられていた中国とはまったく対照的である。

ただ、ローマ人だけは、姓に近い氏族名と家族名をもっていたという点で、他のインド・ヨーロッパ語族とは違っていた。以下、ローマ人の名前について簡単にみてみよう。

ローマ貴族の男性名の基本形は、「個人名・氏族名・家名」からなっている。

個人名は神々の名、幸運をもたらす言葉、身体の特徴に由来するものなど、もともとはかなり自由に命名されていたらしい。ところが、時代が進むにつれて個人名の種類は減り、共和制末期には百くらいになってしまった。その後の古典期の碑文では、個人名はわずか一七種を伝えるにすぎない。

二番目の氏族名はゲンス名ともよばれ、ローマ人にとって、もっとも重要な名前である。ゲンスとは、共通の姓と同じ祖先によって結ばれた複数の家族の集団であり、そのなかでも、とくに勢力のある一族が貴族となっていった。そのため上層階級では、どのゲンスに所属するかを示す氏族名が重視されたのも当然で、その意味では、古代中国の宗（族）に似ている。

三番目の家名は、同じゲンスに属する一族が、どの家族かを特定するためにつけ加えたもので、のちに平民もこれにならって添え名的な第三番目の名前を世襲するようになった。

この三つの基本的な名前のほかに、世襲されない第四名をもちいたり、共和制末期には所属する行政区画の名を加えたりしたため、名前はしだいに長くなっていった。しかし、キリスト教が国教となって浸透すると同時に、ただ一つの洗礼名をもちいる習慣が一般的になり、ローマ式の名前はやがて消滅した。

礼拝堂が合羽《かっぱ》になるまで

マルスMarsは農耕と軍事をつかさどるローマの土着神だが、ギリシアの軍神アレスと融合したため、一般的には軍神として知られる。神話上では、ローマの建国者ロムルスの父ともされ、主神ユピテルに次いで崇拝された。

福音史家マルコの名とマルスとの関係については第2章の「マーク」の項でもふれたが、正確には、マルスを起源とするマルクスMarcusというラテン語からマルコが生まれたのである。マルクスはローマ市民の個人名のひとつで、カエサルの暗殺者もこの名前をもっていた。マルクス・ユニウス・ブルートゥスMarcus Junius Brutusである。

マルクスはそのまま英語読みでマーカスMarcus、またドイツ語の綴りではマルクスMarkusとなる。ドイツ語のマルクスは、さらに綴りを変えて、姓にも転じていった。マルクスMarxという姓は『資本論』の著者カール・マルクスKarl Marxがそうであったように、ユダヤ人に多い。

マルクスに対応する女性名としては、ラテン語のマルキアMarciaに由来するマーシャMarcia（イギリス）がある。スペインやポルトガルではマルシアと発音される。

マルクスの愛称マルケルスMarcellusは、皇帝の怒りにふれたため、一年でローマ教皇の座を追われた聖マルケルスの伝説によって中世ヨーロッパに広まった。

マルケルスは、フランスでは、『失われた時を求めて』の著者マルセル・プルーストMarcel Proustやパントマイムのマルセル・マルソーMarcel Marceauで知られるマルセルとなり、イタリアでは俳優マルチェロ・マストロヤンニMarcello Mastroianniのマルチェロとなった。

その女性形はマルチェラ Marcella で、スペインではマルセロ Marcelo と女性形マルセラ Marcela がある。

軍神マルスに由来するマルクスは、マーク、マーカス、マルセルというように、さまざまな名前を生み出していったが、マルス神の名はもうひとつ、「マルスに属する」という意味をもつマルティヌス Martinus という名前にも生かされている。マルティヌスもまた、さまざまな国でポピュラーな名前として定着した。

マルティヌスの名を不動のものとしたのは、聖マルティヌス、フランス語で聖マルタン Martin とよばれる四世紀の司教である。聖マルタンはガリア（フランス）に布教して、この地に、最初の修道院を建てた。フランスの守護聖人となった聖マルタンは、この国の四千以上の教会でまつられている。

聖マルタンの伝説はいくつものエピソードで彩られているが、なかでも裸の物乞い（じつはキリスト）に自分の法衣（カペラ）を半分切って与えた話は有名だ。この話から、マルタンの遺した法衣は崇拝の対象となり、聖遺物をおさめる礼拝堂をカペラ（フランス語でシャペル、英語でチャペル）とよぶようになったという。

余談ながら、カペラはポルトガル語ではカッパ。その名でよばれていたポルトガル人の外套をまねてつくったのが日本の合羽《かっぱ》である。法衣《カペラ》は東漸の果ての島国で、ついに雨具の名となってしまったのだ。また、礼拝堂での伴奏のない歌から、アカペラという言葉も生まれた。

聖マルタンの名は早くから西ヨーロッパ各地に広まった。ドイツではマルティン Martin、スペインでもマルティン Martin、イギリスではマーティン Martin である。ドイツの宗教改革者マルティン・ルター Mratin Luther や、アメリカの黒人牧師で公民権運動家のマーティン・ルーサー・キング・ジュニア Martin Luther King Jr. などが、この名をもつ有名人である。

プロ・テニス界は、マルティンの女性形マルティナ Martina の名前をもつ天才選手を二人出している。マルティナ・ナヴラティロヴァ Martina Navratilova とマルティナ・ヒンギス Martina Hingis である。ナヴラティロヴァはチェコ、ヒンギスはスロヴァキア生まれで、ヒンギスの母は、当時の「女王」ナヴラティロヴァの名前にあやかって、生まれた娘にマルティナと名づけたという。名前にこめられた母親の夢は、現実となったのだ。

フランスのマルタン姓は、この国で、もっとも多い姓のひとつである。姓としては、ほかに、スペインのマルティネス Martinez などがよく知られている。スペイン語で聖マルティンを意味するサン＝マルティン San Martín という姓は、南米では独立運動の英雄ホセ・デ・サン＝マルティン José de San Martín の名と結びついている。スペインの職業軍人だったサン＝マルティンは、故郷アルゼンチンの独立運動に身を投じ、アルゼンチン、チリ、ペルーを独立に導いた。これらの国々では、彼の名は、街の広場や大通りの名前など、いたるところにみられる。

聖人と背教者の名ユリアヌス

ローマ人の祖先は、もともとは、インド・ヨーロッパ語族に共通の原初的な神話をもっていたと思われるが、ギリシア文化の圧倒的な影響を受けて、彼らの神々はいつしかギリシアの神々と同一化していった。したがって、いまに残るローマ神話の大部分は、ギリシア神話をラテン語で訳し直したものともいえる。

だが主権神ユピテル、軍神マルス、豊饒神クイリヌスの三神に、ユピテルとならぶ主権神ディウス・フィディウスを加えた四神は、古代インドの神々とも対応しており、ギリシア神話に呑み込まれる前のローマ神話の原構造をうかがわせる。四神のうちユピテルはギリシアのゼウスに、マルスはアレスに融合した。

ユピテルにちなむ名前には、カエサルの氏族名ユリウス Julius がある。

ガイウス・ユリウス・カエサル Gaius Julius Caesar は、英語でジュリアス・シーザーとよばれることが多く、ジュリアスが個人名のようにみえるが、すでに述べたとおり、ローマ市民の名前は一般的には、「個人名・氏族名・家名」からなり、まんなかのユリウスは氏族名で「ユピテル Jupiter の子孫」を意味する。いかにも由緒のありそうな名前である。

ユリウスはさまざまな名前や姓の大水源となった。まず、女性形のユリア Julia だが、当時のローマ市民の女性は個人名も家名ももたず、氏族名の女性形だけでよばれていた。たとえばコルネリウス Cornerius 家の娘であれば、すべてコルネリア Corneria とよばれた。

ユリウスから派生したユリアヌスJulianusは「背教者ユリアヌス」の名として人びとに記憶されている。ユリアヌスは四世紀のローマ皇帝で、キリスト教を捨ててギリシア哲学を奨励し、異教（ミトラ教）の祭祀を復興させたため、後世、キリスト教世界から極悪人よばわりされることになった皇帝である。

しかし、ユリアヌスという名をもつ聖人もいる。フランスのル・マンには、この地の最初の司教とされる聖ユリアヌス（聖ジュリアン）の聖遺骨をおさめたサン＝ジュリアン聖堂がある。また親殺しの罪をあがなって巡礼者や病人の世話をしたとされる「貧者」ユリアヌスは、架空の人物ではあるが、巡礼者や旅人の守護聖人として信仰を集めた。

ユリウス、ユリアヌスに由来する男性名には、ジュリアスJulius、ジュリアンJulian, Julyan、ジリアンGillian（以上、イギリス）、ジュールJule、ジュリアンJullian, Julien（以上、フランス）、ジュリオGiulio（イタリア）、フリオJúlio（スペイン）、ユリウスJulius（ドイツ）、ユーリイYulij（ロシア）などがある。

俳優ジュリアーノ・ジェンマGiuliano Gemmaのジュリアーノは、ジュリオの愛称で、剛腕で知られるニューヨーク市長のルドルフ・ジュリアーニRudolph Giulianiの例からもわかるように姓ともなっている。ソヴィエト革命の立て役者レーニンの本名はウラディミール・イリイチ・ウリヤーノフVladimir Iliich Ul'yanovだが、このウリヤーノフは「ウリヤーン家の」

を意味する姓であり、ウリヤーン Ul'yan とは、ジュリアンのロシア語的変化形なのである。

女性名ではジュリア Julia、ジュリアナ Juliana、ジュリエット Juliet、ジュリー Julie、ジル Jill、ジリー Jilly（以上、イギリス）、ジュリー Julie（フランス）、ジュリア Giulia（イタリア）、フリア Julia（スペイン）、ユリア Julia（ドイツ）、ユーリヤ Yulya（ロシア）などがある。チェコではユリエ Julie となる。

ユリアに由来する名前をもつ女優は少なくない。ジュリー・アンドリュース Julie Andrews は本名ジュリア・エリザベス・ウェルス Julia Elizabeth Wells。ほかに、オールド・ファンには、ジュリエッタ・マシーナ Giulietta Masina が懐かしい。いまなら、ジュリア・ロバーツ Julia Roberts だろうか。

断頭台に消えた名前

アントニー Antony は、ローマの氏族名アントニウス Antonius に由来する名前だ。カエサル亡き後にブルートゥスを破ったが、やがてクレオパトラとともにオクタウィアヌスに滅ぼされる歴史的人物として記憶されている。

イタリア、スペインではアントニオ Antonio、ドイツではアントン Anton となる。英語圏では、イギリスでアントニー Antony、アメリカでは主にアンソニー Anthony と、綴りも発音も二種類ある。短縮形のトニー Tony も定着している。アントニオ・ルーチョ・ヴィヴァルディ

Antonio Lucio Vivaldi（イタリア）、ヨーゼフ・アントン・ブルックナー Josef Anton Bruckner（オーストリア）、アントニーン・レオポルト・ドヴォジャーク Antonín Leopold Dvořák（チェコ・通称ドヴォルザーク）は、いずれもアントニウスに由来する名をもつクラシックの作曲家として名高い。

女性名はアントニア Antonia。フランス語の変化形アントワネット Antoinette は、フランス革命によって断頭台に上ったジョセフ・ジャンヌ・マリー・アントワネット Josephe Jeanne Marie Antoinette によってよく知られている。

エミリー Emily とエミール Emile は、ローマの氏族名アエミリウス Aemilius に由来する。ルネサンス期、ボッカチオやチョーサーが自作にエミリア Emilia やエメリエ Emelye という名の美女を登場させて以来、女性名とされるようになった。しかし、英語形のエミリーが一般的になったのは一九世紀になってからだった。エミリー・ブロンテが『嵐が丘』を書いたのは一九世紀前半だから、これはエミリーの名前のはしりの時期に名づけられた例といえる。

一方、同じ語源から生まれた男性名エミールは、フランスの啓蒙思想家ルソーが自由主義教育を説いた作品『エミール』によって一躍有名になったが、東ヨーロッパでは聖人名として古くから知られていた。一九五二年のヘルシンキ・オリンピックで「人間機関車」の異名をとり、二〇〇〇年に没した陸上選手エミル・ザトペック Emil Zatopek はチェコ人。

スペインもまた同名の聖人によって、エミリオ Emilio が伝統をもつ名前となった。俳優チャーリー・シーン Charlie Sheen の兄エミリオ・エステベス Emilio Estevez は、スペイン系であることを示す本名で俳優活動をしている。ちなみに、弟チャーリーの本名はカルロス・アーウィン・エステベス Carlos Irwin Estevez だ。

ローレンス Laurence は、ラテン語で月桂樹を意味するラウルス Laurus から派生したラウレンティウス Laurentius に由来する。

同名の聖人によって広まったこの名は、俳優ローレンス・オリヴィエ Laurence Olivier によって有名となったが、現在では、ちょっと古めかしい感じの名前だ。愛称のラリー Larry はアイルランドで人気がある。

女性名ラウラ Laura は、ルネサンス期に、詩人ペトラルカが『抒情詩集』のなかで恋人ラウラへの愛を歌って以来、よく知られるようになった。英語ではローラ Laura, Lora で、いまも人気のある名前だ。月桂樹をそのまま意味するローレル Laurel は、一九世紀に花の名を女性名とする流行に乗って使われるようになった。ローレンスから直接派生した女性名には、ローレン Lauren などがある。女優ローレン・バコール Lauren Bacall の登場で、ローレンは女性名の人気リストに定着した。

ほかにもベネット Bennet、フェリックス Felix、パトリック Patrick、ティモシー Timothy、ヴィンセントVincentやクララClara、クローディアClaudia、ヒラリーHilary、フローレンスFlorenceなど、ヘレニズム起源の名前で聖人名として定着したものから生まれた名は数多くある。

また教会の権威が相対的に低かったルネサンス期に、文学によってよみがえったエミリーやラウラのような女性名は、一九世紀のロマン主義的風潮のなかで、改めて見直されていった。

第4章 花と宝石に彩られた女性名の反乱

ギリシア・ミコノス島
〝エーゲ海の白い宝石〟と称される美観で有名。ギリシアの神々の活躍の舞台となった

新しい名前を！

欧米、とりわけ地中海文明に起源をもつ名前をみていくと、そのほとんどは男性名で、女性名は男性名の語尾を変えただけだということに気づく。

たとえば、ポール Paul がポーラ Paula に、フェリックス Felix がフェリシア Felicia という女性名になったものを連鎖名というが、これは常に男性名から女性名という順序で生まれる。アダムの肋骨からエヴァがつくられたという神話に象徴される意識が、名前にもあらわれているといえよう。

この章では、エヴァ Eva やマリア Maria やヘレン Helen のように、はじめから女性名とされてきた名前をとりあげるが、その前に、近代以降に考案された新しい名前には女性名が多かったということについて、少し触れておきたい。

基本的に、男子が家名を継ぐという文化のもとでは、男子には伝統的な名、父祖の名前をつけるのが当然とされていた。それに比べれば、女子の命名にはある程度の自由があった。もちろん、聖書の人物名や聖女伝説にちなむ名前はいまもあり、母や祖母、叔母の名をつける習慣も、地域によっては根強く残っている。しかしそれでも、男子に比べれば、女子の方が、新しい名前を試みる余地が多かったといえる。

さまざまな名前の人気の変遷をみてゆくと、新しい名前の登場も流行に左右されやすい名前も、ともに女性名だということがわかる。
中世までは、女性のための名前には限りがあったが、近代以後は慣習的な命名の束縛を逃れて、女性名のヴァリエーションは大きく広がっていったのだ。聖書にも聖女伝説にもない女性名としては、たとえば花や宝石の名、それにくわえて、文学者が創作した名前が登場してくる。

花の名と関連づけられる女性名のなかで古くからあるのが、リリー Lily（ユリ）である。イギリスでは、キリスト教文化のなかで純潔の象徴とされてきたユリが「処女王」とよばれたエリザベス一世 Elizabeth と結びついたため、リリーやリリアン Lillian はエリザベスの愛称と考えられたこともあった。しかしリリーは、十九世紀にあらためて花の名として認識され、名づけられるようになった。

なお、スザンナ Susanna やスーザン Susan の語源であるヘブライ語ショシャンナ Shoshannah はユリと解されているので、これがおそらく花の名をもちいた最古の女性名だろうといわれている。聖女スザンナについては、のちに触れる。

イギリスで、リリー、リリアンに次いで一般的になった名はローズ Rose（バラ）だが、これは実は花の名前ではなく、「馬」を意味する古英語 hrose に由来する名前だという。

しかし一九世紀半ばになると、ローズも、デイジー Daisy（ヒナギク）とともに、花の名を人名にしたものと考えられていたようだ。その頃には、植物の名を女性名にもちいることが一種の

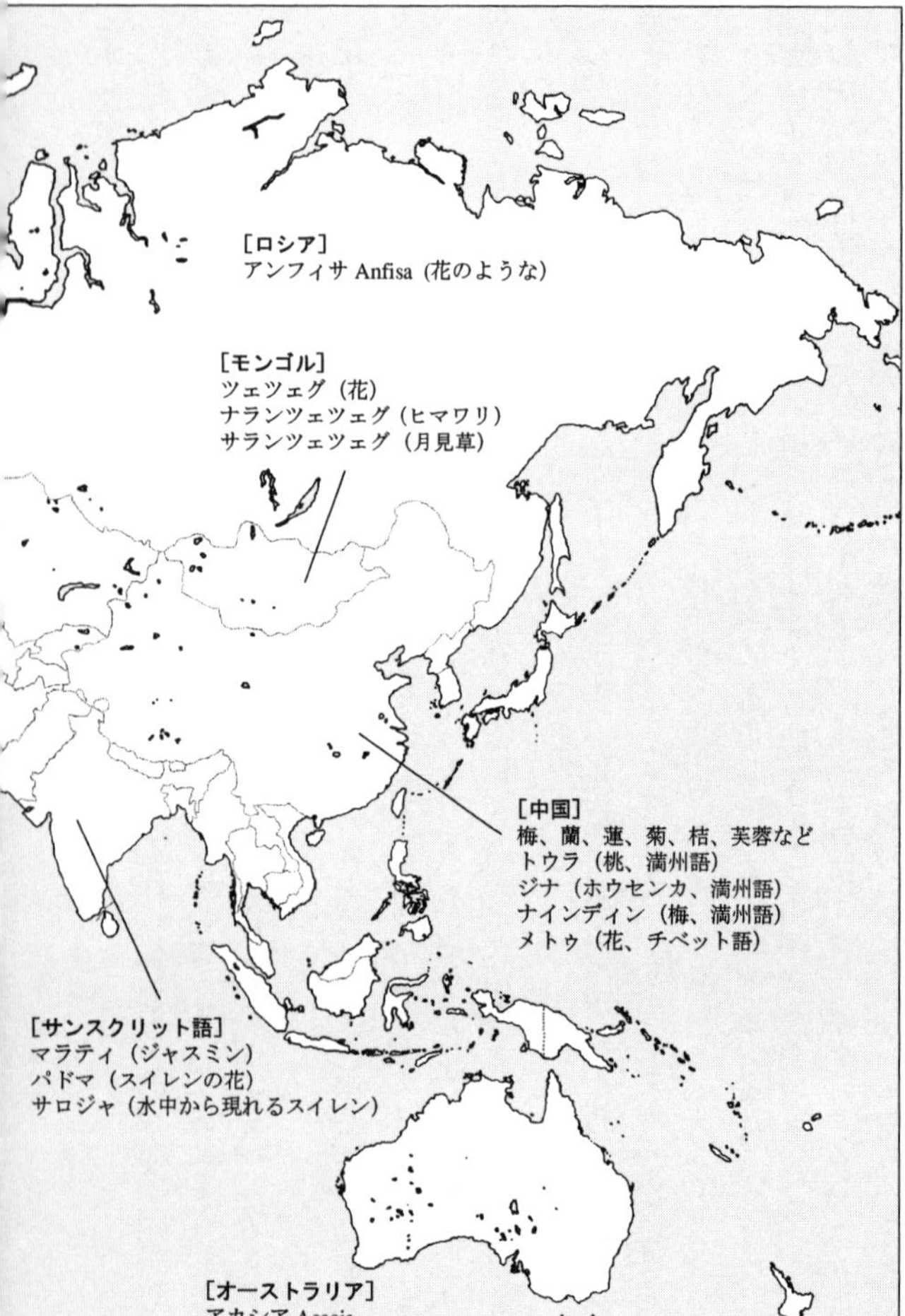
[ロシア]
アンフィサ Anfisa (花のような)
[モンゴル]
ツェツェグ（花）
ナランツェツェグ（ヒマワリ）
サランツェツェグ（月見草）
[中国]
梅、蘭、蓮、菊、桔、芙蓉など
トウラ（桃、満州語）
ジナ（ホウセンカ、満州語）
ナインディン（梅、満州語）
メトゥ（花、チベット語）
[サンスクリット語]
マラティ（ジャスミン）
パドマ（スイレンの花）
サロジャ（水中から現れるスイレン）
[オーストラリア]
アカシア Acacia
[18世紀、入植者に人気があった]

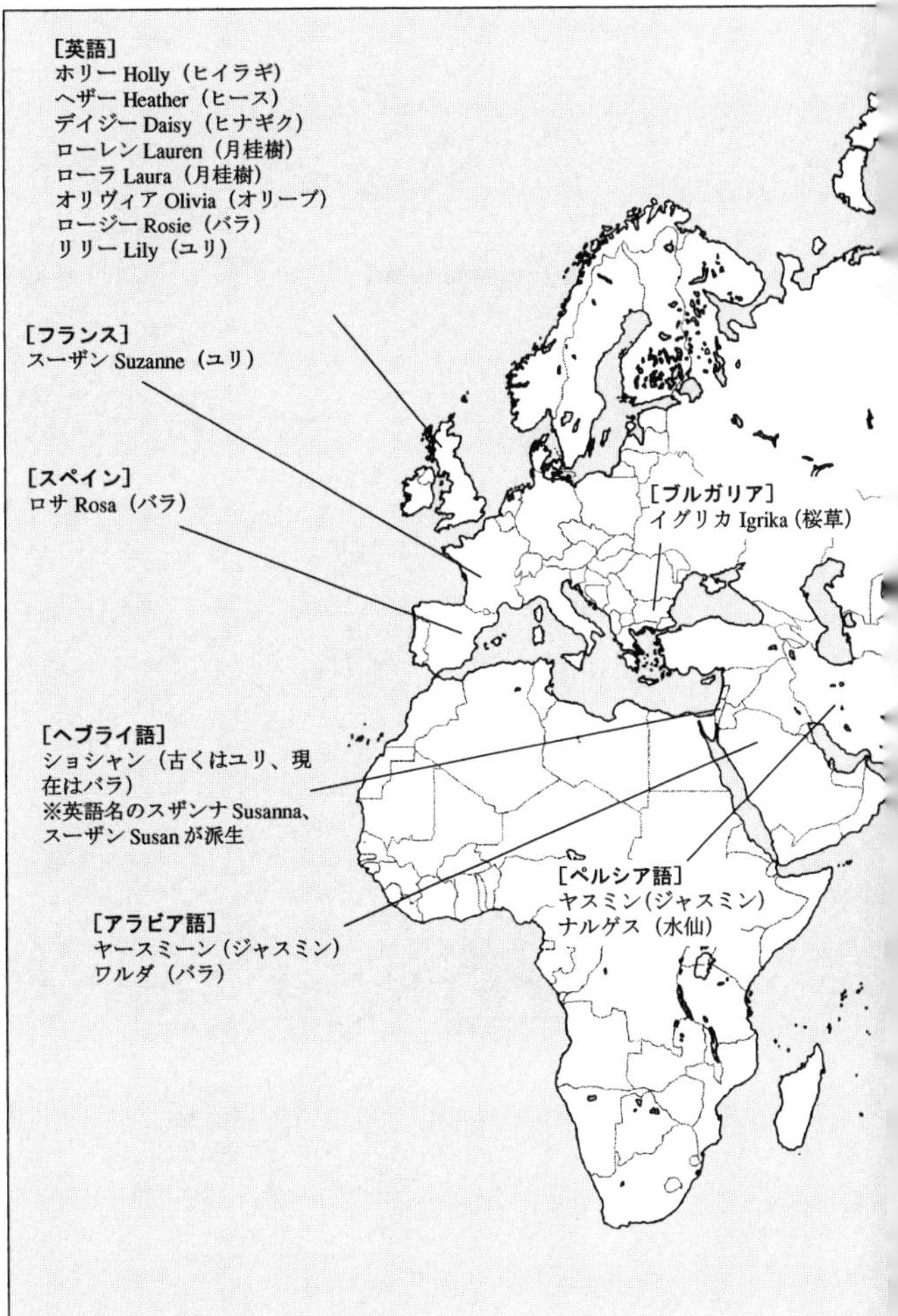
[英語]
ホリー Holly（ヒイラギ）
ヘザー Heather（ヒース）
デイジー Daisy（ヒナギク）
ローレン Lauren（月桂樹）
ローラ Laura（月桂樹）
オリヴィア Olivia（オリーブ）
ロージー Rosie（バラ）
リリー Lily（ユリ）
[フランス]
スーザン Suzanne（ユリ）
[スペイン]
ロサ Rosa（バラ）
[ブルガリア]
イグリカ Igrika（桜草）
[ヘブライ語]
ショシャン（古くはユリ、現在はバラ）
※英語名のスザンナ Susanna、スーザン Susan が派生
[アラビア語]
ヤースミーン（ジャスミン）
ワルダ（バラ）
[ペルシア語]
ヤスミン（ジャスミン）
ナルゲス（水仙）

人気のある植物にちなんだ名前

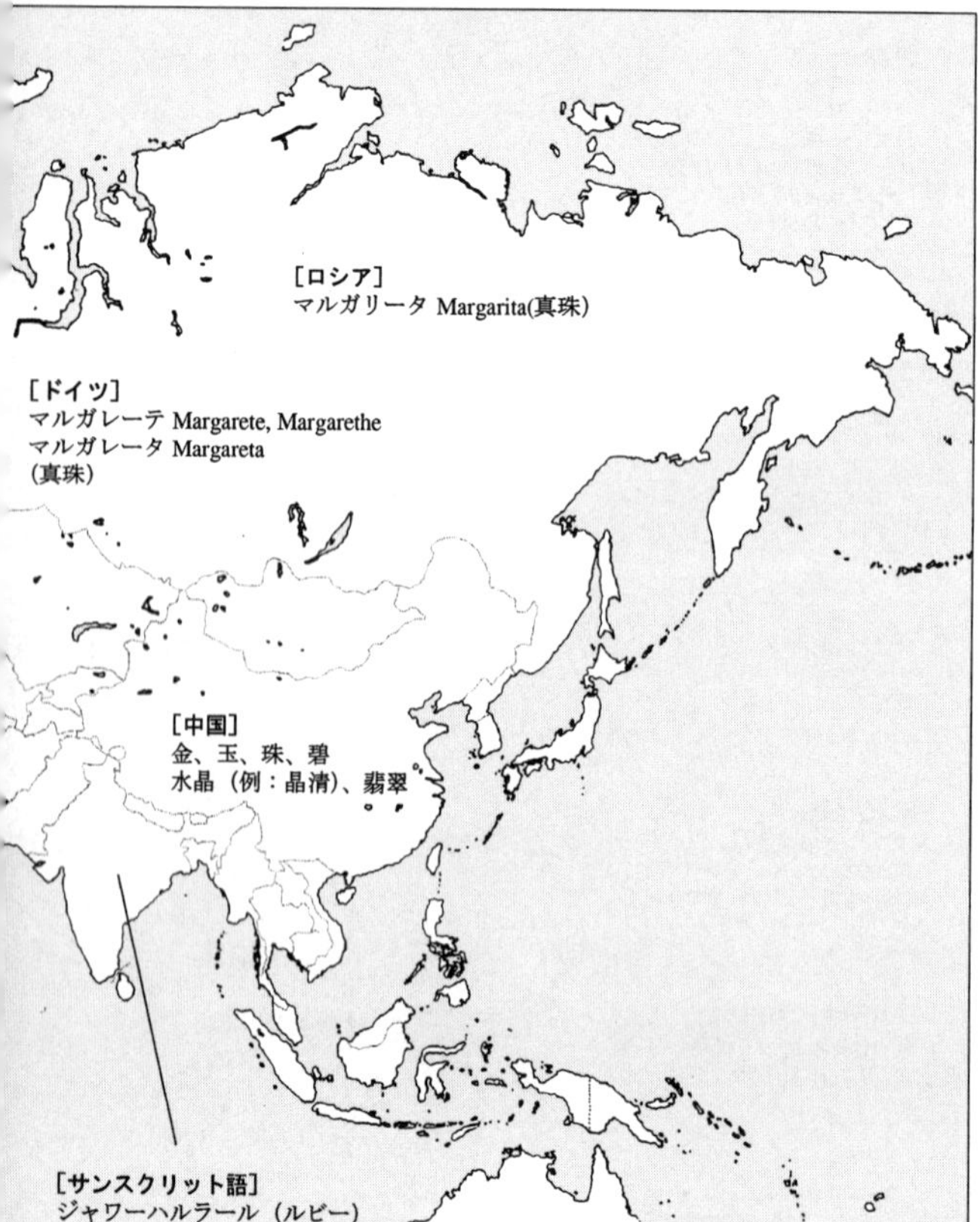
[ロシア]
マルガリータ Margarita(真珠)
[ドイツ]
マルガレーテ Margarete, Margarethe
マルガレータ Margareta
(真珠)
[中国]
金、玉、珠、碧
水晶（例：晶清)、翡翠
[サンスクリット語]
ジャワーハルラール（ルビー)

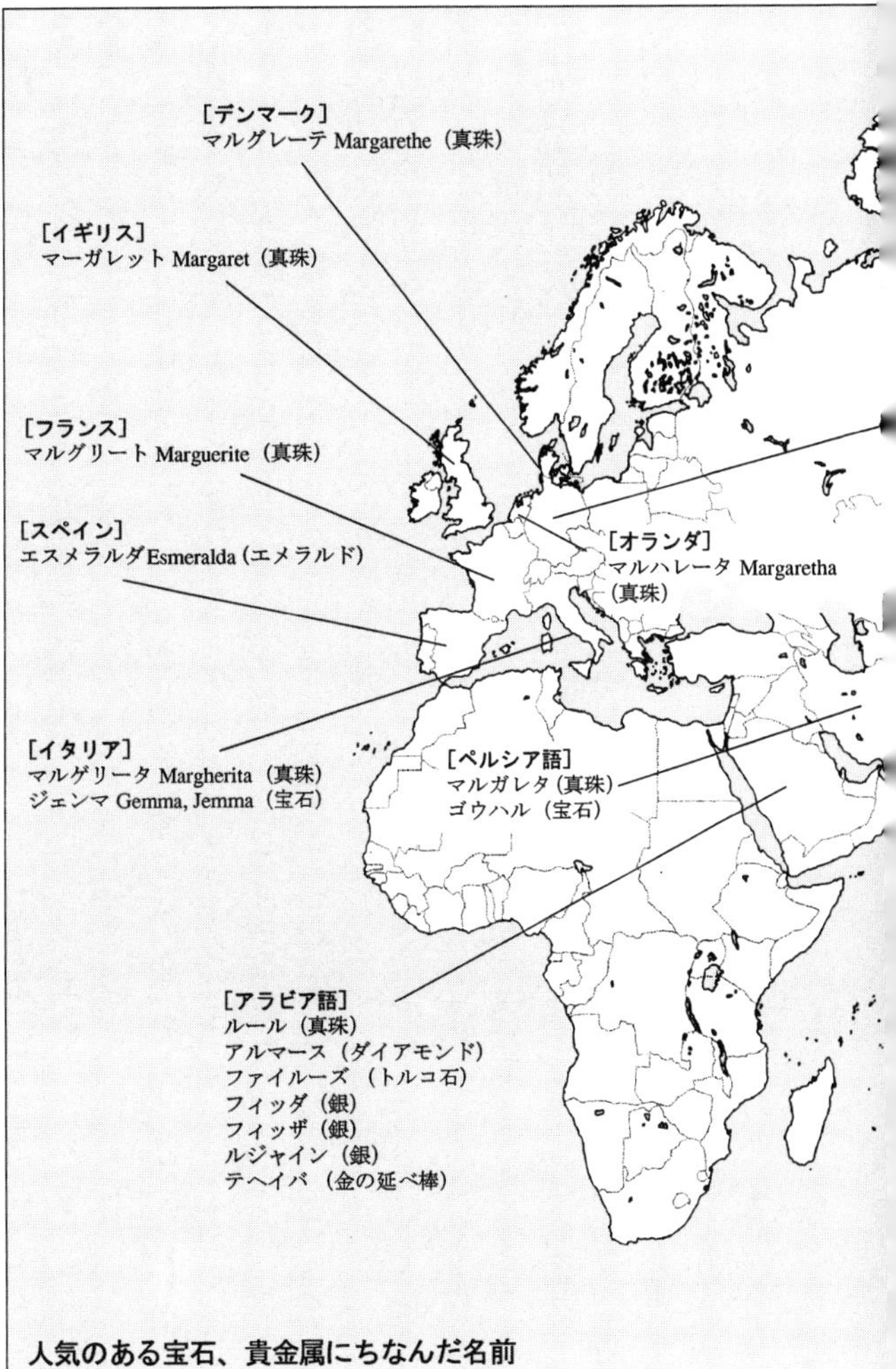
[デンマーク]
マルグレーテ Margarethe（真珠）
[イギリス]
マーガレット Margaret（真珠）
[フランス]
マルグリート Marguerite（真珠）
[スペイン]
エスメラルダEsmeralda（エメラルド）
[オランダ]
マルハレータ Margaretha（真珠）
[イタリア]
マルゲリータ Margherita（真珠）
ジェンマ Gemma, Jemma（宝石）
[ペルシア語]
マルガレタ（真珠）
ゴウハル（宝石）
[アラビア語]
ルール（真珠）
アルマース（ダイアモンド）
ファイルーズ（トルコ石）
フィッダ（銀）
フィッザ（銀）
ルジャイン（銀）
テヘイバ（金の延べ棒）

人気のある宝石、貴金属にちなんだ名前

流行になっていて、イギリスではデイジーのほか、ヘザー Heather（ヒース）やヴァイオレット Violet（スミレ）、アイヴィー Ivy（ツタ）、アメリカではヘイゼル Hazel（ハシバミ）に人気があった。

一九世紀に生まれた植物名としては、あまり一般的ではないが、アイリス Iris（アヤメ）、パンジー Pansy、アゼイリア Azalea（オランダツツジ）、オリーヴ Olive、ホリー Holly（ヒイラギ）、プリムローズ Primrose（サクラソウ）、ジャスミン Jasmine などがある。また、十九世紀のオリーヴの登場よりはるか以前、シェイクスピアが『十二夜』でオリヴィア Olivia という女性名をもちいているが、これもオリーヴに由来する名と思われる。

ところで、いま挙げた名前のなかに、マーガレット Margaret が入っていないことに気づいた方がいらしたかもしれない。日本でキク科の花としてよく知られているマーガレットは、フランス語のグラン・マルグリット grande marguerite のことだが、英語圏にはマーガレットという名前の植物はなく、日本でいうマーガレットは、英語ではホワイト・デイジーとなる。

実は、このマーガレットやマルグリット Marguerite という女性名は、花ではなく、真珠を意味するギリシア語を語源としている。

マーガレットのもともとの意味である「真珠」は、パール Pearl という女性名を生んだ。『大地』の著者パール・バック Pearl Buck で有名なこの名前は、宝石の名を人名にもちいる先例となり、やがてルビー Ruby、オパール Opal、クリスタル Crystal、アンバー Amber（琥珀）、ジェイドJade（翡翠）、アメジストAmethyst（紫水晶）、ダイアモンドDiamondなどという名前が、十九世紀の女性名のリストに加わっていった。

シェイクスピアが創った名前

映画「ロミオとジュリエット」で一躍スターとなった女優オリヴィア・ハッセーOlivia Husseyの名オリヴィアOliviaは、一六世紀以前のイギリスでもまれには使われていたが、この名がよく知られるようになったのはシェイクスピアの戯曲『十二夜』に登場するオリヴィアによるのだから、オリヴィアとシェイクスピアとは妙に縁が深い。

シェイクスピアの作品では、『ヴェニスの商人』も、女性名のリストを広げるのに一役かっている。ユダヤ人の高利貸しシャイロックの娘の名として、シェイクスピアが考案したというジェシカJessicaは、非ユダヤ人社会でもユダヤ人社会でもひどく嫌われたというが、女優ジェシカ・ラングJessica Langeで知られるように、いまではヨーロッパの女性名リストのなかに立派に定着している。

『ヴェローナの二紳士』のなかで、シェイクスピアは、ローマ建国の祖ロムルスとレムスの母とされるレア・シルヴィアRhaea Silviaの名前の後半部分を、人間の名前として復活させた。この名も、女優シルヴィア・クリステルSylvia Kristelによって、よく知られている。

シェイクスピアの女性名への貢献としては、さらに、『リア王』の心優しき末娘コーデリア

Cordeliaと、『あらし』のヒロイン、ミランダMirandaの名をあげておきたい。

オリヴィアやジェシカのように、文学作品のなかから生まれた女性名は少なくない。

エミリーEmilyとローラLauraについては前章の最後でも触れたが、エミリーはボッカチオの『デカメロン』に登場するエミリアEmiliaや、チョーサーの『カンタベリー物語』のエメリエEmelyeが直接の由来である。またローラは、ルネサンス期の大詩人ペトラルカが、『マドンナ・ラウラの生と死の詩編』などで繰り返しもちいた名前だ。

古代ローマ最大の詩人ウェルギリウスの英雄叙事詩『アエネイアス』に登場する足の速い女傑カミラCamillaは、文学によって創造された最古の名前かもしれない。これは英語圏ではもともと珍しい名前だったが、今日では英国王室の醜聞に登場する「愛人」の名前として、イギリスのゴシップ好きのみならず、世界中で知られるようになった。

キムKimという名は、ラドヤード・キプリングRudyard Kiplingが二十世紀初頭に発表した『ジャングル・ブック』が初出だといわれている。

この物語のなかでキムは、キンバル・オハラKimball O'Haraというアイルランド人の少年の愛称である。しかしキムは、男性名としてより、女性名として定着した。アメリカでは、女優キム・ノヴァクKim Novakの人気にあやかって、二十世紀の中頃には、女性名の人気ベストテンにも入ったことがある。もっとも、キム・ノヴァクのキムは芸名で、彼女の本名はマリリン・ポーレン・ノヴァクMarilyn Pauline Novakという。最近では、女優キム・ベイシンガー

Kim Basingerがいるが、こちらは本名だ。
そのほか、文学者の創作した女性名としては、フィオナ Fiona、パメラ Pamela、セルマ Thelmaなどが、いまでも比較的よく使われている。

マリアとエヴァの運命

旧約聖書で、人類最初の男女とされるアダムとエヴァ Evaだが、男性名としてのアダムの人気に比べると、蛇にそそのかされてこの世に罪をもたらしたエヴァはいかにも分が悪い。

エヴァの英語形イヴ Eveは、英語圏では非常にまれな名だ。しかし、ポーランド、ハンガリー、チェコ、スロヴァキアなどの東欧諸国やスウェーデンでは、華やかさはないもののそれなりの人気を保ち続けてきた。その名はまさに女性の象徴であり、発音も綴りも単純なことが、エヴァの不名誉を差し引いても、なお人名として好まれた理由だろうか。

エヴァの語源は、「命あるもの」を意味するヘブライ語にあるとされる。この言葉のギリシア語訳ゾウイ Zoeも、近年、英語圏では、そう珍しい名前ではなくなった。

エヴァの名前をもつ人としては、ヒトラーの愛人だったエヴァ・ブラウン Eva Braun、ミュージカルや映画でも知られるエビータ・ペロン Evita Perónがあげられる。ヒトラーに最後まで忠実につかえたエヴァは、ベルリン陥落で死を決意したヒトラーと正式に結婚し、二日後、ともに自殺した。二人の最期には謎が多いが、ともあれエヴァは明るく素直な性格だったと伝えられている。

一方、エビータとよばれたアルゼンチン大統領夫人マリア・エバ・ペロンMaria Eva Perónは、その美貌と野心と政治、とりわけ慈善事業への積極的な介入によって、大衆からは「聖女」と慕われ、政治的反対派からは「娼婦」よばわりされるなど、評価を二分した。一九五二年、三三歳で死去すると、その遺体には保存処置が施され、彼女の死後の影響を恐れる政敵らによって、遺体は、さらに数奇な運命をたどった。


人類に原罪をもたらしたという不名誉を連想させるエヴァとは対照的に、聖母マリアMariaは、キリスト教圏における女性名のなかで、もっとも好まれてきた。

英語ではメアリーMary。「ジョンとメアリー」といえば、日本の「太郎と花子」のようなものだ。

マリアについては、原始キリスト教時代からさまざまな神学論争があったが、四三一年のエフェソスの公会議で「聖母」と認められてから、マリア崇拝は勢いを増していった。

ただし、宗教改革以後のプロテスタント教会の主流は、マリアが聖母であるという教義はおおむね受け入れたものの、マリア信仰を、その他大勢の聖人崇拝と同様認めていない。

一六世紀半ば頃、カトリック教徒が洗礼を受ける際には聖人の名を使うべきであると定められてから、カトリック教圏では、マリアの名は従来にもましてもちいられるようになった。しかしその反動として、イングランドのプロテスタントはこの名前を避けるようになった。とくにブラディ・メアリー（流血好きのメアリー）といわれたイングランド女王のメアリー一世がカトリックの擁護者だったため、プロテスタントはしばらくの間、この名をまったく受けつけなかった。

もっとも、宗教改革者マルティン・ルターを生んだドイツでは、神聖ローマ帝国の宗家であるハプスブルク家の影響が大きく、マリア Maria の名が衰退することはなかった。

プロテスタントに対抗してカトリックを擁護したハプスブルク家は、マリア・テレジア Maria Theresia に代表されるように、マリアの名をもつ大勢の女性たちを輩出した。

マリア・テレジアは、オーストリアを近代国家とするためにさまざまな刷新を図った女傑で、敬虔なカトリック教徒でもあった。また子沢山の人としても知られ、成長した六人の皇女には、みな、マリアにちなむ名前がつけられている。末娘のマリア・アントニア Maria Antonia は、のちにフランス王ルイ一六世に嫁ぎ、最後はフランス革命で断頭台に上がることになるマリー・アントワネット Marie Antoinette だった。

英語圏でのメアリーは、近年、人気のある名前とはいえないが、マリア Maria にはときどきお目にかかる。英語圏で使われるマリアは、古典の教養が重んじられた一八世紀に取り入れられたラテン語形で、マライアと発音される。この名は一九九〇年代、一世を風靡したアメリカの歌手マライア・キャリー Mariah Carey によって、馴染みのある名前になっている。

また、アメリカへのスペイン系移民の増加にともなって、いまではマリアという発音もすっかり定着した。映画「ウェストサイド物語」で現代版『ロミオとジュリエット』のヒロインとなったマリアは、スペイン領から米国の自治領となったプエルトリコの出身という設定だった。

スペイン、イタリアなどのカトリック教国では、中世以来、今日にいたるまでマリアという名の人気は高く、イタリアの指揮者カルロ・マリア・ジュリーニ Carlo Maria Giulini のように、男性にももちいられている。フランスの元大統領ド・ゴールのフル・ネームは、シャルル・アンドレ・ジョセフ・マリー・ド・ゴール Charles André Joseph Marie de Gaulle で、ミッテランはフランソワ・モーリス・マリー・ミッテラン François Maurice Marie Mitterrand と、どちらもマリアのフランス語名マリーが含まれている。

マリアという単純な名前は、ロシアではマリーヤ Mariya、チェコでマリエ Marie など、どの言語でも、それほど大きく変化することはない。例外としては、アイルランドのモイラ Moira、Moyra やモーラ Maura、モーリーン Maureen などがあげられるだろうか。

フランス人物理学者ピエール・キュリーと結婚したポーランド女性マリア・スクロドフスカ Marja Sklodowska は、キュリー夫人の名で世界的に知られているが、彼女はフランスに住むようになってから、厳《いか》ついイメージの個人名マリアをフランス的にやさしい音のマリー Marie に変えている。

マリアの語尾が変化した名前としては、女優マリリン・モンロー Marilyn Monroe の名マリリンがよく知られている。本名はノーマ・ジーン・ベイカー Norma Jean Bakerだったが、よびやすく覚えやすい名前はないかと考えて、ミッキー・マウスのようにイニシャルがMMとなるマリリン・モンローを芸名としたのだという。

ところで、日本人が英語の聞き取りでもっとも苦労するのが、RとLの違いだろう。election（選挙）とerection（勃起）を聞きちがえた、などという失敗談はよくある話だ。

だがRの発音が苦手だったり、Lと区別しにくいのは日本人に限ったことではない。また英語圏でも、幼児はRをうまく発音できないことが多い。

おそらくは幼児のそうしたいいまちがえや片言、あるいはおとなのものぐさ的な言い方から、RがLに変化した愛称が生まれたのだろう。

そうした名には、メアリー Maryから派生したモリー Mollyなどのほかにも、セーラ Sarahから生まれたサリー Sallie、Sally、ハリー Harryが変化したハル Halなどがある。メイ Mayやモリーのほか、ミッキー・マウスのガールフレンドの名ミニー Minnieも、メアリーの愛称だ。

ヨハナンからハンナへ

聖書に由来する女性名としてエヴァとマリアをあげたが、西欧の女性名の代表として、もうひとつ、アンナ Annaをあげておきたい。

アンナの語源は、ヘブライ語で「恩寵」を意味するハンナ Hanna、男性名ジョンの語源ヨハナンYohanan（神は恵み深し）のハナンhananと同じ語源である。

アンナは、発音も綴りも簡単だったため、各国語で広く定着した。ビザンティン帝国でのアンナ人気は、やがてロシアに受けつがれた。トルストイの『アンナ・カレーニナAnna Karenina』は、この名を日本でも親しいものにしている。フランスではアンヌAnne、スペインではアナAna、イギリスではアンAnn、Anne。イギリス王室には、グレート・ブリテン連合王国を成立させたアン女王をはじめとして、大勢のアンがいる。『アンネの日記』のアンネ・フランクAnne Frankはドイツ生まれのユダヤ人の女の子だった。

メアリーは、複合名の初めの部分によく使われたが、アンは名前の後半部分としてよくもちいられた。複合名とは、二つの名を組み合わせたもので、メアリーとアンを一緒にしたマリアンMarianやベティーアンBettyanne、バーバラ＝アンBarbara-Anneなどがある。

アンナは短い名前だが、なぜか愛称が多い。

英語圏だけでも、「アニーよ、銃をとれ」のアニーAnny、Annieのほかに、ナンNan、ナニーNanny、ナンシーNancyがアンの愛称として親しまれている。ただナンシーは、もとはアグネスAgnesの愛称だったたという説もある。フランス語では、エミール・ゾラの小説『ナナ』のヒロイン、ナナNanaの名として知られている。

四人に一人がエリザベス

聖書に由来する女性名には、もうひとつ忘れてはならない重要な名前がある。洗礼者ヨハネの母エリザベト Elizabeth である。

ヘブライ語ではエリシェバ Elishebha といい、「神は誓った」を意味するとされている。旧約聖書では、モーセの兄アロンの妻としてエリシェバの名が登場する。

アロンの子孫のエリザベトは聖母マリアの親類である。マリアに天使ガブリエルが受胎告知をする半年前に、エリザベトの夫のもとに、このガブリエルがあらわれて、受胎告知をしている。そうして生まれた男の子が、のちにイエスに洗礼を授ける「洗礼者」ヨハネである。両者は母の胎内に宿ったときから深く結びついていたのだ。

聖母マリアとの関連でエリザベトの名が好まれたのは当然だが、この名前が広く西欧に浸透したのは、ハンガリーの守護聖人、聖エルジェーベト Erzsébet の人気に負うところが大きい。

一三世紀はじめにハンガリー王女として生まれたエルジェーベトは、ルートヴィヒ四世に嫁ぎ、夫の死後には、フランシスコ施療院などを設けて、生涯を貧者の救済に捧げた。その名は生前からすでに広く知れわたっていたが、二四歳で死んだ後、四年目に列聖され、多くの聖女伝説が生まれた。

エリザベス一世が生まれた一六世紀前半頃のイギリスでは、この名はまだ、あまり一般的ではなかった。だが「ブラディ・メアリー」と称されたカトリック教徒の異母姉メアリーとの対立のなかで、エリザベスは新教徒たちの圧倒的な支持を受け、エリザベスという名前の人気はまたたく間に上昇した。

さらに彼女の輝かしい治世が不動の評価を得たことで、エリザベスの名は常に人気リストの上位を占めるようになった。ある統計によれば、女王の没後二百年を経ても、イギリス女性の四人に一人はエリザベスだった。

エリザベスの愛称は非常に多い。女優エリザベス・テイラー Elizabeth Taylor はリズ Lis とよばれたが、ほかにもリサまたはライザ Lisa、Lise、Liza、エリサ Elisa、エルシー Elsie、リズベス Lizbeth、イライザ Eliza、ベス Beth、Bess、ベシー Bessie、ベッツィ Betsy、ベティ Betty などがある。エリザベス一世は「グッド・クイーン・ベス」とよばれていた。

なお、カスティーリャとスペインの女王イサベル一世の名として有名なイサベル Isabel は、エリザベスのスペイン語名。スペイン語の男性定冠詞がエルなので、エリザベスの語頭のエルが省かれ、語尾もスペイン語風に変わってイサベルとなった。イサベル一世の名前は、ポルトガルからカスティーリャ王室に嫁いだ母の名イザベルから受けついだものである。この名前はポルトガルの聖女イザベルによって、スペインやポルトガルではとくに人気があった。

ヨーロッパの女性たちは、中世以来、限られた名前のなかから命名しなければならなかったため、一家のなかに三人のエリザベスがいるということもあった。

そうしたとき、同名の姉妹を区別するために、同じエリザベスでも、姉はベティで妹はリズというように、愛称をいくつもつくらざるをえなかったのだ。

男性名でも、ロバートのように多用された名前は非常に多くの愛称をもつが、女性名の場合は、とくに、一九世紀までは選択肢が非常に限られていたため、一つの名前からたくさんの愛称が生まれるという現象をひきおこした。エリザベス、マーガレットのように綴りが長い名前だけでなく、メアリーのような単純な名前にも、モリーやポリーのような奇妙なものをも含めて、多くの愛称が生まれたわけである。愛称の多さは、逆にいえば、いかにその名が多くの人びとに愛され、多くの人に名づけられたかをも示している。

殉教聖女たちの伝説

ヨーロッパには、殉教聖女とよばれる四人の女性たちの伝承がある。

ローマの聖アグネス、アレクサンドリアの聖カタリナ、ニコメディア（現トルコのイズミト市）の聖バルバラ、アンティオキア（現トルコ中央部の廃墟）の聖マルガリタで、いずれも四世紀初頭に殉教したとされる。

時代はローマ皇帝ディオクレティアヌスが突如としてキリスト教弾圧の勅令を発した三〇三年からそう遠くない頃のことである。

四人の殉教聖女のうち、アグネス Agnes とバルバラ Barbara はギリシア語を起源とするラテン名で、それぞれ「純粋な、貞節な」と「外国人」を意味する。

バルバラの語源バルバロス barbaros とは、もとは、「わけのわからない言葉を話す他民族」をさしていった古代ギリシア人の言葉である。英語のバーバリアン Barbarian（野蛮人）などの派生語からもわかるように、バルバロイ barbaroi は未開人とか蛮人といった侮蔑的なニュアンスを多少なりともふくむ言葉だった。

しかし、聖女バルバラが救難聖人の一人として人びとの信仰を集めて以来、その名がマイナス・イメージを喚起させることはほとんどなくなった。

アグネスは英語、ドイツ語、スペイン語ではそのままアグネス、フランス語ではアニェス Agnès、イタリア語ではアニェーゼ Agnese となる。バルバラのほうはドイツ語、フランス語、イタリア語、スペイン語ではそのまま変わらず（綴りはスペイン語のみ Bárbara）、英語ではバーバラ Barbara となる。女優バーブラ・ストライザンド Barbra Streisand の名 Barbra はバーバラの変化した形、またバービー人形のバービー Barbie はバーバラの愛称だ。

カタリナ Catharina はギリシア語アイカテリネ Aikaterine のラテン語形だが、語源も語意もはっきりしない。殉教聖女カタリナの伝承は中世後期に広まった殉教録によるもので、彼女が実在したかどうかも、実は定かではない。十世紀頃には、この名はすでにイタリアでも知られていたが、十一世紀に十字軍がフランスへカタリナ崇拝を持ち帰り、聖カタリナ修道会が成立するにいたって、聖女カタリナは信仰のあつい人びとの心をとらえた。

聖女カタリナの名は、イギリスやフランスの王室にも登場するようになり、一般にも人気が出た。イギリスでは、一五世紀に、ヘンリー五世がフランスからシャルル六世の娘カトリーヌ Catherine を妃に迎えている。

またヘンリー八世の最初の妃は、兄アーサーの未亡人となったアラゴン（スペインの一王国）のキャサリン Catherine である。二人のあいだに生まれた子どものうち、ただ一人成人したのが、先にも述べたメアリー一世（ブラディ・メアリー）だった。男子の跡つぎを望むヘンリー八世とキャサリンの離婚問題は、ローマ教皇との反目を招き、ついには英国国教会を成立させるきっかけとなった。

フランスでは、一六世紀に、フランス王アンリ二世がイタリアの名家メディチ家からカテリーナ Caterina を妃に迎えた。信仰心はあついが知性に乏しいアンリ二世に、カテリーナは側近として大きな影響を与えた。

夫の死後も、幼い国王の摂政として三十年近く政治にかかわった彼女は、聡明というより悪賢い女性として、またプロテスタントの大虐殺（聖バルテルミーの虐殺）を命じるなどした、その残虐さで記憶されることとなった。

余談だが、今日の粋を極めたフランス料理の伝統は、カテリーナ・ディ・メディチ Caterina di Medici（メディチ家のカテリーナ。フランス語ではカトリーヌ・ドゥ・メディシス Catherine de Médicis）にともなってフランスへ行った大勢の料理人がフィレンツェからもたらしたさまざまなレシピを出発点とする。

カタリナの派生名をもつ歴史的人物として、もう一人、一八世紀後半のロシアの女帝エカテリーナ Ekaterina 二世をあげておく。エカテリーナ二世は、「啓蒙君主」としての理想をいくつかの施策に実現させたものの、フランス革命に接してからは圧政に転じ、農奴制を強化して「貴族の黄金時代」をつくりあげた。一方、巧みな外交でロシアの版図を拡大するなど、良くも悪しくもその非凡な才能を発揮した。

カタリナは、さまざまな変化形や愛称を生んだ。英語形キャサリン Catherine、Katherine の愛称はキャシー Cathy、Kathy、キャス Cath、ケイト Kate、ケイティ Katie、ケイ Kay、キティ Kitty など。アイルランド形のキャスリーン Kathleen は二十世紀後半に人気が高まり、英語の女性名の人気リストではいまやキャサリンより上位にある。歌手カレン・カーペンター Karen Carpenter の名カレンは、デンマーク語の変化形である。また、ロシアのエカテリーナの愛称のひとつに、歌でもよく知られたカチューシャ Katyusha がある。

四大殉教聖女の残る一人、聖マルガレタ Margareta は、直接には「真珠」を意味するギリシア語に由来するが、語源をさかのぼると、ペルシア語かヘブライ語にゆきつくのではないかと考えられている。

聖女マルガレタは龍に呑み込まれながらも、その腹のなかで十字を切って龍の身体を破裂させ、自身は傷ひとつなく出てきたという伝説をもつ。この逸話からマルガレタは出産の守護聖人とされ、妊婦帯（妊婦が腹に巻く帯。日本の「岩田帯」にあたる）は「マルガレタ帯」と称された。

聖マルガレタは、東方では聖マリーナとも聖ペラギアともよばれ、古くから信仰されていた。マリーナ Marina は「海」を意味するラテン語に由来する名前であり、ペラギア Peragia もギリシア語で「海の女」を意味する。いずれもギリシア神話で海の泡から生まれたとされる愛と美の女神アプロディテと関連がある。アプロディテはローマ神話ではウェヌス。ボッティチェリの名画「ヴィーナスの誕生」では、海から生まれたウェヌスは巨大な真珠貝の上に乗っている。

マルガレタに由来する名前をもつ女性も、イギリスやフランスの王室に少なからずいる。

イギリスでは、ハンガリー王、聖イシュトヴァーンの孫娘にあたるマーガレット Margaret が、スコットランドのマルコム三世の妃として迎えられた。マーガレットは十一世紀のスコットランドにキリスト教を布教した功績で列聖された。

フランスでは、先に述べたカトリーヌ・ドゥ・メディシスの三女が、マルガレタのフランス語名マルグリット Marguerite と名づけられている。マルグリットは、カルヴァン派のユグノーとカトリックとの和解のために政略的な結婚を強いられるが、その婚礼のためにパリに集まったユグノーの貴族ら二千人が、「聖バルテルミーの虐殺」の犠牲者となったのだった。

マルグリットの愛称はマルゴ Margot。英語圏ではマーゴ Margo となる。今世紀のイギリスで最高のプリマ・バレリーナ、マーゴット・フォンテイン Margot Fonteyn の本名はペギー・フッカムだが、このペギー Peggy もマーガレットの愛称形で、マーゴもマーゴットもペギーももとは同じ名前なのだ。

マーガレットの愛称メグ Meg やマギー Maggie からペグ Peg やペギーが生まれたのは、メアリーからモリーやポリーが派生したのと同じく韻をふんだ言葉遊びによる。マーガレットの愛称としては、マッジ Madge やメイジー Maisie もよく知られている。ウェールズでの愛称形メーガン Megan は、独立した名前としても、近年人気がある。

グリム童話『ヘンゼルとグレーテル』のグレーテル Gretel は、ドイツ語形のマルガレーテ Margarete やマルガレータ Margareta の愛称として知られている。ゲーテの『ファウスト』に登場するグレートヘン Gretchen も同じで、これはアメリカのドイツ系移民によって、グレーチェン Gretchen と英語化された。スウェーデン出身の女優グレタ・ガルボ Greta Garbo の名グレタはマルグレータの愛称形で、これは彼女の本名である。

キリストの十字架を見つけた!

ギリシアの女神アプロディテに話がおよんだところで、ギリシア神話に由来する重要な女性名を、もうひとつあげておきたい。
第3章でもふれたヘレネ Helene で、トロイとギリシアのあいだに「トロイ戦争」をひきおこした絶世の美女である。ホメロスの『イリアス』や『オデュッセイア』は、このトロイ戦争をめぐる英雄叙事詩だ。

ギリシア人は自国をヘラス Hellas（現代ギリシア語でエラス）とよび、みずからをヘレネス Hellenes と称したが、この名の由来は女性名のヘレネではなく、ギリシアの始祖とされるヘレーン Hellen にある。ヘレーンとは、古代におこったとされる大洪水を生きのびたデウカリオン（プロメテウスの息子）の息子の名前である。トロイのヘレネは、そのヘレーン王の名前とも関連づけられて、古来、もっともギリシア的な名前とされてきた。

後世、キリスト教社会にヘレネの名が広まったのは、四世紀末に西ヨーロッパにおこった聖女伝説による。

伝説によると、ローマのコンスタンティヌス大帝の母、聖ヘレナは、三二〇年頃、当時は荒れ果てていたエルサレムのゴルゴタの地（キリストが処刑されたところ。どくろを意味する）に巡礼し、キリストが架けられた十字架の破片を発見したという。

この「真の十字架」は、十字軍によって、その断片が西ヨーロッパにもたらされ、それとともに聖ヘレナ信仰もさかんになった。以来、真偽の疑わしいものもふくめておびただしい数の「真の十字架」の断片が「発見」され、ヨーロッパ各地の「聖十字架」教会におさめられている。いわば、西欧版の「仏舎利（仏陀の骨）」である。

ラテン語名のヘレナ Helena は、英語ではヘレン Helen やエレン Ellen、エレイン Elaine となる。目が見えず、音が聞こえず、話もできない「三重苦」の社会福祉事業家ヘレン・ケラー Helen Keller の大学卒業が世間の耳目を集めた二十世紀初頭、ヘレンの名はアメリカで人気絶頂だった。

地におちた名ダイアナ

デボラ Deborah とは、旧約聖書に登場する名前で、「蜜蜂」を意味するヘブライ語だが、語源は明らかではない。女預言者デボラはカリスマ的な指導者で、「イスラエルの母」ともよばれる。

この名は、かつてはユダヤ人女性の名前とされていたが、ピューリタンたちが使うようになってから一般にも広まっていった。

二十世紀中頃のデボラ人気は、女優デボラ・カー Deborah Kerr によるものだろう。愛称のデビー Debby は、一世代若い女優デビー・レイノルズ Debbie Reynolds で知られるが、これは芸名（本名はメアリー・フランシス・レイノルズ）。デボラの変化形デブラ Debrah, Debra の名をもつ女優デブラ・ウィンガー Debra Winger はユダヤ系だ。なお、「蜜蜂」というギリシア語に由来をもつメリッサ Melissa も、近年、デボラと同じようによくもちいられている。

ラケル Rachel は「雌の羊」を意味するヘブライ語名だが、これも語源は明らかではない。デボラとラケル（英語名レイチェル Rachel）、そして、次にあげるレベッカは、英語圏での人気の変遷ということで共通点がある。

つまり一六、七世紀までは、ユダヤ人の名とされていた旧約聖書起源の名前でありながら、ピユーリタンたちが使うようになったために一般化し、やがて聖書人名の不人気とともにほとんどかえりみられなくなり、二十世紀ではまれな名となっていた。それが、ほんの二、三十年ほど前から、なぜか人気が出てきているのだ。レイチェルの名をもつ有名人には、環境汚染問題を告発した『沈黙の春』の著者、レイチェル・カーソン Rachel Carson がいる。

レベッカ Rebecca も旧約聖書に登場するが、語源、語意ともに明らかではない。ヘブライ語だとすれば、「束縛」という意味をもつ名前である。英語ではリベカ Rebecca と発音される。死んだ前妻レベッカの影がすべてを支配するヒッチコックの映画「レベッカ」は、原作がこの語意をふまえてのものだったとすると、さらに不気味である。愛称はベッキー Becky となる。

サラ Sarah は、アブラハムの妻サライが神から与えられた名前で、ヘブライ語で「王妃」を意味する。英語ではサラともセアラともセーラとも発音される。愛称はサリー Sallie、Sally だ。

スザンナ Susanna は「ユリ」と訳されるヘブライ語の名前だ。

スザンナは、前出の四つの名前と違って、古くからユダヤ人以外の女性にももちいられてきた。理由は旧約聖書外典の逸話による。

無実の姦通罪に問われ、死を宣告されたスザンナが、ダニエルによって救われる物語は、古くから歌に歌われ絵画に描かれてきた。この名は、スザンナ Susanna（イタリア）、シュザンヌ Suzanne（フランス）、スサナ Susana（スペイン）などとなって、各国で広く使われている。英語での変化形であるスーザン Susan は、スージー Suzy、Susy、スー Sue などの愛称でも親しまれている。

ディアナ Diana はローマ神話の処女神で、月と狩りの神の名前である。

一六世紀のフランス王アンリ二世の愛妾、ディアーヌ・ド・ポアティエ Diane de Poitiers があらわれるまでは、この名は女性名としては、知られていなかった。英語名ダイアナ Diana は、シェイクスピアが作品に使っている。

二十世紀後半は、フランス語形を英語読みにしたダイアン Diane に人気が集まったが、プリンセス・ダイアナの登場で、八〇年代にはダイアナちゃんという新生児が急増した。しかし、十年後に王室スキャンダルが噴出するや、この名は人気名の上位一〇〇傑にも入らなくなってしまった。

ローマの女神の名前が人名に使われた例としては、ほかにミネルヴァ Minerva、ヴィーナス Venus などがある。

またナタリア Natalia は「神の生まれし日」を意味するラテン語名のため、クリスマス前後に生まれた女の子に名づけられることが多い。

聖女ナタリアの伝説によって、この名は古くからギリシア正教圏に広まり、ロシアではナターリヤ Nataliya となった。その愛称が、トルストイの『戦争と平和』のヒロインとして有名なナターシャ Natasha である。

英語名ナタリー Natalie は、女優ナタリー・ウッド Natalie Wood の影響で一九六〇年代に人気が出たという。彼女は生後まもなく、一家そろってアメリカに移住したロシア系の人で、もとの名をナターシャ・ヴィラパエフ Natasha Virapaeff という。

モニカ Monica は語源、語意ともに明らかではないが、北アフリカ起源の名前ともいわれている。初期西方キリスト教会最大の教父とたたえられる聖アウグスティヌスの母が聖モニカである。英語名もモニカ Monica、フランス語ではモニーク Monique となる。

ところで、ある資料によると、アメリカにジューン・メイ・マーチという女性がいたという。マーチ March（三月）という姓に合わせて、ジューン June（六月）・メイ May（五月）と、月の名前で統一したのだろう。しかしジューン・メイ嬢が、生涯マーチ姓だったのかどうかはわからない。

それはともかくとして、メイの由来は本当はメイ（五月）ではないという。モリーと同様、メアリーを正確に発音できない幼児語から生まれた名前だというのだ。いずれにしても春をイメージさせるメイという名前は、一九世紀頃、とくに好まれて、ミドル・ネームとしてよく使われた。またメイが先例となって、二十世紀には、ジューン（六月）やエイプリル（四月）も女性名のリストに加わった。

一方、「八月」と同じ綴りのオーガスト August という男性名があるが、これも「八月」のオーガストに由来したものではない。語源は「尊厳な」を意味するラテン語アウグストゥス

Augustusである。アントニウスを倒したオクタウィアヌスがローマ帝国初代皇帝として元老院からこの尊称を受けて以来、ローマ皇帝の称号となった。八月がアウグストゥスの名でよばれるようになったのは、オクタウィアヌスを讃えてのことで、ついでにいうと、「七月」のジュライJulyもカエサルの氏族名ユリウスに由来する。

オーガストは、いかにもドイツ的といった堅い感じのする名前だが、アメリカでは、そこからガスGusという愛称が生まれている。

第5章

コナー、ケヴィン――ケルト民族は生きている

イギリス・エディンバラ
中央の丘の建物は、エドウィン王によるノルマン・チューダー様式のエディンバラ城。スコットランドを象徴する古城　7世紀

ケルトの名にこめられた民族意識

これまでみてきた名前からもあきらかなように、ヨーロッパ文化はヘブライズム（ユダヤ・キリスト教）とヘレニズム（古代ギリシア）を二本の柱として形成されてきた。しかし、これら地中海地域の二大文化の影に隠れがちなケルトもまた、ヨーロッパに脈々と受けつがれてきた一大文化要素である。

ケルトという名称は、アルプスの北、ヨーロッパとイベリア半島に住んでいた異民族を、古代ギリシアの地理学者が「ケルトイ」とよんだことによる。ケルト人と総称される諸民族が、ヨーロッパ大陸にいかに広く分布していたかは、いまも残るケルト語起源の地名によって知ることができる。ロンドンもウィーンも、ドナウ川もセーヌ川も、そしてアルプスも、ケルト語に起源をもつ地名と考えられているのだ。

ローマ人は、ケルト人をガリア人とよんだが、その呼称は、いまもスペインのガリシア地方の名前として残っている。またブリテン、ボヘミアは、それぞれケルト系のブリトン人、ボイイ人の名、またパリは同じケルト系のパリシイ人の名前に由来する。

古代地中海文明をになった民族と異なり、文字をもたなかったケルト民族は、文字というかたちで自分たちの歴史を記録することはなかった。皮肉なことに、彼らの歴史は、ケルトの土地を制圧したカエサルの『ガリア戦記』をはじめとする、ローマ人の資料によってのみ知られている。

ケルトに由来する英語表記のおもな名前

スコットランド・アイルランド
アラン Alan「(小さな) 岩」
ドナルド Donald「黒髪または褐色の髪の異邦人」
ダネル Donnell［ドナルド Donaldの変化系］
ケネス Kenneth「美しい者」「火から生まれた者」
マッケンジー McKenzie「ケネスの息子」
ファーガス Fergus「勇者」
ガヴァン Gavin「白いタカ」

アイルランド
マーフィ Murphy「海の戦士」
ケリー Kelly「好戦的な」
ケヴィン Kevin「愛しい」
ブリギット Brigit「卓抜した能力、強い権威」
アンガス Angus「選ばれし者」
ギネス Guinness「マグ・アンガス Mag Aonghus (アンガスの息子) の転訛、省略形」
ヘネシー Hennessy「オヘインガサ Ó hAonghusa (アンガスの息子) の転訛、省略形」
コナー Connor「猟犬を愛する者」
コナン Conan「コナー Connorから派生」
コナリー Connally、コネリー Connelly「オコノリー O'Conghalaigh (猟犬のように勇敢な) の変形」
フィン Finn「白」
ニアール Niall「闘士、保護する者」
ブライアン Bryan「高貴な」
ライアン Ryan、Rian「王？」

ウェールズ
アーサー Arthur（意味は不明）
マーリン Merlin「海の要塞」
ジェニファー Jennifer「美しき精霊」
フラン Flann「明るい赤」
ロイド Lloyd「灰色」
サリヴァン Sullivan「黒い眼」
キアラン Ciarán「黒」
グウィン Gwyn「白」
ゴヴァン Gauvain「白いタカ」

ケルト系の諸民族は、紀元前四世紀から同三世紀にかけて、ギリシア、ローマ以外のヨーロッパのほぼ全域に住んでいた。やがてケルトの地は、ローマの発展とゲルマン民族の移動によって、アルプス以北、ライン川以西に狭められ、さらにローマの版図に組み入れられることによって、三世紀から五世紀頃には、ヨーロッパ大陸のケルトは衰退してしまった。しかし、ブリテン島やアイルランドに渡った「島のケルト」は、アイルランドやスコットランド、ウェールズなどに押し込められはしたが、今日にいたるまで、独自の文化を受けついでいる。

そのため、ケルト的な人名はもっぱらブリテン島とアイルランドで受けつがれてきたともいえる。だがゲール語をはじめとするケルト諸語も、長きにわたるアングロ・サクソン人の英語支配によって、ついには忘れ去られようとしていた。

ウェールズ地方でウェールズ語の振興運動が盛んになったり、ブリテン島とアイルランドのあいだにあるマン島で、いったんは消滅したマンクス・ゲーリック語とよばれるケルト系言語が復興したのは、ほんの数十年前のことである。したがって、Gwenhwyvar（グウェンフウィヴァル）と綴られるはずの伝統的なケルト名がジェニファー Jennifer という英語名になるなど、ケルト語に起源をもつ人名も、そのほとんどは大きく変容している。そのような例としては、アーサー、ブライアン、ライアン、コナー、ドナルド、ケネス、ケヴィン、アラン、ニール、ブリジット、ケリーなどがあげられる。

また、ケルト以外の言語に起源をもつ名前が聖人伝説とともに広まった結果、いつのまにかアイルランド人的、あるいはスコットランド人的な名前として知られるようになったものもある。パトリックは、おそらくその代表だろう。またシェーンやショーンやイアン、マーガレットのウェールズ語形メーガンなど、ケルト語の影響で変化した地域特有の名前もある。

右にあげた名前のなかで、いま、人気のある名前といえば、男性名ではライアン、ブライアン、ケヴィン、コナー、ニール、パトリックなどだろう。女性名のジェニファー、ケリーなどという名も、いまやアイルランドやスコットランドとは関係なくもちいられることが多くなっている。

女神ダーナとブリギット

ケルト系の人名の源泉は、ケルト神話とアーサー王伝説、そして地名である。ケルト神話とは、アイルランドやウェールズに伝わるさまざまな伝説をいう。

アイルランドの「ダーナ神族」神話は、女神ダーナ Dana を始祖とする神々の一族の物語である。このダーナ（別名アナ）は、聖母マリアの母として東方で崇拝されていた聖アンナ Anna と名前が似ていたため、やがて同一視されるようになった。また、ドルイドとよばれるケルトの宗教も、中世のキリスト教にさしたる抵抗をみせずにすんなりと融け込んだようなところがある。ケルト文化の影響が色濃いいくつかの地域で聖母マリアより聖アンナに人気があるのは、ダーナとアンナの融合によるものと考えられる。

ケルト神話にはブリギット Brigit という女神をダーナの父ダグダの娘だとする伝承があった。

そのため女神ダーナとブリギットは同じ神とみなされていた。ブリタニアでもガリアでも信仰されていたブリギットには、火の女神、太陽の女神、家畜や語り部の守護神などといった、さまざまな属性が付与されていた。そして六世紀頃、このブリギットという名をもつ女性がアイルランドの守護聖人となったため、この名はもっともアイルランド的な女性名となり、この地では、メアリーに次いでよく使われる名前となった。

ブリギットは英語化してブリジット Bridget となる。綴りの異なるフランス語のブリジット Brigitte は女優ブリジット・バルドー Brigitte Bardot によってよく知られているが、英語のブリジットはさっぱり人気がない。理由は、一九世紀半ばにアイルランドを襲った空前のジャガイモ飢饉にある。困窮した農民百万人が移住したアメリカでは、ブリジットという名前がアイルランド人のお手伝いさんの代名詞のようになってしまったのだ。そのため、アイルランド系移民は、この名前を子どもに命名しなくなったのだという。

このブリギットの名は、アイルランドに侵攻したノルマン勢（ヴァイキング）によって北欧に伝わり、スウェーデンの守護聖人となった聖ビルギッタ Birgitta を生んだ。

アイルランドの伝承は、ブリギットにまつわる男の子の名前としてブリアン（英語名ブライアン）Brian をあげている。この名をもつ王ブリアン・ボイルヴェは、十一世紀初頭、一時的にアイルランドを統一した。またブリアンは、たび重なるノルマン勢の襲撃に勝利したため、その名声は揺るぎないものになった。英語ではブライアン・ボルー Brian Boru という。ブライアンに「～の息子」をあらわす接辞Oがついたオブライエン O'Brien, O'Brain（ブライエンの息子）は、アイルランドではいまでも六番目に多い姓だという。

北アイルランドの「アルスター伝説」に登場するクー・ホリン Cú Chulainn は、アイルランド最大の英雄で、イングランドに対する抵抗の象徴でもある。

「猟犬、狼、気高い」を意味するクー cú は、古くからさまざまな名前の構成要素としてもちいられてきた。アイルランドに多いコネル Connell やコナリー Connolly はその代表格である。コネルに「～の息子」をあらわす接辞Oがついたオコンネル O'Connell という姓をもつダニエル・オコンネル Daniel O'Connell は、一九世紀前半、アイルランドの独立運動を指導した人物である。俳優ショーン・コネリー Sean Connery の姓コネリーも同系で、彼の名は、姓名ともに、その家系がアイルランド系スコットランドにあることを示している（ショーン Sean はジョン John と同語源のアイルランド名。米国でシェーン Shane と変化した）。

アーサー王の伝説

アーサー王 Arthur の名は、「円卓の騎士」や「聖杯伝説」によって、日本でもよく知られている。

アーサー王は、おそらくは六世紀に実在した人物だと考えられているが、ウェールズに伝わるケルト神話と融合して、中世騎士のロマンスとしてヨーロッパへ広まっていった。

アーサー Arthur も、ブリジットと同じようにいまではあまりみられなくなった名前だが、一九世紀末から二十世紀にかけては非常な人気があった。

その理由としては、アイルランド・ナショナリズムの高まりとともに、イギリスの詩人アルフレッド・テニスンが書いたアーサー王の叙事詩『国王牧歌』の成功がある。一九世紀のロマン主義、民族主義に支持されたこの作品は、アーサーの名を復活させただけでなく、その王妃グウィネヴィア Guinevere や、アーサー王を助ける魔術師マーリンが愛するヴィヴィアン Vivien のような女性名にも、新たなスポットライトをあてることとなった。

グウィネヴィアの語源は「白い」あるいは「聖なる」を意味するといわれる。騎士ラーンスロットと通じた王妃にはそぐわないが、そうした背景とは無関係に、グウィネヴィアが英語化されたジェニファー Jennifer は絶大な人気を得た。とくに、二十世紀半ばからのジェニファー人気には、ハリウッド女優ジェニファー・ジョーンズ Jennifer Jones の影響を指摘する声もある。

テニスンが邪悪な美少女として描いたヴィヴィアンは、邪悪なイメージとはほど遠い女優ヴィヴィアン・リー Vivien Leigh の名で広く知られたが、結局、女性名リストの上位になることはなかった。

アーサーにスコットランドの「～の息子」をあらわす接辞「マック」がついたマッカーサー MacArthur は、GHQ最高司令官ダグラス・マッカーサー Douglas MacArthur の姓として、日本人には印象深い。彼の祖父は、その姓からもわかるように、スコットランド出身である。

聖パトリックと聖コルンバ

本来、ラテン語に起源をもつパトリック Patrick という名前がアイルランドと結びついたのは、五世紀前半、アイルランドのほぼ全土への布教を成し遂げた聖パトリキウス（英語名聖パトリック）Patricius による。

聖パトリックは、アイルランドだけでなく、スコットランドにも布教の足跡を残しているので、パトリックはスコットランド人の名前としても広く使われた。しかし、イングランドのアングロ・サクソン系の人びとは、この名前を使おうとはしなかった。

アイルランド、スコットランドは伝統的にカトリック教徒が多く、ローマ法王に反旗を翻してイギリス国教会（プロテスタント）を成立させたイングランドとは、深い対立の根をもっていた。アイルランドやスコットランドで好まれた名前がイングランドで不人気だったり、あるいはその逆もあったのはそのような理由による。

アメリカでも、アイルランド移民が流れ込んだ一九世紀半ばから少なくとも半世紀のあいだは、パトリックといえば、アイルランド人ということになっていた。

アメリカの第三五代大統領ジョン・F・ケネディがアイルランド系であることはよく知られているが、彼の曾祖父の名はパトリック・ケネディ Patrick Kennedy という。パトリックと船中で知り合った曾祖母の名ブリジット・マーフィー Brigit Murphy も典型的なアイルランド女性の名前だ。パトリックという名は息子パトリック・ジョセフ Patrick Joseph からその長男ジョセフ・パトリック Joseph Patrick へと受けつがれた。このパトリックは、その後も、ケネディ一族のファースト・ネーム、ミドル・ネームとして繰り返しもちいられている。アイルランド系の人間の自己主張である。

パトリックの愛称には、パット Pat がある。甘い歌声のパット・ブーン Pat Boone、俳優パトリック・オニール Patrick O'Neal の名前としても知られるようになり、アイルランドとの連想は薄れている。

パトリックの女性形はパトリシア Patricia だが、こちらは聖パトリキウスとは関係がない。もともとパトリキウス Patricius とは、ラテン語で「貴族」を意味する。その女性形にもとづくパトリシアは、一九世紀後半、イギリスの王女の名前となってから一般に広まった。パトリシアはアイルランド人にも好まれたが、パトリックほどアイルランドを連想させる名前ではない。愛称はパティ Patty、パッツィ Patsy、パット Pat、トリシャ Tricia など。英語圏のほか、スペイン語圏でもよく使われている。

聖ブリギット、聖パトリックとともにアイルランドで崇拝されている聖人には、もう一人、聖コルンバヌス（英語名は聖コルンバ）がいる。コルンバヌス Columbanus は「鳩」を意味するラテン語コルンバ columba に由来する。

六世紀にアイルランドとスコットランドに数百の修道院を建てた聖コルンバは、アイルランドとスコットランドの守護聖人としてあがめられており、アイルランド出身の同名の聖人と区別するため、大コルンバともよばれる。この大コルンバは「わがドルイドはキリストなり」という言葉を残したと伝えられている。ケルトの地では、一人の殉教者も出さずにキリスト教が定着したが、大コルンバの言葉は、まさにドルイド教とキリスト教とのみごとなシンクレティズム（融合）を示すものといえよう。

コルンバ崇拝は、「コルンバのしもべ」を意味するマルコム Malcom という名を生み出した。スコットランド王室にはマルコムという名前の王が四人いるが、現代ではこの名は、米国黒人運動の過激派指導者で、映画にもなったマルコムXを連想させる。彼が自分の本名マルコム・リトル Malcolm Little を、リトルは白人が奴隷につけた名前だからといって、マルコムXと名乗るようになったのは、白人を悪魔とみなすあるイスラーム教団の教義の影響による。

ローマでは、平和の象徴であり、キリスト教では聖霊の象徴でもあった「鳩」をその名にもつマルコムXは、その言動からテロリストのイメージが強いが、メッカ巡礼によってイスラームに肌の色の違いによる人間観がないことを知り、翌年、三九歳で暗殺されるときには、人種間の憎悪を捨てて連帯をよびかけるようになっていた。

ケルト的な名前とは

ニール Neil は「勝利者」または「戦士」を意味するアイルランド・ゲール語だ。五世紀のはじめ、この名前をもつ王がアイルランドを統一し、アイルランド王の称号を得た。彼は支配下においた諸王国から人質を取ったため、「九人の人質をもつニアール王 Niall」とよばれた。

ニアールの後継者は、王朝が滅ぶ十一世紀初頭までに四十人以上のアイルランド王を出すほど、絶対的な権勢を誇った。この一族が名乗った「ニアールの子孫」という姓は、のちに英語化してオニール O'Neil という姓になる。アイルランドでは十番目に多い姓である。ちなみに十一世紀初頭、ニアールに由来する王朝を倒してアイルランド王の座を獲得したのが、「ケルトの女神ダーナとブリギット」の項で紹介したブリアンである。

ニールという名前は、スコットランドでも、マクニール McNeil という姓を生んだ。またその姓は、アイルランドに侵攻してきたデーン人を通じて北欧へも伝わり、ニルスン Nielsen、ニルソン Nilson ともなった。

ドナルド Donald は「世界」と「支配者」の意味をあわせもつケルト語に由来する。スコットランド高地ではもっとも伝統的な名前で、スコットランド人の代名詞のようにもなっている。ドナルドはスコットランド以外の地域では、もはや時代遅れの名前といった感じがするが、ウォルト・ディズニーが生んだキャラクター、ドナルド・ダック Donald Duck の名前として、ミッキー・マウスとともに抜群の知名度を誇っている。「マック」をつけたマクドナルド MacDonald は、スコットランドで十番目に多い姓だ。この姓も、ハンバーガー・チェーンによって、世界でもっともよく知られるケルト系の姓となった。

俳優ケヴィン・コスナー Kevin Costner の名ケヴィンは、かりに訳せば、「愛された、愛らしい」または「端正に生まれついた」というアイルランド・ゲール名にゆきつく。ダブリンの守護聖人となったケヴィンの伝説によって、アイルランドでは長く親しまれてきた名前だ。

ケリー Kelly は、語源、語義ともによくわからないが、おそらくは「戦い」を意味するゲール語の名前だと思われる。英語では、まず姓として定着した。ケリーは、アイルランドでは二番目に多い姓だ。ケリーは、その後、ふたたび本来の男性名となり、さらには一九六〇年前後から女性名としても有名になった。女性名としてのケリーには、アイルランドの女神ケレ Kelle との関連がたびたび指摘される。

直接的にはアイルランド系アメリカ人が自らのアイデンティティを意識してこの名を使いはじめたのが、突然のケリー人気の理由である。

そのほか、アラン Alan、ダグラス Douglas、ケネス Kenneth、グウィネス Gwyneth などが、いかにもケルト的な語感をのこす名前としてあげられる。

なお、このところ人気の出たケルト系の名前として、ライアン Ryan、コナー Connor、クレイグ Craig といった姓から転用された名前が多いことをつけ加えておきたい。

ミッキー・マウスとウォルト・ディズニー

ミッキー Mickey はアイルランド、ドナルド Donald はスコットランドと深い関係をもつ名前である。

実は、彼らを創造したウォルト・ディズニーの本名ウォルター・イライアス・ディズニー Walter Elias Disneyは、アイルランドで空前のジャガイモ飢饉がおこるほんの十年ほど前、アメリカへ移住した「先見の明」のある曾祖父をもっていたのである。しかし、その曾祖父も生粋のアイルランド人ではなかったようである。というのも、ディズニーという姓はフランスのカルヴァドス県のイズグニー（イジーナの地所）出身という意味だからだ。

ウォルター自身はシカゴ生まれのミズーリ育ちである。またミドル・ネームのイライアスは父の名である。プロテスタントであり、アメリカ生まれでありながらも、ウォルターは自分の父の中にあったアイルランド人らしさをどこかで受けついでいたのかもしれない。

ミッキーは、大天使ミカエルに由来するマイケルMichaelという名前の愛称だ。マイケルはパトリックとともに、アイルランドの男性名の典型とされる。

そして、このミッキーという愛称は、移住先のアメリカでも、実はアイルランド人への蔑称だったのだ。

ミッキーという名を思いついたのはディズニーの妻だが、映画でもミッキー・マウスの声優をつとめたディズニーは、チビのネズミ、ミッキーに自分の姿を重ね合わせていたのかもしれない。

第6章 ヴァイキングたちが運んだ名前

ノルウェー・フィヨルド
氷河で形成された入り組んだ海岸線は港には最適で、入り江にはヴァイキングの町が営まれた

ゲルマン民族の人名地図

紀元前一世紀のカエサルによるガリア遠征によって、ヨーロッパ大陸に住むケルト民族がローマに併合されてしまったことは、前章で記した。

しかしアルプス山脈以北に広がるガリアを脅かしていたのは、ローマ軍だけではなかった。紀元前一〇〇年以前からライン川の西方に定住していたゲルマン人も、ケルト民族に脅威を与えていたのである。ローマとケルト、ゲルマンは、ある時期、いわば三つ巴の争いのなかにあったといえる。ローマ人は、ケルトとゲルマンが別の民族であることを知っていた。だからこそ、ゲルマンがケルトに対して攻勢に出たときに、ガリア侵攻を開始したのだった。

ゲルマンと総称される民族集団は、北ゲルマン（デーン人、ノルマン人など）、西ゲルマン（アングル人、サクソン人、アラマン人、フランク人など）、そして東ゲルマン（東ゴート人、西ゴート人、ヴァンダル人、ブルグント人など）の三グループに大別される。

もともと現在の南スウェーデン、デンマーク、北ドイツあたりに住んでいた北

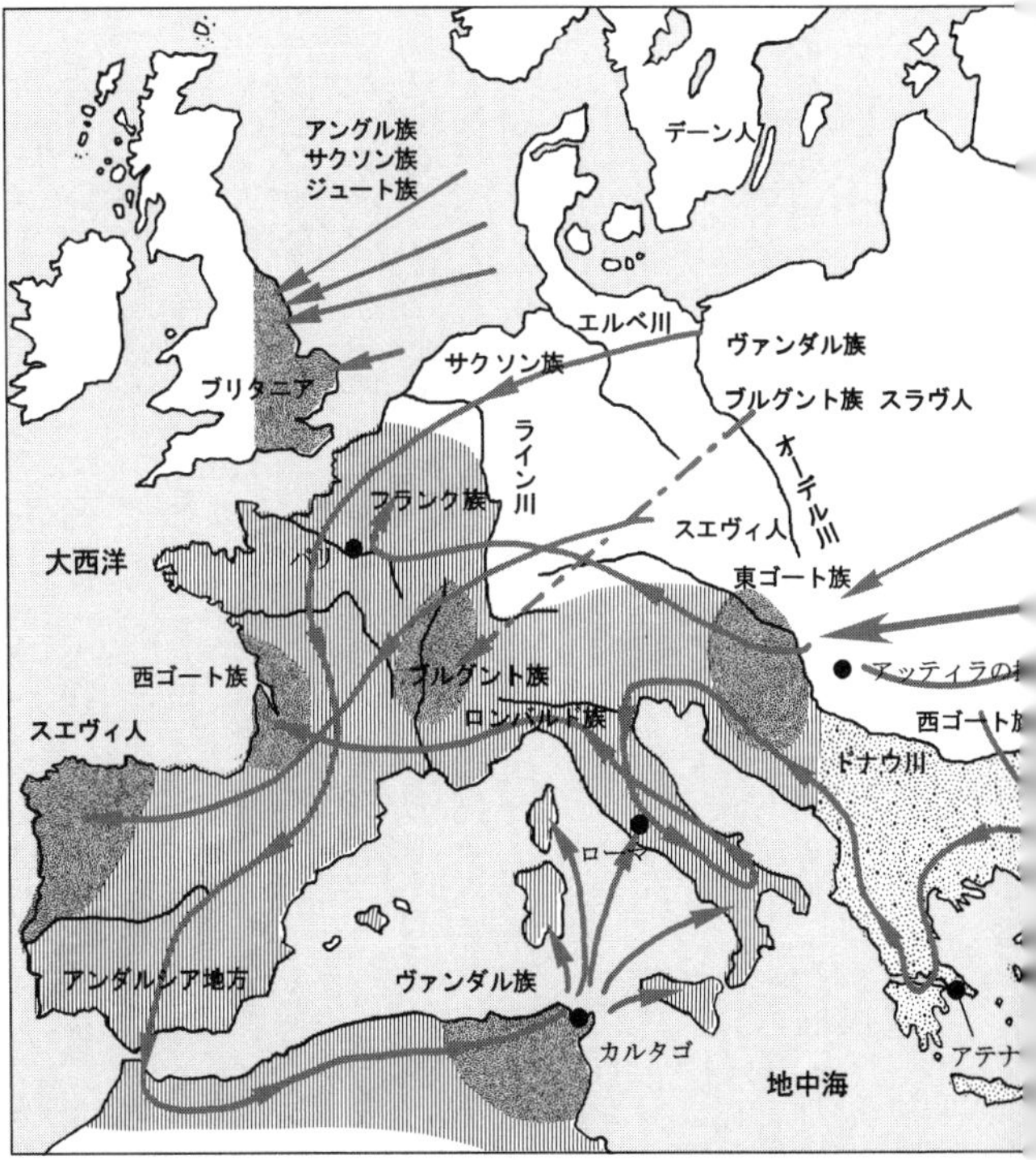

ゲルマン民族の移動（北ゲルマンについてはp.165の地図を参照）

西ゴート族＝ドナウ川北部からスペイン北部、ガリア西部へ。415〜711年、西ゴート王国を建国。

ヴァンダル族＝オーデル川下流域からアフリカ北部へ。429〜534年、ヴァンダル王国を建国。のち、東ゴート族と合流して東ローマ帝国をおこす。

ブルグント族＝オーデル川上流域からガリア東部へ。443〜534年、ブルグント王国を建国。ロンバルド族と合流し、フランク王国をおこす。

アングル族・サクソン族＝デンマーク、ドイツ北部からブリタニアへ。449〜1066年、イングランド王国を建国。

フランク族＝ライン川下流域からガリア北部へ。481〜843年、フランク王国を建国。

東ゴート族＝黒海北沿岸からイタリア北部へ。493〜555年、東ゴート王国を建国。

ロンバルド族＝ライン川〜エルベ川間からイタリア北部へ。568〜774年、ロンバルド王国を建国。のち、フランク王国をおこす。

ゲルマン人は前二世紀頃からしだいに南へ移動をはじめ、ケルト人やローマ人と衝突するようになったが、いわゆる「ゲルマン民族の大移動」がおこったのは、はるかのちの三七五年のことだ。アジア系遊牧騎馬民族フンの西漸によってはじまったゲルマン諸族の大移動は、その後、数世紀にわたってヨーロッパの民族地図を次々と塗りかえていく。なかでも西ゲルマンのアングル人やサクソン人、フランク人は、イギリス、ドイツ、フランス、イタリアといった国家をつくりだす主役となった。

また北ゲルマンの諸族も、スウェーデン、ノルウェー、デンマークをかたちづくったが、その勢力の一部は、九、十世紀に南下して、イングランドにデーン公領、フランスにノルマンディー公領を築いて、ヨーロッパの民族地図、人名地図を大きく塗り替えていった。ヴァイキングともよばれる北ゲルマン人が、海を渡って、ヨーロッパの人名におよぼした影響は非常に大きい。

ゲルマン系の人名は、イタリアやスペインのようなラテン諸国でも、伝統名のリストに加えられている。フランス語は、イタリア語やスペイン語と同じロマンス諸語のひとつだが、フランス的と思われる名前が、実は古いゲルマン語に起源をもつという例はいくつもある。

ヨーロッパ大陸におけるゲルマン系の名前の分布は、フランク王国や神聖ローマ帝国の勢力のおよんだ地域とおおむね重なるとみてよく、その意味では、人名地図はヨーロッパの歴史を浮き彫りにしているともいえる。

富をもつ名エドワード

イギリス史の初期の登場人物から、アングロ・サクソン系の名前をみてみよう。

ブリテンという地名の由来となったケルト系のブリトン人がドーヴァー海峡を渡ったのは、紀元前七世紀頃のことである。このケルトの時代は、ローマの支配を経た後、六世紀のゲルマン諸族の侵入によって終わりを告げた。

イングランド（アングル人の地の意）を中心とするアングロ・サクソンの時代は、以後、十一世紀にノルマン人に征服されるまで続くが、このゲルマン諸族は、やがて七つの王国に統合されていった。この頃の王の名前には、オッファ Offa のような耳慣れない名前とともに、エドウィン Edwin やオズワルド Oswald といった名前も登場してくる。

イングランドは八世紀末から、ヴァイキングとよばれるノルマン人の襲撃を受けていたが、このノルマン人、とりわけデーン人に立ち向かったのが、イギリス人の敬愛するアルフレッド大王 Alfred だった。

アルフレッドは、デーン人との戦いで荒廃した文化の復興にもつとめた。今日にいたる英語の発達の基礎は、アルフレッドが奨励したラテン語書物の英訳や、『アングロ・サクソン年代記』の編纂を通じて確立していった散文英語に支えられているという。

アルフレッドの死後、息子のエドワード Edward があとをつぎ、隣国に嫁いでいた妹のエセルフレッド Athelfred と協力して、次々とノルマン軍に勝利した。以後、エドワードの名前をもつ王はアングロ・サクソン時代に三人、ノルマン人による征服のあとも、英国王として八世までを数える。

エドワードの子供や孫には、エドマンド Edmund, Edmond、エドレッド Edred、エドウィ Edwy、エドガー Edgar という名前が多い。

エド Ed というのは古期英語で富や財産を意味する言葉で、名前の構成要素としてよく使われた。第2章でも触れたが、アングロ・サクソン人をはじめとする古い時代のゲルマン諸族には、二つの名前を合わせて新しい名前とする習慣があった。それは、日本人が富と太郎を合わせて富太郎、その息子には富男と名づけるようなもので、私たちには違和感はないが、今日の欧米人社会では、とくに男性は、このような合成名はもちいない。

エドワードは、かりに訳せば「富の守護者」となる。右にあげたエドマンド、エドウィ、エドガーのほか、女性名イーディス Edith も、「富」を意味するエドをその名のうちに秘めている。ちなみに、エドガーで思い出されるアメリカの作家エドガー・アラン・ポー Edgar Allan Poe は、富とは無縁の一生を送ってしまった。

ふたたび、イングランド王家に戻ろう。アングロ・サクソン時代は一〇六六年、フランスのノルマンディー公ウィリアム William の征服によって終わりを告げる。アングロ・サクソン時代最後の王の名は、ハロルド（二世）Harold という。喜劇俳優ハロルド・ロイド Harold Lloyd で有名なこの名は、ハル（軍隊）とオルド（力）からなる。「オルド」もまた、名前の構成要素と

イングランド、アングロ・サクソン時代の王の系図からわかること

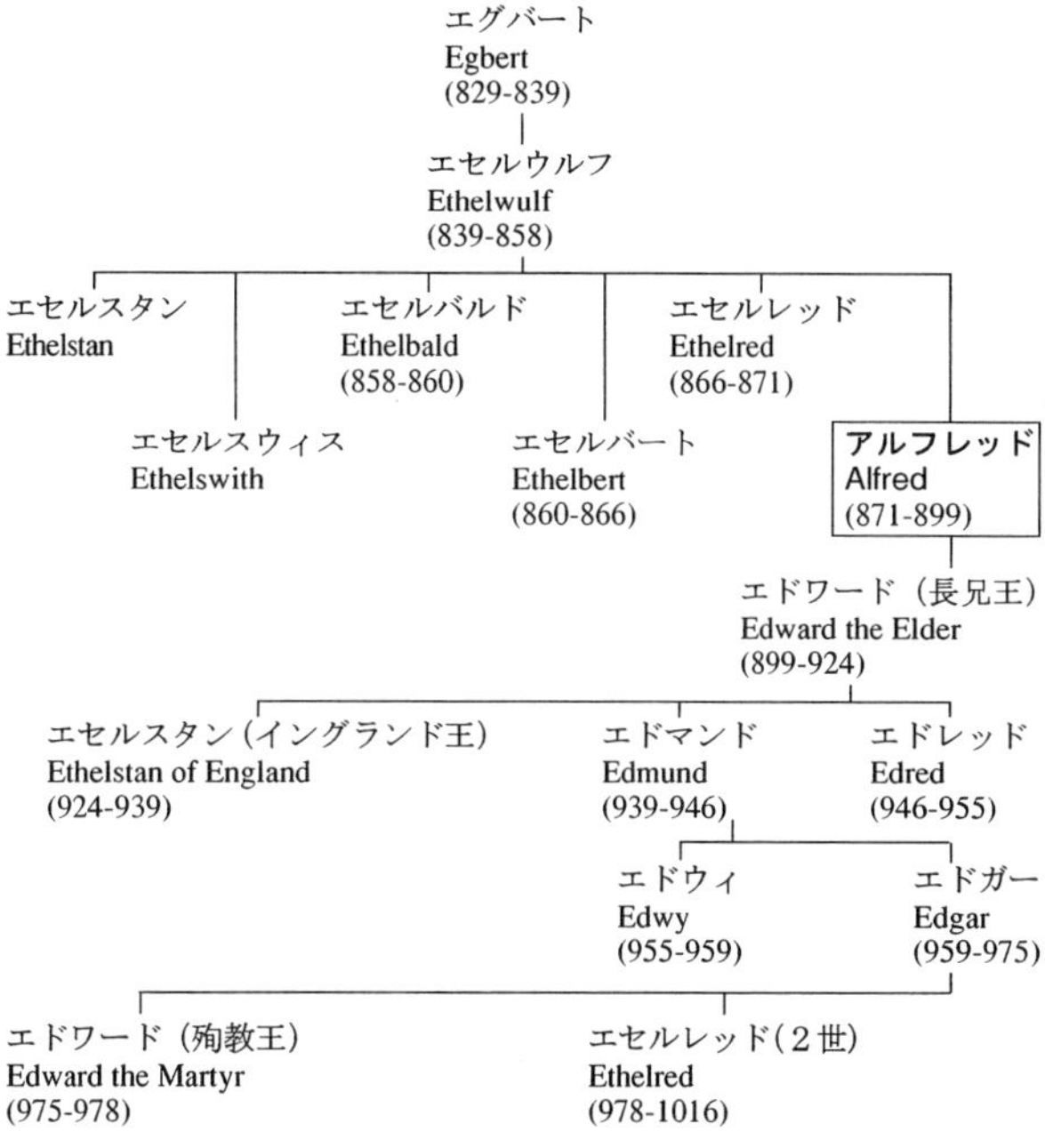

9世紀末、ノルマン系デーン人（ヴァイキングの一派）の勢力を抑え、ロンドンをも含むイングランド南部を支配下においたアルフレッド大王の家系についてみてみよう。この時代から、その家系を示す特徴をみることができる。

アルフレッドAlfredの名はAlf-（自然を司る妖精エルフ）と、-red（王）を意味する言葉を組み合わせたものだ。また、Ethel-（Aethel-とも）は「王の」という意味で、ゲルマン系の人びとによくもちいられてきた名前の要素である。Ed-（Ead-とも）は「裕福な〜」という意味である。

このように、ひとつの家系で使われる名前の要素の種類は限られており、同じ名前がつけられることも珍しくはなかった。そのため「殉教王」のようなあだ名によって区別された。

名前の要素が繰り返されることは、王族に限らず、貴族の間でもみられたことなので、名前を聞けば、その家系、出身がわかるようになっていた。

してよく使われた言葉で、前半部分に使われた名前としてはウォルター Walter、末尾につけられた名前にはオズワルド Oswald などがある。

このように二つの要素を組み合わせた名前は、アングロ・サクソンの王族や貴族といった上流階級に多い。後の時代には庶民にもよく使われるようになった。ノルマン以前の庶民には、一要素の名前が多かったが、これはいまは伝わっていない。

オズワルドは、前半の「オズ」が「神」を意味するので、「神の力」と訳すことができる。オズのつく名前には、熊をあらわす言葉「ボーン」を組み合わせたオズボーン Osborn、それに「神の守護」を意味するオズマンド Osmond,Osmund などがある。そして、マンドをもつ名前から、先に記したエドマンドが生まれる。このようにして、アングロ・サクソン人の合成名は尻取り式につながってゆくのだ。

さて、アルフレッド大王の名の由来に話を戻そう。

七世紀頃からキリスト教が浸透しはじめたイングランドでは、ゲルマン神話の神々はしだいに片隅に追いやられていったが、神話に登場する妖精は人びとに親しみ深いものとして生き残った。妖精たちの物語は、千年の歳月を超えて語りつがれたあと、グリム童話のようなゲルマン神話の副産物をたくさん生み出すことになる。アルフレッド Alfred のアルフ alf とはこの妖精を意味する名前なので、これに「王」を意味するレッド red がついてアルフレッドは「妖精王」ということになる。

シェイクスピアが『夏の夜の夢』に茶目っ気たっぷりの小人の妖精パックを登場させて以来、妖精は小さいものというイメージが定着してしまったが、もともと自然の神秘をつかさどる妖精は神々にも近い存在で、背丈も人間かそれ以上のものと考えられていた。当時は、畏敬の対象でもあった妖精の名をいただくアルフレッドは、ヴァイキングとわたりあった英雄の名前としていかにもふさわしい。なお異説はあるが、オリヴァー Oliver という名前も、アルフを構成要素にもつ中世ドイツ語が古フランス語オリヴィエ Olivier（オリーブの木）の影響をうけて、英語化したものという。

クロヴィスからルイスまで

舞台はヨーロッパ大陸に移る。

西ゲルマンの一派であるフランク人は、民族の大移動期に、ライン川を越えてガリア地方に広がった。フランク人は三つの支族からなるが、そのひとつサリ族に属するメロヴィング家のクロヴィス Clovis は、五世紀末、ガリア北東部を制圧して統一王権を樹立した。フランク王国メロヴィング朝の誕生である。

当時ガリアは、ローマの支配下にあって久しく、ケルト人はローマ人に駆逐もしくは同化されて、固有の言語も失っていた。そこへあらわれたのがゲルマンのクロヴィスだが、そのとき彼はすでに洗礼を受けてカトリックとなっており、都と定めたパリにローマ文化を引き入れた。

さて、クロヴィスという名の語源は、当然、ゲルマン語にある。これは「名高い戦士」を意味するHluodwigと綴る古高地ドイツ語が変化してクロヴィスとよばれるようになったのだが、この語源のゲルマン語はのちに、いくつかのプロセスを経て、ルイLouisという名前に生まれ変わっていった。ルイはフランス王室におけるもっとも伝統的な名前で、ルイ一八世にまでいたっている。クロヴィスやルイの語源となった言葉は、また、ドイツ語のルートヴィヒLudwigという名の原形でもある。

ルートヴィヒは映画「ルートヴィヒ／神々の黄昏」で有名な十九世紀のバイエルン王ルートヴィヒ二世や、作曲家ルートヴィヒ・ファン・ベートーヴェンLudwig van Beethovenで知られている。ベートーヴェンの父は最初の子どもに、祖父の名であるルートヴィヒを与えたが、その子は生後六日目に亡くなった。同じくルートヴィヒと名づけられた二番目の子どもが、のちに大作曲家となったのだった。

メロヴィング朝は内紛を繰り返しながらも、二百七十年間続いた。

続いておこったカロリング朝は、なんといってもカール大帝Karlが最重要人物だが、彼については後で述べることにして、カール大帝のあとを継いだ、息子のルイ一世についてみてみよう。ルイ一世は生前から息子たちにそれぞれの地域の統治をまかせていた。その死後、長子ロータルLottarの所領はのちのイタリアに、異母弟シャルルCharlesの所領は西フランク王国に、やはり弟のルートヴィヒ（フランス語ではルイ）の所領は東フランク王国に分割された（八四三年）。

国家としてのドイツの歴史は、この東フランクにはじまる。

さて、フランス語のルイは、のちに英語のルイス Lewis となる。綴りは違うがスペイン語でもルイス Luis、イタリア語ではルイジ Luigi。ルイからは女性名のルイーズ Louise（フランス、イギリス）、ルイーゼ Luise（ドイツ）、ルイーサ Luisa（スペイン）などが生まれた。

作家ルイス・キャロル Lewis Carroll の本名チャールズ・ラトウィッジ・ドジソン Charles Lutwidge Dodgson のラトウィッジは、ルートヴィヒが英語形になったものだ。この数学講師ドジソンはチャールズとラトウィッジという二つの名前をそれぞれ別の英語形であるキャロルとルイスに変え、さらに順序を逆にして『不思議の国のアリス』を出版するさいのペン・ネームとしたのだった。

ルイスは、英語圏では伝統名のひとつとして根づいたが、近頃はまったく人気がない。陸上競技のカール・ルイス Carl Lewis で知られるように、姓としてはよくみかける。ついでながらこのカールも、チャールズ、キャロルと同語源である。

カール大帝と浮浪者チャーリー

チャールズとキャロルとカールは同語源と記したが、これらは中世高地ドイツ語で「男」「自由農民」などを意味するカール Karl に由来する。

フランク王国メロヴィング朝の後期、北東部のアウストラシア（現在の南西ドイツからフランス最北部）を治めていたカロリング家は、やがて西部、南東部の支配権も得て、事実上、フランク全土を掌握した。そして七五一年、カロリング家のピピン三世がカロリング王朝を樹立し、そのあとをついだのが、ヨーロッパ中世史上もっとも偉大な支配者とされるカール大帝だった。

カール大帝は王国周辺の諸民族を次々と征服して、フランク王国の勢力を拡大していった。激しい抵抗戦を続けたザクセン人をはじめ、大陸のすべてのゲルマン民族がフランク王国の支配下に入ったのは、カール大帝の時代からである。カール大帝の征服は、その土地のキリスト教化でもあった。その広大な領域に統一をもたらす手段がキリスト教だったのである。カール大帝は、フランス語では、シャルルマーニュ Charlemagne とよばれる。

カールはスペインではカルロス Carlos となる。一六世紀のカルロス一世（神聖ローマ皇帝としてはカール五世）以来、スペインの王室にもこの名前が受けつがれた。

イギリスでチャールズ Charles という名前が知られるようになった経緯は、少し変わっている。すでに何度かふれたが、ゲルマン語を語源とするフランス語形の名前の多くは、十一世紀、ノルマン人による征服のさいにイギリスにもたらされたものだ。だが、フランス語のシャルルをチャールズとして知らしめたのは、スコットランド女王となったメアリー・ステュアートである。時代は一六世紀のことで、それ以前にチャールズという名はなかった。

メアリーはフランスの皇太子妃となったが、皇太子の死によって実家のステュアート家にもどり、従兄弟と再婚した。そのとき生まれた息子につけた名がチャールズ・ジェイムズCharles James。のちのスコットランド王ジェイムズ六世、またイングランド王ジェイムズ一世である。

ジェイムズ自身はチャールズの名を使わず、長男には王家の伝統名ヘンリーHenryを与えたが、一六〇〇年生まれの次男にはチャールズと名づけた。この次男が、若くして死んだ兄にかわって王位をつぎ、チャールズ一世となって以来、その名前は英語名としても定着し、現在のチャールズ皇太子にまで受けつがれている。ちなみに現皇太子の正式名は、チャールズ・フィリップ・アーサー・ジョージCharles Philip Arther Georgeである。

チャールズの愛称はチャーリーCharlie。チャールズ・チャップリンCharles Chaplinが扮した「浮浪者チャーリー」は、世界中の人から愛された。チャップリンは、英語圏ではチャーリー、フランス語圏ではシャルロとよばれている。愛すべきチャーリーにはもう一人、チャールズ・シュルツCharles Schulzの漫画ピーナッツの主人公で、何をやらせてもだめな男の子チャーリー・ブラウンCharlie Brownもいる。チャーリーという愛称には「ちょっとたりない」というイメージがある。またベトナム戦争時代、アメリカ兵たちはベトコン（V.C.）を無線の通信サインVictor Charlieから「チャーリー」とよんでいた。チャールズの愛称には、ほかにチャックChuck（アメリカ）、チャスChas（イギリス）などもある。

語源的には男を意味するカールだが、さまざまな女性名も生みだした。カロリーネKaroline、シャルロッテCharlotte（以上ドイツ）、カロリーヌCaroline、シャルロットCharlotte（以上フランス)、キャロライン Caroline、シャーロット Charlotte、カーラ Carla (イギリス) などである。ロッテ Lotte やロッティ Lottie はシャルロッテの愛称。キャロリン Carolyne やキャリー Carrie など、愛称が独立した名前となったものも多い。

ノルマン人の征服

カール大帝の時代から、スカンディナヴィアの北ゲルマン人がヨーロッパ各地に進出しはじめていた。民族としてはデーン人、ノール人ともいえるが、西ヨーロッパではノルマン (英語ではノースメン。北の人) とよばれていた。またの名をヴァイキングという。

ヴァイキングには、独特の鉄兜をかぶった恐ろしげな海賊というイメージが定着しているが、これは金銀財宝を略奪された各地の教会や修道院が綴った記録によるところが大きい。彼らの活動は、一過性の海賊行為というより、北ゲルマン人の勢力拡大ととらえたほうが正しいだろう。イギリスではアルフレッド大王が、デーン人を相手によく戦ったことはすでに述べた。

その後しばらく、北方勢力は抑えられていたが、十世紀の終わり頃に侵略を再開。イングランドは、結局、デンマーク王国の一部となった。このアングロ・デーン国家は二五年しか続かなかったが、エドワード懺悔王 (信仰があつかったためこうよばれた) が旧王家を復興したのもつかの間、あとつぎに恵まれなかったため、ふたたび別のノルマン勢に王室を譲ることになってしまった。

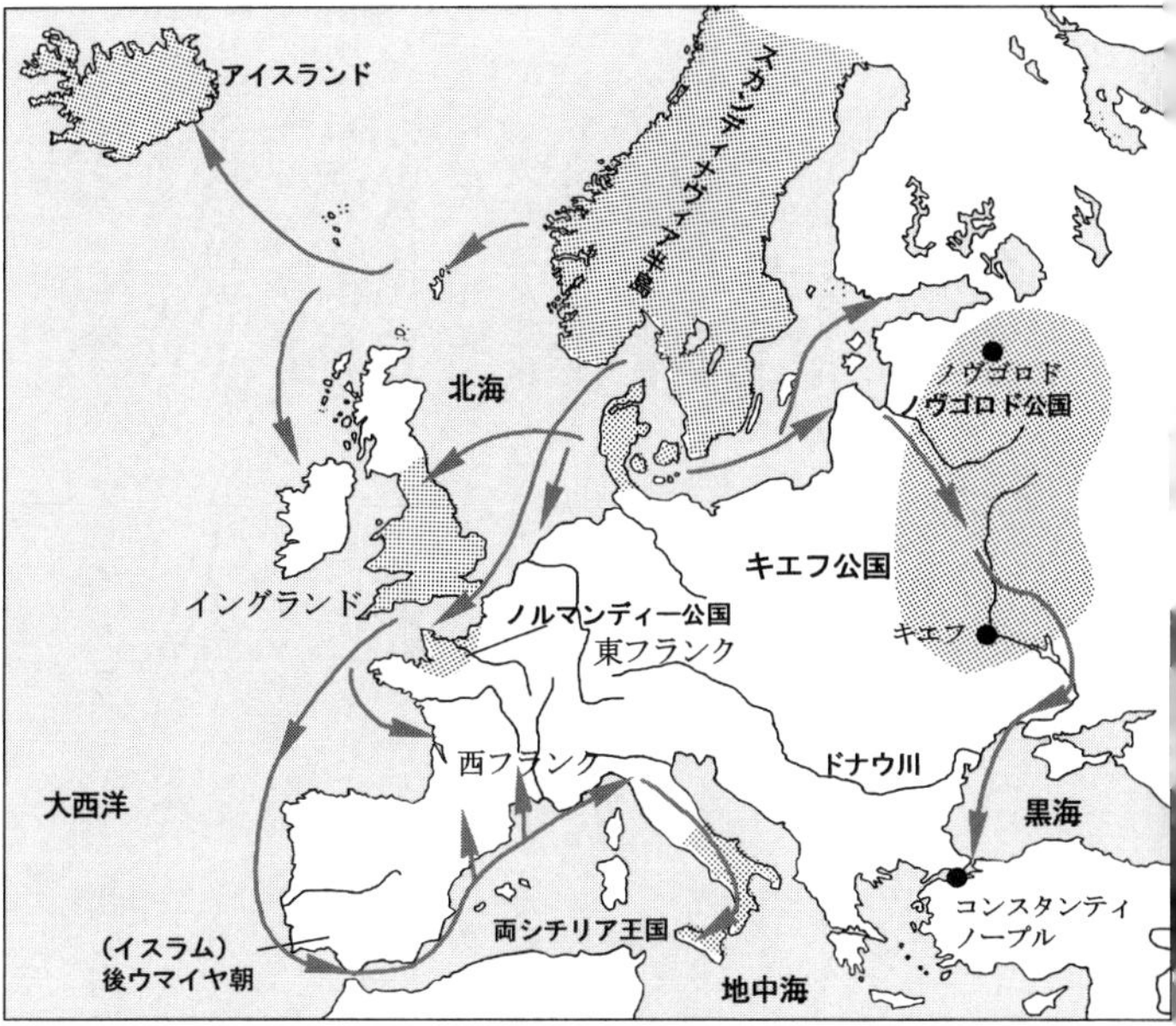

ノルマン（北ゲルマン）人の移動と建国

ノルウェー・ヴァイキング＝アイスランド、グリーンランド、アメリカへ。ノルマンディー公国建国（911年）。イングランド征服（1066年）。11世紀以降、大西洋を経て、ヨーロッパ南部にまで進出し、イタリア南部に両シチリア王国建国（1130年）。

スウェーデン・ヴァイキング＝スラヴ人、フィン人の土地にノヴゴロド公国建国（862年）。南下し、キエフ公国建国（882年）。コンスタンティノープル（イスタンブール）との交易のために黒海を南下する。

デンマーク・ヴァイキング＝イギリス南部、フランク王国の領域に侵入。

ノルマンディー公ウィリアムによるノルマン王朝の樹立、これが世にいう「ノルマン・コンクエスト（ノルマン人の征服）」だ。しかし実のところは、エドワードは生前、すでにウィリアムに死後の王位を約束していたのだった。

征服王ウィリアムはアングロ・サクソンの慣習を尊重し、古い制度を生かしながらすぐれた統治国家をつくり出した。また言語面でも、ノルマンディー語（フランス語の一方言）が英語にもたらした影響ははかりしれない。ノルマンディー語は以後三世紀にわたって、貴族社会では、いわば公用語の地位におかれた。そしておびただしい数のノルマン語が、しだいに庶民の会話のなかにまで入り込んでいった。英語の辞書を開いてみるとすぐにわかるが、語源がラテン語で、古フランス語経由で英語になった単語（通常 OF<L とあらわされる）は数限りなくある。

ウィリアム、ヘンリー、ロバート、リチャード、バーナード、ギルバート、ロジャー、ウォルター、アーノルド。アリス、マティルダ、エマ、オードリー、ヒルダ。これらの人名も、ノルマン・コンクエストによってイギリスにもたらされ、やがて下層階級にまで浸透したもので、すべてゲルマン語にその由来をもつ。ただし、エリオットやイザベルなど、ヘブライ語起源の名前がフランス語経由でイングランドにもちこまれたものも少数ながら知られている。

ノルマン人の遠征

人名の世界地図へのノルマン人の影響は、イギリスだけにとどまらない。野蛮かつ狡知と恐れられたヴァイキングの資質は、見方を変えれば、勇敢で才知に富むということである。折しも十字軍遠征の機運が高まった十一世紀末、キリスト教徒となって久しいノルマン人は、この遠征に積極的に参加した。遠征によって生まれたノルマン人の英雄の名は、やがてヨーロッパ中に広まっていくこととなった。また彼らの帰国にともなって、東方の聖人の名と伝説が広く知れわたることにもなったのだった。

さて、ノルマン的な人名の代表格であるウィリアムは、「意志」とか「兜」を意味する言葉を組み合わせた名前で、直接には古高地ドイツ語を語源としている。兜は、ゲルマン神話の主神オーディンの象徴でもある。

ウィリアム William は、近代ドイツ語ではヴィルヘルム Wilhelm、フランス語ではギョーム Guillaume、イタリア語ではグリエルモ Guglielmo、スペイン語ではギジェルモ Guillermo となる。ノルマン人はイギリスだけでなく、大西洋を南下して地中海にも入り込み、イタリア南部やシチリア島を手中におさめた。シチリアのノルマン王国は、ギョーム王（グリエルモ）を三世まで出した。

英語名ウィリアムの愛称はウィル Will やビル Bill だが、ウィルのほうは、いまではいささか古めかしい感じを与える。

ウィリアムから派生した女性名にはウィルマ Wilma などがある。女性ジャズ歌手ビリー・ホリデイ Billie Holiday で知られるように、ビリーは女性の独立名ともなった（ビリー・ホリデイの本名はエリノラ・フェイガン)。ウィリアムは、ウィリアムズのほか、ウィルス Wills、ウィルソン Wilson、ウィルキンソン Wilkinson など、多くの姓ともなった。さらにウィリス、ウィルソンのように姓が逆に名前として定着した例もある。

イングランドのノルマン王朝は、征服王ウィリアムのあと、ウィリアム二世、ヘンリー一世と続き、四代目のスティーヴン王でノルマン人の直接支配の時代は終わる。

三代目のヘンリーの名は「家長」を意味する。ドイツ語ではハインリヒ Heinrich。初代神聖ローマ帝国皇帝オットー大帝の父でオットー王朝の創始者ハインリヒ一世以来、この名はドイツを代表する男子名のひとつとなった。ラテン語ではヘンリクス Henricus、フランス語ではアンリ Henri だが、イギリスにわたってからはヘンリー Henry とハリー Harry という二つの名に変身した。イタリアではエンリコ Enrico、スペインではエンリケ Enrique となる。

なお、英語のヘンリーとハリーの愛称はハルだが、ハル Hal の綴りでは r が l に変化している。これはメアリー Mary の r がその愛称モリー Molly では l となったのと同じように、幼児語的ななまりによって生まれた名前だからである。女性名としてはハリエット Harriet などがある。南北戦争のきっかけのひとつとなった『アンクル・トムの小屋』の作者ストウ夫人の正式な名は、ハリエット・エリザベス・ビーチャー・ストウ Harriet Elizabeth Beecher Stowe である。

ところで作家マーク・トウェインの筆名の由来は第2章で紹介したが、短編小説家O＝ヘンリーO. Henryもまた奇妙なきっかけから生まれた筆名である。

ヘンリーとは、彼が飼っていたきまぐれな猫の名前で、ある日「オー、ヘンリー」というよびかけにめずらしく反応したため、ようやく猫に認められたと喜んだ彼は、「オー、ヘンリーよ、おまえは私に名前を与えてくれた」といって、以来、そのよびかけの言葉を自分の筆名に使ったのだという。彼の本名は、ウィリアム・シドニー・ポーターWilliam Sydney Porterである。

ちなみに、スタンダールStendhal（本名マリー・アンリ・ベイルMarie Henri Beyle）やヴォルテールVoltaire（本名フランソワ・マリー・アルエFrançois Marie Arouet）のように、姓か名かわからない筆名もあれば、エラリー・クイーンErary Queen（本名フレデリック・ダニーとマンフレッド・B・リー）のように二人で一つの筆名という作家もいる。

女性作家の場合は、女性であることを隠すために筆名を使うこともあった。シャーロット・ブロンテCharlotte Brontëは『ジェイン＝エア』を男性名ともとれるカラー＝ベルCurrer Bellという名前で出版した。シャーロットの妹エミリーと、姉のアンも同じように男性名のペンネーム（前者はエリス・ベルEllis Bell、後者はアクトン・ベルActon Bell）を使って、女性作家に対する偏見をかわそうとした。

ここで時代を少しさかのぼって、ノルマンディー公国をおこした人物ロロRolloについてみてみよう。

九世紀末、ノルウェーからやって来てセーヌ川河口地帯を占拠し、パリを包囲したロロに、西フランク王シャルル三世が封土として与えたのがノルマンディー公国の起源である。ロロはのちにキリスト教に改宗して、ロベール Robert という洗礼名を得た。

以来ロベールは、ノルマン人の名前としてよく使われるようになった。征服王ウィリアムの父の名もロベール（一世）であり、ウィリアムは次男にもこの名を与えている。息子のロベールは第一次十字軍に参加し、聖ゲオルギウス伝説をイギリスに持ち帰ったとされている。聖ゲオルギウス、英語でいう聖ジョージは、のちにイングランドの守護聖人となった。

ロベールは「名声」「輝かしい」という二つの意味をもつゲルマン人の名前に由来する。これは北欧神話のオーディン信仰と結びついた名前とも考えられ、フランク人に好まれていた。今日のドイツ語では、ロベルト Robert。イタリア語とスペイン語でもロベルト Roberto だ。ロバータ、ロベルタ Roberta という女性名もある。

英語名ロバートの愛称でもっとも一般的なものは、不思議なことにボブ Bob である。「レゲエの神様」といわれたボブ・マーリー Bob Marley がジャマイカ人の母と英国軍人の父につけられた名前は、ロバート・ネスタ・マーリー Robert Nestor Marley だった。

ロバートのロブ Rob がボブ Bob に変化した過程は、うまく説明できないらしい。古くはホブ Hob、ドブ Dob ともよばれていた。ロブ Rob からは「ロビン・フッド」で知られるロビン

Robinという名前も生まれ、ロビンソンRobinsonといった姓にも転じていった。

男性名としてのロビンは近代以降はあまりみられなくなり、一九世紀に女性名として復活したときには、ロバートよりも鳥のロビン（ヨーロッパコマドリ）を連想させる名前となっていた。ロビンはいまも、アメリカの女性名として一定の人気を保っているが、最近では俳優ロビン・ウィリアムズRobin Williamsの登場でも知られるように、ふたたび男性名としても使われるようになってきている。

ノルマン人がもたらした女性名には、アリスAliceがある。

その名の語源は「高貴な」「家柄、階級」というゲルマン語で、ドイツ語では女性名アーデルハイトAdelheidとなった。これが古フランス語の名前としていくつかのプロセスを経たのち、イングランドでアリスとなった。アーデルハイトの語源からアデレイドAdelaideという名前も生まれた。アリスもアデレイドも、中世には好まれたが、宗教改革のあとはほとんど姿を消し、一九世紀に復活するという経緯をたどっている。

アリスの人気挽回は、ルイス・キャロルの『不思議の国のアリス』（一八六五）に負うところが少なくない。アデレイドのほうは、ウィリアム四世の妃の名前にあやかったものとみられている。ちなみにオーストラリアのサウス・オーストラリア州の州都アデレイドは、このアデレイド王妃にちなんで命名されたものだ。

アデレイドは、アメリカではあまりもちいられず、アリスも近年は英語圏全体で衰退している名前だが、アリスの愛称アリスンAlisonはいまもよく使われている。またドイツ語のアーデルハイトの愛称ハイディHeidiは、英語圏でも好まれている。ハイディをハイジと表記すれば、ヨハンナ・スピリ作のアルプスの少女『ハイジ』の本名がアーデルハイトだったことを懐かしく思い出す方もいらっしゃるだろう。

スペインに残された名

以上、英語圏で定着したゲルマン系の人名の代表例をみてきたが、イギリス史やフランス史に登場しないためにあげられなかった名前もたくさんある。

たとえば、ヘルマンHerman。紀元前後にローマ軍と勇敢に戦ったゲルマン民族の英雄として記憶されるヘルマンは、「戦士」を意味し、民族主義の高まりとともにもっともドイツ的な名前として愛され、よくもちいられた。しかし、この名前で思い出されるノーベル賞作家ヘルマン・ヘッセHermann Hesseは、愛国主義の美名で戦争をあおってはならないとする平和主義者だった。

ドイツ的な名前としては、ほかに、「狼」をあらわす言葉ヴォルフWolfを構成要素としてもつヴォルフガングWolfgangやアドルフAdolf、ルドルフRudolfがある。ヴォルフガングはヴォルフガング・アマデウス・モーツァルトWolfgang Amadeus Mozartの名として、よく知られている。「高貴な狼」を意味するアドルフの名は、アドルフ・ヒトラーAdolf Hitlerのために、回復できないダメージをこうむってしまった。

なお、スウェーデンでは「狼」そのもののウルフ Ulf が、男性名として人気がある。ちなみに、「真っ赤なお鼻のトナカイさん」の名はルドルフだ。

カトリック教圏であるスペイン人の名前は、おおむね聖書の人名や、初期キリスト教時代のラテン語系の聖人名に由来するが、典型的なスペイン名と思われるようなアルフォンソ Alfonso、フェルナンド Fernando、ゴンサロ Gonzalo、ロドリゴ Rodrigo などがゲルマン語に由来するということについては、歴史的な説明を要する。

スペインとポルトガルが位置するイベリア半島は、ケルト、フェニキア、ギリシア、カルタゴ、ローマなど、先史時代からさまざまな民族が移住してきた地方だが、五世紀末にはゲルマン民族の大移動によって西ゴート族が侵入し、およそ二世紀にわたって西ゴート王国を維持した。

このときにもたらされた名前が、アルフォンソなどだったのである。アルフォンソはスペインのもっとも伝統的な名前のひとつで、スペイン王の一三人がこの名である。

アルフォンソは、英語圏ではほとんど知られていない名前だったが、アメリカには、かつてこの名をもつ移民の有名人がいた。シチリア島生まれのギャング、アル・カポネ Al Capone、本名アルフォンス・カポネ Alphonse Capone である。

エリックは古いスカンディナヴィア語起源の名前で、スウェーデン、デンマーク、ノルウェーでは、中世以来、この名前をもつ王を何人も出した。八世紀頃にカナダから移住してきたイヌイットが住んでいた島を、十世紀に「発見」して、「緑の土地《グリーンランド》」とよんだのは、「赤毛のエリック」とよばれたスカンディナヴィア人である。極地気候のこの島をグリーンランドと名づけたのは、新天地への希望をこめてとか、入植者を募るためともいわれているが、エリックの時代はいまより温暖で、南部は本当に緑でおおわれていたという。

この極北の地にキリスト教をもたらしたのは、ノルウェーの航海者レイフ・エリクソン Leifr Eriksson である。エリクソン Erikson やエリクセン Eriksen といった姓は北欧には非常に多い。英語圏ではエリック Erik という名は、スカンディナヴィア移民の子孫に受けつがれてきた。「アイデンティティの危機」という概念を提唱したアメリカの精神分析学者エリック・エリクソン Erik Erikson は、両親ともにデンマーク人だった。

ゲルマン民族の名前とは

アルバート Albert は、「高貴な」「輝かしい」を意味するゲルマン語に由来する名前だ。イギリスでは、一八四〇年にヴィクトリア女王がザクセンの王子アルバート公と結婚したことによって、中世以来の人気の復活となった。

プリンス・アルバートは女王以上にイギリス人に愛された人物で、ロンドンの大公会堂ロイヤル・アルバート・ホールなどにその名を残している。一方、アメリカでは、ドイツ語形のアルブレヒト Albrecht がドイツ系移民によく使われた。アルベルト・アインシュタイン Albert Einstein の名前でもわかるように、現在はドイツ語でも、アルベルトのほうが一般的である。フランスではアルベール Albert、イタリアとスペインでは、アルベルト Alberto となる。アルバートの愛称はアル Al。

フレデリック Frederick は「平和」と「支配者」を意味するゲルマン語の名前だ。北欧神話の豊饒と平和の神フレイにかかわりが深い。

イギリスでは同じ意味の名前が八世紀から十一世紀頃にはすでに知られていた。だが英語名として定着したのはずっと遅く、一八世紀にドイツ名のフリードリヒ Friedrich がもたらされてからである。フリードリヒは中世ドイツの王の名前として、また近世では、諸公国の王やその一族の名前としてよく知られていた。デンマークではクリスチャン Christian とともに、国王の伝統名として九世までを数えている。イタリアの映画監督フェデリコ・フェリーニ Federico Fellini の名前は、イタリア語形。女性形はドイツ語ではフレデリカ Frederica となる。英語での愛称は、アメリカではフレッド Fred、イギリスではフレディ Freddy が多い。フリッツ Fritz はドイツ系を思わせる愛称として、第二次大戦以後、英語圏では人気がない。

グスターヴ Gustav は、おそらく「神の補佐役」を意味するゲルマン語に由来する名前だ。とくにスウェーデン王室の伝統名として知られ、一六世紀にスウェーデンをデンマークから解放したグスタフ Gustav 一世、続いて同国をヨーロッパの一大大国とした「北方の獅子」グスタフ二世ほか、六世までグスタフ王を輩出している。英語名のグスターヴには人気がないが、ドイ

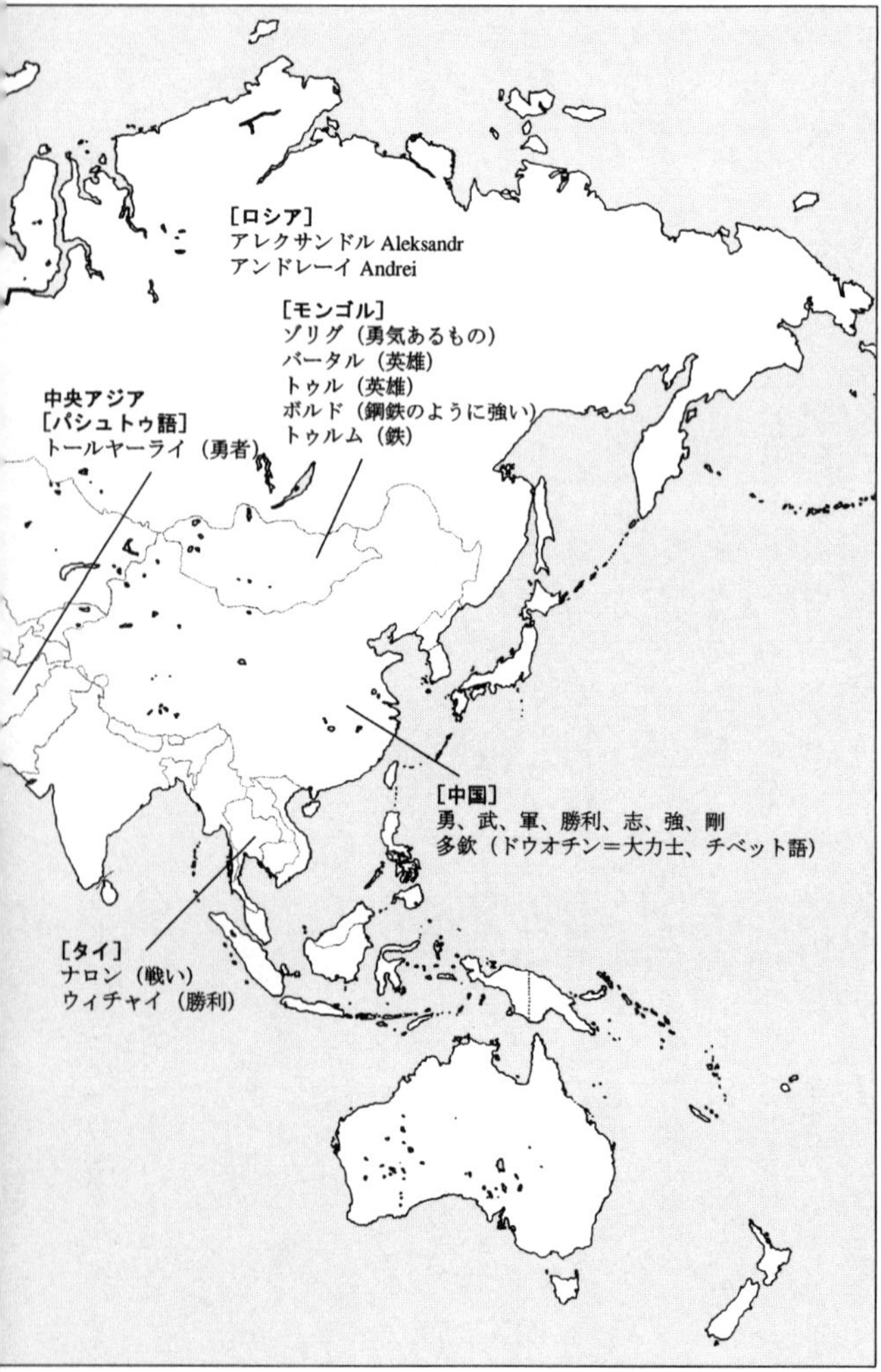
[ロシア]
アレクサンドル Aleksandr
アンドレーイ Andrei
[モンゴル]
ゾリグ（勇気あるもの）
バータル（英雄）
トゥル（英雄）
ボルド（鋼鉄のように強い）
トゥルム（鉄）
中央アジア
[パシュトゥ語]
トールヤーライ（勇者）
[中国]
勇、武、軍、勝利、志、強、剛
多欽（ドウオチン＝大力士、チベット語）
[タイ]
ナロン（戦い）
ウィチャイ（勝利）

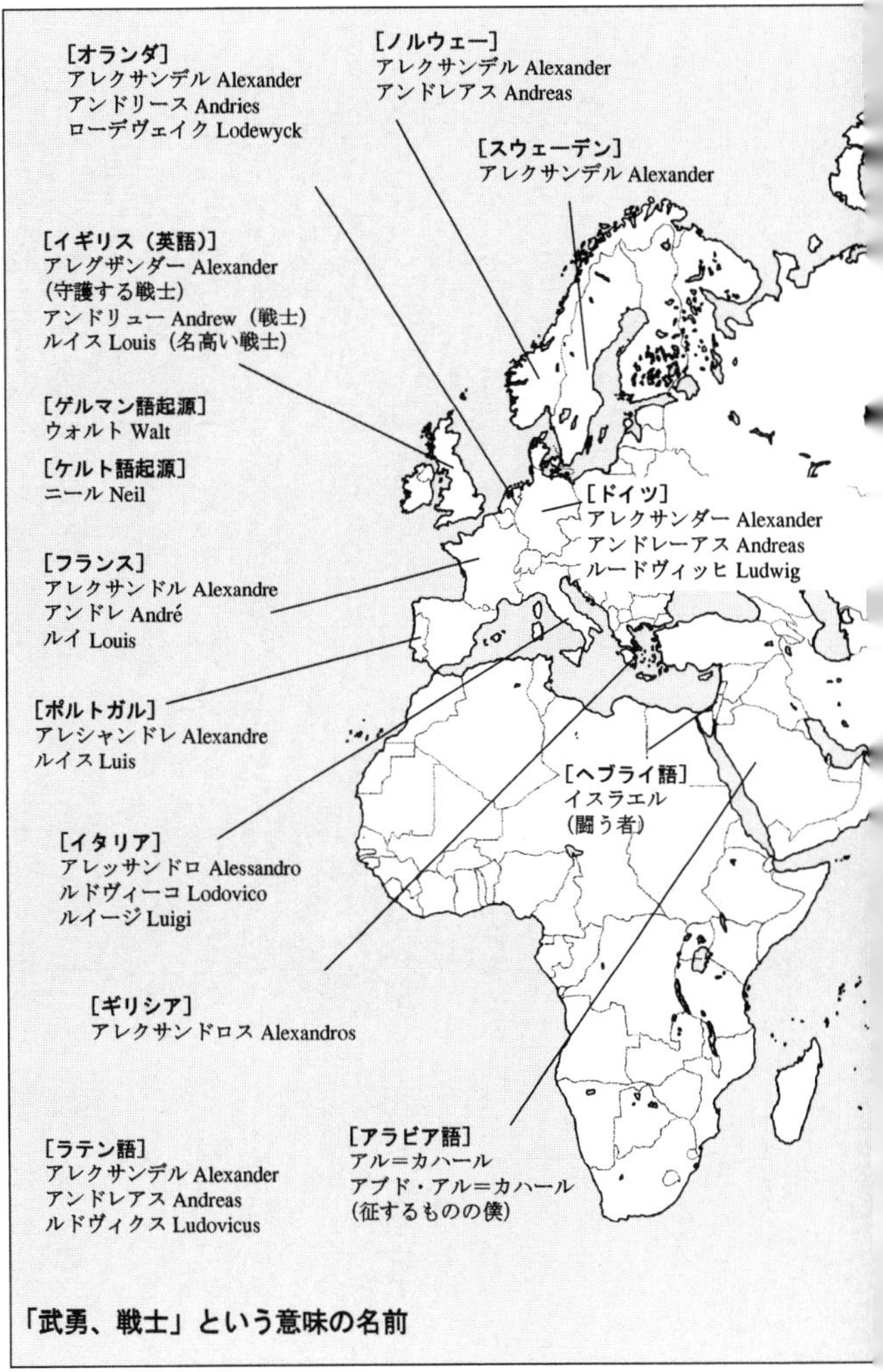
[オランダ]
アレクサンデル Alexander
アンドリース Andries
ローデヴェイク Lodewyck
[ノルウェー]
アレクサンデル Alexander
アンドレアス Andreas
[スウェーデン]
アレクサンデル Alexander
[イギリス（英語）]
アレグザンダー Alexander
（守護する戦士）
アンドリュー Andrew（戦士）
ルイス Louis（名高い戦士）
[ゲルマン語起源]
ウォルト Walt
[ケルト語起源]
ニール Neil
[ドイツ]
アレクサンダー Alexander
アンドレーアス Andreas
ルードヴィッヒ Ludwig
[フランス]
アレクサンドル Alexandre
アンドレ André
ルイ Louis
[ポルトガル]
アレシャンドレ Alexandre
ルイス Luis
[ヘブライ語]
イスラエル
（闘う者）
[イタリア]
アレッサンドロ Alessandro
ルドヴィーコ Lodovico
ルイージ Luigi
[ギリシア]
アレクサンドロス Alexandros
[ラテン語]
アレクサンデル Alexander
アンドレアス Andreas
ルドヴィクス Ludovicus
[アラビア語]
アル＝カハール
アブド・アル＝カハール
（征するものの僕）
「武勇、戦士」という意味の名前

ツ語のグスタフ Gustav やスペイン語のグスタボ Gustavo はいまも使われつづけている。オーストリアを代表する作曲家グスタフ・マーラー Gustav Mahler は、ボヘミア生まれのユダヤ系オーストリア人だ。

レナード Leonard のレオ Leo はラテン語でライオンのことだが、この名はゲルマン語で「獅子のごとく勇敢」という意味だ。五世紀に同名の聖人があらわれ、ゲルマン系以外の人びとの名前としても定着した。

この名前をもつ有名人はなんといってもイタリア・ルネサンスの「万能の人《ウオーモ・ウニベルサーレ》」レオナルド・ダ・ヴィンチ Leonardo da Vinci だろう。「タイタニック」で一躍スターとなった俳優レオナルド・ディカプリオ Leonard DiCaprio は、たまたまダ・ヴィンチの絵を見ていた母親の胎内で動いたため、その名を与えられたという。アメリカ最大の指揮者で作曲家のレナード・バーンスタイン Leonard Bernstein は、レニー Lenny の愛称で親しまれた。余談ながら彼は、前出のグスタフ・マーラーの作品を同じユダヤ人としての共感をもって積極的にとりあげ、「マーラー・ブーム」の先駆的な役割を果たした。

リチャード Richard は、強い支配者を意味する古高地ドイツ語に由来する。イギリスへはノルマン・コンクェストによってもたらされた名前だ。一二世紀末、第三次十字軍遠征で活躍したリチャード獅子心王 Richard the Lion-Heart はイングランドの伝説的英雄で、以後、この名は非常に好まれた。「猫も杓子も」を意味する「every Tom, Dick and Harry」のディックはこのリチャードの愛称の一つだ。

リチャードの名はそれほど多く名づけられたために、リック Rick やヒック Hick などいくつもの愛称を生み、さらにそこから数多くの姓が派生した。リチャードは、本家のドイツ語ではリヒャルト Richard、フランス語でリシャール Richard、リカール Ricard、イタリア語ではリッカルド Riccardo、スペイン語ではリカルド Ricardo となる。

ヒルダ Hilda は「戦い」、マティルダ Matilda はゲルマン語の「強い」と「戦い」を組み合わせた古高地ドイツ語に由来する。「強い戦士」とも訳されるマティルダは、中世ゲルマンの王族にとくに好まれた女性名だった。イギリスでは「征服王」ウィリアムの妻の名として、フランス語形のモード Maud とともに知られている。モードのほか、マティ Matty、パティ Patty、Pattie、ティルダ Tilda、ティリー Tillie といったさまざまな愛称は、マティルダという名がいかに長いあいだもちいられたかを物語っているが、一五世紀以後は人気ががた落ちになってしまった。

しかし、これも一九世紀のロマン主義的風潮のなかで息を吹き返した。

その他のゲルマン語源の英語名としては、アーノルド Arnold、バーナード Bernard、ヒューHugh、ジェラルドGerald、ジェフリーJeffrey、レオポルドLeopold、オットーOtto、レイモンドRaymond、ロジャーRoger、それに女性名のオードリーAudreyなどがあげられる。

第7章 名前でも迫害されたユダヤ民族

アメリカ合衆国・ニューヨーク、マンハッタン島
ユダヤ人の割合は、合衆国全体では約3パーセントにすぎないが、世界の動向を左右するニューヨーク市周辺では、5人に1人がユダヤ人

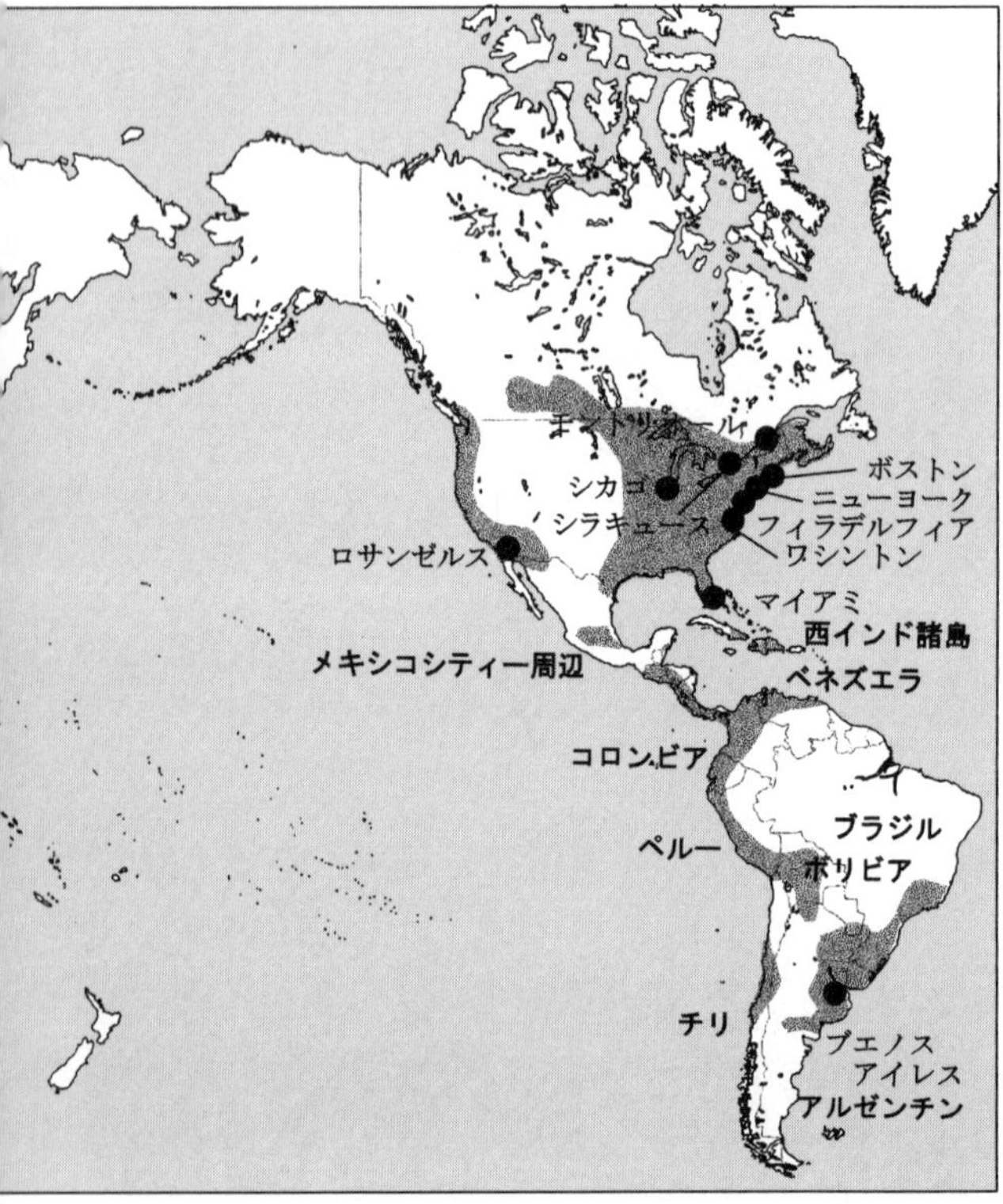
モントリオール
ボストン
シカゴ
ニューヨーク
シラキュース
フィラデルフィア
ワシントン
ロサンゼルス
マイアミ
西インド諸島
メキシコシティー周辺
ベネズエラ
コロンビア
ブラジル
ペルー
ボリビア
チリ
ブエノス
アイレス
アルゼンチン

ロシア
(ユダヤ自治州)
ロンドン
サンクト・ペテルブルグ
モスクワ
キエフ
オデッサ
パリ
ウズベキスタン周辺
モロッコ
エルサレム
エティオピア
ヨハネスバーグ
南アフリカ
オーストラリア
(メルボルン、シドニーなどの大都市中心)
現代世界のユダヤ人分布図
●＝大規模なコミュニティー

ユダヤ人に生まれて

ユダヤという言葉から多くの人が思い起こすのは、ナチスの強制収容所における虐殺だが、ユダヤ人に対する迫害の責任はヒトラー一人に帰することはできない。古代ローマに抵抗して、紀元後七〇年に国を失って以来、世界各国へ移住していったユダヤ人は行く先々で迫害されてきたのだ。

しかし特筆すべきことは、同じオリエント地方にあっても、フェニキア人、シュメール人、ヒッタイト人といった人びとが、国の滅亡とともに消滅していったのに対して、ユダヤ人だけは「ユダヤ民族」として存在し続けてきたことだ。ユダヤ人たちは、ローマ帝国に国を滅ぼされたにもかかわらず、二千年後には、ついに祖国に帰還したという強力なアイデンティティをもち続けてきた。

ユダヤ人は、自分たちが、神から選ばれた民族だという強い誇りをもっている。成文化されたユダヤ人の定義は、「ユダヤ人の母親から生まれた者、ユダヤ教に改宗し他の宗教に帰依していない者」ということであるが、ユダヤ人にも、迫害された者、権力をもってそれを逃れた者、貧しい者もいれば、世界経済を左右するほどの者もいる。またなかには、その優れた才能に対して、民族の垣根を超えた賞賛を得ている人も数多くおり、そのあり方はきわめて複雑である。

彼らの名前から、ユダヤ人とは何かをみていこう。

土からつくった生命

ユダヤ人の原点は旧約聖書に記されている。

エデンの園で、神が土《アダマ》からつくったアダムと、アダムの肋骨からつくったエヴァが彼らの太祖である。そしてその後、神に選ばれ、大洪水を逃れて生き残ることを許されたノアの子孫であるともいえよう。

やがてノアの子孫が増えると、そのなかのひとりアブラハムが、神の啓示によってカナーンへ移住する。アブラハムAbrahamの名は、ヘブライ語のアブab（父）とラハムraham（多数）で「多くの民の父」「国家の父」を意味する。

アブラハムにはサライSarai（籠をつくる人）という妻がいた。しかし、彼女には、なかなか子どもができなかったため、サライは、同行していたエジプト人の女奴隷ハガルを側女とすることを勧め、願いがかなって男児に恵まれた。イシュマエルIshmaelである。ところが、まもなくサライにも男児が生まれた。イサクIsaac（笑う人）である。

聖書では、イサクをアブラハムの後継者とし、ハガルとイシュマエルを荒野へと去らせる。

しかしユダヤの神は、イシュマエルを見捨てることなく、彼もまた大きな国民の父となることを預言する。そしてそのとおり、イシュマエルは父イブラーヒーム（アブラハムのアラビア語名）とともにメッカのカーバ神殿を建設し、のちにイスラーム教を唱えることになるムハンマドの系譜の祖となるのである。現在は、激しい抗争を繰り返しているユダヤとイスラームだが、アブラハム（イブラーヒーム）までは共通の祖先なのである。

ユダヤ教徒がこうした聖書の登場人物にちなんだ名前をつけるのは、ごく自然なことだったろう。

たとえば、アブラハムからは、エイハブ Ahab という名が生まれているが、これはハーマン・メルヴィルの小説『白鯨』の主人公の名前となっている。この小説には、実にさまざまな聖書の物語が出てくる。それを、ここですべて紹介することはできないが、主人公がエイハブ、語り手はエイハブと行動をともにした目撃者イシュメイル（イシュマエル）という設定になっている。三大宗教の聖人である二人が、悪を象徴する白鯨（モビィ・ディック＝動く悪魔）と戦うというところに、この小説の主人公の命名の意図がこめられているのだろう。

ユダヤ人の命名法

ユダヤの定義にしたがうと、ユダヤ人であることは、もっぱら母親に重点がおかれているようにみえるが、生まれた子供は父親の姓をつぐことになっている。

ユダヤ人の姓についてはあとで詳しく触れるが、よく知られているものには、フリードマン Friedmann(平和の人)、グリーンバーグ Greenberg(緑の山の人)、グリーンフィールド Greenfield（緑の野原の人）、ホフマン Hoffmann（宮廷人）、レヴィ Levy（ユダヤ教指導者補佐）、ネイサンNathan（彼は与える）、ロスRoth（赤）、ロスチャイルドRothschild（赤い盾）、ルービンスタインRubinstein（紅玉石）などがあり、姓にスターンsternやスタインsteinをつけることが多い。

著名人を例にあげるなら、ヴァイオリンの名手アイザック・スターンIsaac Stern、相対性理論のアルバート・アインシュタインAlbert Einstein、指揮者であり作曲家でもあるレナード・バーンスタインLeonard Bernsteinがいる。そのほか、カウフマンKaufmann（商人）、ワインバーグWeinberg（ブドウ畑の人）といった、彼らの職業に由来する姓もある。

また、姓の使用が一般的ではなかった頃、父親の名前の前に「息子」を意味するヘブライ語の「ベン」をつけて、姓とすることもあった。たとえば、「モーセ・ベン・ダヴィド」は、「ダヴィドの息子モーセ」であり、モーセの出自が名前からはっきりわかるようになっている。

ユダヤ人の一家に子供が生まれると、名前をつける前に一連の儀式をおこなうことになっている。

誕生後の最初の金曜日を、シャローム・ザハルとよんでお祝いをし、その後、子供が男の子だったら、生後八日目に割礼が施される。割礼とは、陰茎の包皮を切除することで、日本人にはなじみのない儀式だが、ユダヤ人にとっては、このことによってユダヤ人としての人生がはじまるという重要な儀式である。この儀式は、ヘブライ語でブリート・ミーラーという。ブリートが「契約」を意味し、その契約の相手が「神」であることからも、割礼がユダヤ人にとって重要な儀式であることがわかる。

旧約聖書に「割礼を受けない男子すなわち前の皮を切らない者は、私の契約を破るゆえ、その人は民のうちから断たれる」という言葉があるように、割礼はディアスポラ（離散）以前から綿々と受けつがれてきた、ユダヤ民族の変わることのない伝統なのである。ちなみに音楽家グスタフ・マーラー Gustav Mahler の姓マーラーは、この割礼の儀式名に由来するというから、彼の祖先は割礼を施す役にあったと考えられる。

この儀式には、サンダックとよばれる名づけ親が立ち会い、執刀後、その子供は名前をもらう。ちなみに、その子が女の子であれば割礼は施されず、誕生後最初の安息日にシナゴーグ（ユダヤ教の礼拝所）で名前をもらうことになっている。

こうして子供は名前をもらうわけだが、その名はユダヤ人にとって唯一の聖典である旧約聖書に由来するものが多い。

絶対神ヤハウェにちなむ名、預言者の名など、さまざまである。ただそうした名前は、キリスト教徒も使う名前だから、旧約聖書にちなんだ名前だからといって、ユダヤ人だと決めつけることはできない。

ユダヤ人は、名前について、ある考えをもっている。それは、彼らが重病になったときに、しばしば改名することにあらわれている。タルムードの教えにしたがって、男はハイム Heim、女はその女性形ハヤ Hajah（ともに生命を意味する）という名前に変えられる。また、ユダヤ教に改宗した人に対しては、男にはユダヤ人の始祖であるアブラハム、女にはその妻サライが神から与えられた新らしい名サラが与えられることになっている。

もうひとつ、ユダヤ人社会では、生後一カ月の初子の男児に対して、ピドヨン・ハ・ベン（初子の救済）とよばれる儀式がおこなわれる。

昔、初子は司祭として神に捧げなければならなかったが、その義務から解放するための儀式である。現在では、楽しい行事のひとつとなっているようだが、この行事から除外される人びとがいる。コーヘン Cohen とレヴィ Levy を名乗る家系（子供の父親の姓もしくは母方の祖父の姓がそれである場合を指す）の人たちである。コーヘンもレヴィも代々その職につく家系だからだ。そこにも、やはりユダヤ民族の長い伝統が生きているといえるだろう。

コーヘンは離婚者とは結婚できず、肉親を埋葬するとき以外は墓地への立ち入りも禁止されている。コーン Cohn、カーン Kahn、カハン Cahan、カガン Cagan という姓は、みなこのコーヘンから生まれたユダヤ系の姓であり、レヴィからはハレヴィ Halevi という名前が生まれた。

イスラームとの共存

スペインでは、十世紀に、イスラーム（ムスリム）勢力が史上最大の繁栄期を迎えた。

それと同時に、ユダヤ文化も、もっとも栄えた。ディアスポラ（離散）以後、イベリア半島に移ったユダヤ人たちは、ゲルマン民族の一派、西ゴート族によってキリスト教への改宗を迫られていたが、支配者層がムスリムにかわると、課税にさえ耐えれば、ユダヤ教を捨てずに、共存できるようになったのである。

政府要人、医者、学者から肉体作業に従事する人びとまで、ユダヤ人たちは、唯一のユダヤ教を守りながらも、会話や儀式はアラビア語でおこない、アラブ風の名前を名乗って、この時代を生きた。

「百合の谷」という名の悲劇

やがてイベリア半島では、キリスト教徒による国土回復運動（レコンキスタ）がはじまった。そして、一三世紀にはスペイン全土のほとんどをキリスト教勢力がとりもどした。

それまでのイスラーム教世界では、ユダヤ人もイブラーヒーム（アブラハム）という共通の祖をもつものとして、信仰は違っても迫害されることはなかった。保護民として特別に税は課されても、ある程度は自由だったのだ。しかし、しだいに反ユダヤ感情が高まり、一四世紀末には「改宗か死か」という大暴行が加えられるまでになった。

このことによってユダヤ人は、国外逃亡か改宗かという道を選ばざるを得なくなったのだが、改宗した人びとのなかにも、本当に改宗した人と、改宗を装ったマラノ（スペイン語で豚）とよばれる人たちがいた。

一四九二年、イベリア半島最後のイスラームの拠点だったグラナダが陥落すると、ユダヤ人たちはすべて四カ月以内にスペインから出るように通告を受ける。

スペインを追われたユダヤ人たちが逃げ込んだのはオランダだった。当時のオランダは信教の自由が認められており、国をあげて貿易に取り組んでいたので、商業に長《た》けていたユダヤ人たちと利害関係が一致し、彼らは一時的な安住の地を得ることができたのだ。

だが今度は、その地でユダヤ教の教えを厳格に守ろうとしたため、ユダヤ人の若い世代から批判がおこってきた。

演繹法で有名な哲学者スピノザ Baruch de Spinoza（一六三二～七七）もその一人である。

彼は、アムステルダムのユダヤ商人の息子として生まれたが、ユダヤ神学だけでなく、ギリシア哲学、スコラ哲学を修めたことによって無神論的な傾向をもつようになり、ユダヤ教会から破門されてしまう。しかし彼は、それに怯まず、名前をベネディクトゥス Benedictus（祝福された）というラテン語名に変えて、キリスト教徒たちと交わった。

紀元七〇年のディアスポラ以後、ユダヤ人は捕虜、商人、医者、兵士などとして、ローマ帝国内へ流入していった。

しかし、キリスト教が国教となったローマ帝国では、ユダヤ人の生活はしだいに制限されていく。ローマ帝国滅亡後の中世でも、ユダヤ人はキリスト教徒から蔑まれ、教会がキリスト教徒に禁止していた金融業を強制されたり、ペストはユダヤ人が井戸に投げ込んだ毒が原因だというような偏見に苦しめられた。

一六世紀以降、姓についての考え方がヨーロッパで定まっていったにもかかわらず、ユダヤ人には姓の所有が禁じられていた。ドイツでは、ある時期から、「話のわかる」領主がユダヤ人に姓を「売る」ようになったが、それでもすぐにユダヤ人とわかるように、その名を植物名と金属名に限ったりもした。

ゲットー（ユダヤ人居住区）のユダヤ人家屋に記された姓には、ローゼンタール Rosental（薔薇の谷）、リリエンタール Liliental（百合の谷）、ブルーメンタール Blumental（花の谷）、ブルーメンガルテン Blumengarten（花園）、アプフェルバウム Apfelbaum（リンゴの樹）、ビルンバウム Birnbaum（梨の樹）、ゴールドシュタイン Goldstein（金石）、ジルバーシュタイン Silberstein（銀石）といったような、見た目には優雅な姓もあったが、こうした名も、実はユダヤ人たちに対する差別的な歴史によって生まれた悲劇的な名前だったのである。先にあげたロスチャイルド（赤い盾）もそうだが、中世のドイツでは、ユダヤ人の家や居住区には、そうした絵の看板が掲げられており、名前はその看板の絵をあらわしたものだった。著名な作家フランツ・カフカ Franz Kafka の姓カフカも、彼がカフカ（カケス）を描いた看板がかかっていた家に住んでいたことをあらわしているのだ。

一七八七年、オーストリアで、ユダヤ人にドイツ風の姓名を名乗ることを強制する法律が制定され、ヘブライ語風の名前は原則的には禁止となる。しかし、花や宝石にちなんだ「良い姓」を獲得するにはそれなりの賄賂《わいろ》が必要であった。

富を貯えたユダヤ人たちは、クリューゲル Kluger（賢い）、ローゼンタール、リリエンタール、エーデルシュタイン Edelstein（宝石）といった姓をもつことができたが、大半のユダヤ人たちは、背が高ければラング Lang（長い）やグロス Gross（大）、低ければクライン Klein（小）、髪が黒ければシュヴァルツ Schwarz（黒）、白ければヴァイス Weiss（白）、また生まれた曜日や季節によってゾンターク Sonntag（日曜日）、ゾンマー Sommer（夏）といった単純で分類しやすい姓を与えられていった。

さらに貧しいユダヤ人たちは、クラーゲンシュトリヒ（絞首台のロープ）、エーゼルコプフ Eselkopf（ロバの頭）、タシェングレガー（スリ）、シュマルツ Schmalz（油）、ボルゲニヒト Borgenicht（借りない）といった姓しか与えられなかった。

そのほかにも、シャピロ Shapiro、ポズナー Posener のように出身地（シュパイヤー、ポーゼン）が姓となった人びとや、ヴェーバー Weber（織物屋）、ベッカー Becker（パン屋）、ヴェクスラー Wechsler（両替商）のように、その職業を姓とされた人びともいた。

ユダヤ教祭司の家系をあらわすコーヘン、カッツ Katz、カーン、レヴィといった姓も、カッツマン Katzman、コーンシュタイン Kohnstein、レヴィンタール Levintal というようにドイツ風の名に変えられてしまった。

しかし、なかには、ユダヤの伝統を名前に残したいと考える人びともいた。

禁じられたユダヤの言葉を部分的に利用して、略語という形で姓をつくり出したのだ。たとえば、セガール Segal という姓は、セガンとレヴィ seganleviah（レヴィ族の代理人）を隠しもった名前で、この変形がシャガール Chagall となった。この姓は、画家シャガール Marc Chagall によって、よく知られている。

「ヨーロッパ社会への入場券」

一七世紀から一八世紀にかけてのヨーロッパは啓蒙主義が台頭した時代だった。偏見、差別、迫害を乗り超えてきたユダヤの知識階級の人たちは、ヨーロッパ社会への同化という方法で、ユダヤ人の解放を目指そうとした。

フランス革命によって、ユダヤ人が「解放」されたフランスでは、建前上、すべての民族は平等であるとされた。そしてナポレオン法典によって、フランスのユダヤ人はすべて姓をもてるようになり、彼らは自分たちを「ユダヤ教を信ずるフランス人」というようになった。フランスのこうした施策は周辺の国にも影響をおよぼし、オランダ、イタリア、プロイセンといった国々でも、ユダヤ人の平等がしだいに保障されるようになっていった。

しかし制度は変わっても、人間の心が簡単に変わるはずはなく、一九世紀初頭のウィーン体制によって、ユダヤ人に対する扱いは、ふたたび逆戻りしてしまったのである。

このような状況のなかでユダヤ人がとった行動は、キリスト教への改宗・改名だった。改宗することによってキリスト教社会に同化し、さまざまな不利益から解放されたいと願ったのである。詩人のハイネが軽蔑の気持ちを込めて、こうした行動を「ヨーロッパ社会への入場券」とよんだように、ユダヤ人たちは、改宗・改名によってキリスト教徒と同じように暮らせると考えたわけだ。その頃の改宗という行為は、宗教的というより社会的なものだったのかもしれない。中世のように、宗教が人びとの精神も生活も社会も支配していたときとは、すでに時代が変わっていたのだろう。

ハインリヒ・ハイネ Heinrich Heine（一七九七〜一八五六）は、まさにそのような時代を生きた詩人だった。彼はデュッセルドルフの商人の息子として生まれた。息子の社会的成功を期待した母は彼をローマ・カトリックの高校に通わせ、ユダヤ式の教育を一切受けさせなかったという。そのため、彼はヘブライ語もよく知らず、ユダヤ人であることを嫌悪していたという。彼のユダヤ名はハイムだが、彼はハインリヒと自称し、自著には、H・ハイネと署名した。Hの部分を略さずには書きたくなかったのだ。

このハイネが、一時期、親密だった人に、同じユダヤ人の家庭に生まれた『資本論』の著者カール・ハインリヒ・マルクス Karl Heinrich Marx（一八一八〜八三）がいる。

マルクスは一八二四年、六歳で洗礼を受け、ドイツ風の名前に改名した。彼の祖父や叔父はラビ（ユダヤ教の指導者）であり、母方の家系も著名なラヴィや学者を出していたことをみれば、彼がユダヤ教を捨てるという行為は相当深刻なものだったはずである。しかし、啓蒙主義の洗礼を受けた父親によってそれはなされたのだった。当時は、我が子が学校などでいじめられることを恐れて仕方なく改宗させる親も多かったのだ。

ハイネ、マルクスと同じように、ユダヤ人の家庭に生まれながら改宗、改名した人のなかには、音楽家のフェリクス・メンデルスゾーン・バルトルディ Felix Mendelssohn Bartholdy（一八〇九〜一八四七）がいる。

彼はモーゼス・メンデルスゾーン Moses Mendelssohn の孫として、ハンブルグで生まれた。そして、このモーゼス・メンデルスゾーンこそは、ユダヤ人がヨーロッパ社会に溶け込むことによってゲットーからの解放を求めようとした、まさにその主唱者である。モーゼスは、ユダヤ名をモーゼス・ベン・メンデル Moses Ben Mendel（メンデルの息子モーゼス）というが、その「メンデルの息子」の意味を変えずに、ヨーロッパ風の Mendelssohn（Mendel に、息子を意味するドイツ語 Sohn をつけた名前）に変えて、ヨーロッパ社会に同化しようとしたのである。ただモーゼスは、個人的にはユダヤ教を棄てず、敬虔なユダヤ教徒としての一生を終えている。ユダヤ人として、ユダヤ教徒のままでヨーロッパ社会への同化を図ろうとしたのだ。

大音楽家となったフェリクス・メンデルスゾーンが洗礼を受けたのは、七歳のときである。六年後には、両親も改宗している。そのとき、両親はバルトルディ Bartholdy と名乗った。このバルトルディという名は、フェリクスの母方の伯父が改宗してプロテスタントになったとき、ザロモンという姓を捨てて、キリスト教徒のように、キリストの十二使徒のひとりバルトロマイ Baltholmai にちなんだ名バルトルディと改めたことによるという。息子のフェリクスも当然、その名をもつことになるのだが、フェリクスは「自分はメンデルスゾーンだ」と言い張ったというのだ。結局、彼の正式名はヤコプ・ルートヴィヒ・フェリクス・メンデルスゾーン・バルトルディ Jakob Ludwig Felix Mendelssohn Bartholdy となったのだが、フェリクスは Mendelssohn と Bartholdy のあいだにハイフンをつけなかったという。これは、自分と伯父の名前とは直接つながりがないということをアピールしたかったためともいわれている。

フェリクスは、生涯、フェリクス・メンデルスゾーンという名前を使い続けたが、ドイツでは、常にフェリクス・メンデルスゾーン－バルトルディと、ハイフンつきで記載されていた。

ちなみに同時代、ユダヤ人嫌いで有名だったリヒャルト・ヴァーグナー Richard Wagner はメンデルスゾーンのことを徹底的に批判している。この十九世紀に、すでに、のちの迫害につながるような風潮があったのである。のちにナチス全盛の時代には、このヴァーグナーの曲がよく演奏されるようになった。

ユダヤ人にあからさまな迫害が加えられていた時代には、ゲットーの出身者と知られたくないという理由から本名を隠すこともめずらしいことではなかった。ニューヨーク・フィルの指揮者として有名なレナード・バーンスタイン Leonard Bernstein は、二十代のとき、作曲・編曲のペンネームに、レニー・アンバー Lenny Amber という名前を使っていた。ちなみにアンバーとはバーンスタインと同じく、「琥珀」を意味している。

彼がバーンスタインという名をなぜ隠したかというと、その町にはユダヤ人のゲットーがあり、その名前をもつ者はすぐにその町の出身のユダヤ人だとわかってしまうからだった。

また、映画俳優では、スコットランド系の名前を名乗るカーク・ダグラス Kirk Douglas は、ユダヤ系ロシア人であること隠すために、イズール・ダニエロヴィッチ・デムスキー Issur Danielovitch Demsky という名前を捨てた。

このようにしてユダヤ人たちの一部は民族の宗教を棄て、名前を変えてまでもヨーロッパに同化し、身の安全と落ち着いた生活を得ようとしたのだが、現実は彼らの思ったようにはならなかった。宗教がすべてを支配していた中世であれば、改宗すれば同じキリスト教徒ということで過ごすことができたかもしれないが、近代以降に社会的に成功し、財産を築いたユダヤ人の姿をまのあたりにするキリスト教徒にとっては、たとえ改宗しようと、ユダヤ人はユダヤ人に変わりはなく、その後も、誹謗、迫害、差別が続けられたのである。

しかし、二十一世紀を迎えてユダヤ人たちは民族の誇りを取り戻しているようにみえる。これまでの迫害の歴史のなかで培われてきた才能を花開かせ、経済、文化をはじめ、世界的な大役を担っているのはユダヤ人である。隠そうとしていた名前も、今日ではマスコミを通じて聞こえてこない日はない。

第8章

姓氏でわかった中国三千年史

中国・広西壮族自治区、桂林
石灰岩の浸食作用による奇観は、古来より、山水の題材として描かれてきた

名前をよんではいけなかった?

「お名前は?」と中国人に尋ねれば、いまでは、ほぼためらうことなく「我姓陳《ウォー・シン・チエン》、名子《ミンズ》叫秋菊《・ジャオ・チイウジー》（苗字は陳、名前は秋菊です）」といったように、本名を名乗るだろう。だが、昔は決してそうではなかった。

伝奇小説にこんな話がある。「昔、一人の書生が古寺に住んでいた。勉強していると自分の名をよぶ者がいる。返事をして振り向くと、なんとそこにいたのは人首蛇身の美女蛇であった。蛇は名前をよんで答えた人を喰ってしまうのだが、幸い和尚に見破られたので書生は助かった」。また、『紅楼夢《こうろうむ》』のなかで、家庭教師が女の子を教えている場面がある。彼女はある文字のところにくると、きまって発音を変えて読んだり、違う字を書いたりした。あとでその字が、亡くなった母親の名前だったことがわかるのだが、家庭教師は彼女の母親の名前を知らなかったのだ。というのも、昔、中国の女性の名前は家族しか知らず、他人には教えなかったうえ、生前の名前を死後は「諱号《しごう》（いみな）」といって、使うのをはばかったためである。

そのほかにも、名前をよぶと落馬するという迷信や、人に呪いをかけたいときには紙を人の形に切って相手の名前を書き、ナイフや針で突き刺すということもあった。

中国ではかつて、自分の名前が他人に知られると禍いが降りかかるとか、他人の実名を直接よぶのは非礼だという考えがあったのだ。

名前は呼称だから一つあれば十分なはずだが、中国人は、本名以外にいくつもの名前をもっていた。それは、「実名敬避」（相手の本名を口にするのは失礼なので避ける）の習俗による。これは古代中国以外にも世界のあちこちでみられたというが、相手が高貴であればあるほど直接身体に触れてはいけない、という考え方の延長線上にある精神的なタブーである。とはいえ実際には、本名を知らない、ということはあまりなかったのであろう。「実名敬避」の観念そのものは早くに薄れ、結果的に複数の名前をもつという習慣にその名残りをみせる程度となったのであろう。

また幼いときには「小名」、成年に達すると「字」、死んでからは「諡号《しごう》」というように、名前はその人のライフステージを示すものであるし、名前の多さは社会的地位の高さをあらわす指標でもあった。女性よりは男性のほうが、農民よりは知識人の方がより多くの種類の「名前」をもっていたのである。

たとえば孔子を例にとると、その姓は孔、名は丘、字は仲尼《ちゅうじ》、外号（あだ名）は孔老二、尊称が孔子であり、さらに諡号は、春秋時代から清代につけられたものまで合わせると、十以上もある。

中国人の名前を知るということは、つまり、中国の悠久の歴史、思想・観念、地域性、風俗を知ることでもあるのだ。

姓が先か氏が先か？

現代の中国では、氏と姓はほとんど区別されない。『現代漢語詞典』をひいてみると、「姓」は家族をあらわし、「氏」は姓、と説明されている。ちなみに日本ではフルネームのことを氏名というが、中国では姓名という。

姓と氏は発生時期が異なり、古代中国では、姓と氏は区別されていた。先に誕生したのは姓である。後漢に編纂された古字書『説文解字《せつもんかいじ》』によれば、「姓は、上において統《す》べる者なり。氏は、下において別るものなり」とある。古姓には、竹、虎、熊《ゆう》のようなトーテムに由来するもののほかに姫《き》、姜《きょう》、妊《にん》、妃《び》、好《こう》、姚《よう》といった女偏のものが多い。

これは古代中国が母系制社会であったことを示しているという。いわれてみれば、姓という字も女偏である。のちに母系制社会から父系制社会へと変わってゆく過程で、同姓のグループのなかの有力者がその族柄を示すために称したのが氏である。

周代には氏を決める方法がいくつかあった。たとえば、次ページの表に記したように、諸侯の君主やその子孫が、天子に国を封じられ、それぞれの国名を氏としたものがある。

諸侯が自国の卿、大夫に与えた封地（邑）名を氏としたものもあった。

それぞれの爵位に応じて与えられる土地は、公爵は国、侯爵は邑、伯爵は関、子爵は郷、そして男爵は亭とよばれるものだった。関、郷、亭、それぞれに任じられた者がどのような氏をもっ

おもな氏の起源

【国名】現在では正確な位置を示すことはできない。
魯（ろ）、晋（しん）、衛（えい）、蔡（さい）、曹（そう）、滕（とう）、燕（えん）、鄭（てい）、呉（ご）、魏（ぎ）、韓（かん）、何（か）、郭（かく）、管（かん）、焦（しょう）、滑（かつ）、斉（せい）、楚（そ）、宋（そう）、荊（けい）、陳（ちん）、趙（ちょう）、田（でん）、許（きょ）、朱（しゅ）、婁（ろう）、倪（げい）、楼（ろう）、越（えつ）、紀（き）、息（そく）
【封地（邑）名】
劉（りゅう）、馮（ひょう）、白（はく）、崔（さい）、鮑（ほう）、費（ひ）、商丘（しょうきゅう）、鍾離（しょうり）
【地方行政区分名】
［関に任じられた者］温（おん）、原（げん）、蘇（そ）、毛（もう）、甘（かん）、樊（はん）、祭（さい）、尹（いん）
［郷に任じられた者］裴（はい）、陸（りく）、閻（えん）、肥（ひ）、大陸（たいりく）
［亭に任じられた者］糜（び）、採（さい）、欧陽（おうよう）、兪豆（ゆとう）
【官名】 史（し）＝歴史書の編纂、席（せき）＝人事、帥（すい）＝将軍、銭（せん）＝財政、寇（こう）＝司法、宗（そう）＝祭祀をつかさどる、軍（ぐん）＝軍隊に属する役人、庫（こ）＝蔵の管理、校（こう）＝馬の管理、李（り）＝裁判官、司徒（しと）＝教育をつかさどる
司馬（しば）＝軍事をつかさどる
【職業】巫（ふ）＝占い師、卜（ぼく）＝占い師、陶（とう）＝陶工、匠（しょう）＝職人、優（ゆう）＝芸人

たかもこの表で整理してみた。

このほか、地名や姓、字（あざな）、名、諡名、爵位を氏にしたもののや、官職の名称、家業にちなんだものもあった。

秦の中国統一以前、姓は婚姻の規制（族外婚）をあらわしていた。つまり同じ姓のグループに属する人どうしは結婚できなかったのである。そして、氏は生まれた家庭の出身階級や社会的地位を示すものだった。

平民は姓や氏をもたず、貴族はその両方をもっていた。氏のような尊称をもつことは非常な名誉と考えられていた。氏を安全に保つことは、貴族階級の栄誉と地位を守ることだったのである。女性は姓を名乗った

が、男性は姓は名乗らず、氏を称した。

その後、人口の増加とともに分家が増え、次々と新しい氏が生まれた。全国に大量の、同氏同名が存在するようになった。そのために生まれたのが司馬や公伯といった複数の文字をもつ「複氏」である。

春秋時代、周朝が東遷すると、周王族の実力と威信は急激に落ちて新しい諸侯を封じられなくなり、姓を賜り氏を命ずる「賜氏制度」は有名無実のものとなってしまった。

戦国時代になると同姓・異姓の諸侯たちが戦乱をくり返し、かつての天子、そして諸侯という統治制度は崩壊し、本家は分家を制御する力を失ってしまった。貴族たちも、以前もっていたようなさまざまな特権を失い、姓・氏は単に家族をあらわす標識にしか過ぎなくなってしまった。混乱のなか、もとは別々のものだった姓や氏はしだいに一つになり、平民も姓をもつようになった。百姓という言葉は、春秋以前は、貴族一門を指したが、春秋以後は現在と同じように、一般庶民を意味する言葉となった。

中国人に多い姓は

前十一〜前八世紀頃の西周銅器の銘文にみられる姓はたったの三十しかなかった。

それが春秋戦国を経て、四、五百年のあいだに、姓は急増した。漢代の資料には百三十の姓が記載され、明代の文献には四千六百以上の姓をみることができる。このように歴史的な変遷を経て、現在、中国人の姓はおよそ六千といわれている。比較的多いものは二千から三千、そのなかでもよく使われるものは、二百ぐらいである。

宋代に、ポピュラーな姓を五百ほど集め、四字一行の韻文に編纂したのが「趙銭孫李、周呉鄭王……」ではじまる『百家姓』である。ことわざでは「張《ちょう》王《おう》李《り》趙《ちょう》 劉《りゅう》、天下に満つ」とか「陳《ちん》蔡《さい》李《り》林《りん》王《おう》で天下の半分」といったりする。

一九八二年の第三回全国人口統計調査によると、多い姓のトップスリーは王、李、張で、そのあとに劉、陳、楊、周、黄、趙、呉、孫、徐、林、胡、朱、郭、梁、馬、高、何《か》と続く。この二十の姓だけで、人口の半分以上を占めるという。こうしたメジャーな姓は大姓とよばれている。ついでにいえば李、王、張、劉は北方に多く、陳、趙、黄、林、呉は南方に多いといわれる。

日本人は、珍しい姓の人に出会うと出身地や由来を尋ねたりするが、中国ではそもそも珍しいとかユニークな姓の人に出会うことはめったにない。日本人が鈴木さんに「あなたはどちらの筋の鈴木さんですか？」と尋ねないように、中国人が「あなたはどこの李さんですか？」と尋ねることもまずない。

陳さんが、同級生の陳さんに対して、姓が同じだからといって特別な親近感をもつこともない。しょせんは他人なのである。くり返しになるが、人口およそ十三億もの中国で、わずか二十の姓が人口の半分を占めているのである。劉という姓の人で、ひょっとしたら本当にあの三国時代、蜀（現在の四川省）を治めていた劉備《りゅうび》の子孫だなんていう人がいるかもしれないが、清代に姓を劉と改めた北方の満州族の子孫だっているかもしれないのだ。

このように姓一つとっても、多くの由来があるので、姓をみたぐらいでは出身や家柄（格式）なんてものは到底わかりえないのである。

日本の小学校では、珍しい姓が嘲笑やイジメの原因になったりするが、中国ではそうしたことはない。みな似たりよったりの姓だからだ。それぞれの姓に対して特別良いイメージも悪いイメージももっていないのが普通である。逆に中国人が日本に来ると、ユニークな姓が多くて驚くそうだ。もし中国に「猪瀬さん」（猪は中国語ではイノシシではなくブタの意）」や「沼尻さん」などという人がいたら、それこそ大笑いされかねない。

稀姓の由来

大姓に対してマイナーな姓は稀姓とよばれる。稀姓はとくに少数民族に多い。

たとえば刀《とう》という姓は、明代の頃、姓をもたなかったタイ族に皇帝が下賜した姓である。下賜された姓は長いあいだタイ族の貴族だけがもちいてきたが、やがてタイ族のあいだで一般に使われるようになった。

また唐代に、蕃客（異民族や外国人）や胡人（特に西域、つまりペルシアあたりからやってきた外国人）のあいだで名前を中国風にする傾向がみられたが、出身や民族に由来する名を漢字で音訳したものもあった。

安は回族の姓の一つだが、これは出身国の安息国を姓にしたものである。ほかにも回族の姓には、妥《トウオ》、鎖《スウオ》、也《イエ》、麻《マ》などがある。清代の『清稗類鈔《しんはいるいしょう》』という本には、哩鼎《リディン》とか泪丁《レイディン》、密赤思《ミチス》、苫滅古麻里《シャンミエグマリ》というような珍しい姓が紹介されているが、あくまでも音をあらわしているだけで、その漢字から意味を読みとることはできない。満州族のあいだでは、清代になると、漢族の姓に変えることが流行ったが、伝統的には、「族＋姓氏」の長い姓が使われた。ラストエンペラーこと、宣統帝のいわゆる姓、愛新覚羅《アイシンギョロ》がそれにあたる（ちなみに、名前は溥儀《ふぎ》）。

時代の変化にともない、歴史上の稀姓は消滅したり、別な姓に変わったり、複音姓が単音姓に簡略化されたり、複雑な漢字の姓が簡単な漢字になったりした。『漢書』には、公上不害とか冥都、直不疑といった珍しい姓がみられるが、これらは今日の中国人にとってさえ、言われなければ姓とはわからないし、漢字をみてもまったく意味がわからない。すでに歴史上から消えてしまった稀姓なのである。

名門の家柄を示す

すでに述べたように、秦漢以降の姓氏の大変革以来、中国人の誰もが姓をもつようになった。そして実際、このときには、姓による貴賤の観念はさほど存在しなくなっていた。

ところが封建社会の統治者は、自分たちこそが名門の家柄だと示すために、ふたたび姓氏を利用しようとした。勲功があり、代々高官を出す家柄を門閥というが、姓氏に高低貴賤の別をもうけ、大姓を定めたのがいわゆる門閥制度である。この門閥制度は前漢末から隋唐まで続いた。たとえば漢代を通じての第一の大姓は劉であり、後漢には樊《はん》、郭、陰、馬が四大姓として権力を握った。

東晋では、僑姓の貴族が中原の名門とされ、唐代には滎陽《けいよう》の鄭氏、岡頭の盧氏、澤底の李氏、土門の崔氏という四つの名家があった。門閥制度によって、姓氏の高低は社会的地位、昇進、婚姻のすべてに深くかかわり、重要なポストは少数の家柄の出身者に独占されていた。貧しい家柄の者は、たとえ優れた人材であっても官吏になることは難しかったのである。

しかし、もちろん姓が劉であるからといって、その人たちがすべて名門というわけではなかった。同じ姓でも、皇帝に下賜された姓の者もいれば、なんらかの理由で改姓した者、引っ越しに乗じてこっそり大姓に変えた（冒姓という）者もいるからだ。

ただ今日でも、同じ姓であれば同じ祖先であるという「五百年前是一家」の観念はまだ残っているようだ。近親婚を避ける「同姓不婚」の習慣こそなくなったが、誰もが自分の姓のルーツに興味をもっており、名門の出であることを願うのだが、幸か不幸か中国人の姓は長い歴史のなかで、あまりにも複雑な変遷があったため、正確にたどることはほとんど不可能だ。家系図さえ書きかえられていることがよくある。ときどきテレビで一つの姓をめぐってそのルーツを紹介するという教養番組が放映されては好評を博している。しかし、それは逆に言えば人も自分も名前をみただけでは出身などわからない、ということを逆に示しているのかもしれない。

しかし、中国の多くの姓氏の原籍地は黄河流域といわれている。主なものを地図と表で次の見開きに示してみた。

中国人の命名法

名前には、しばしば親の思いや願いが託される。

裕福を願うときには、富、貴、福、禄という漢字を使ったり、出世を願って、昇、挙、登の字をもちいたりする。優秀な人物になるようにと願うときには、棟、傑、俊、才を、また、長寿を願うには、寿、松、あるいは、延年、千秋という名前、男らしさをあらわすときは、偉、雄、魁、武、虎、竜、博といった文字を使った。

また平安や健康を願うには吉、安、利、通、康、健、また倫理や道徳を重んじるようにと、徳、忠、孝、仁、義、礼、智、信、温、良、敬を、さらには宗族の繁栄と永続を願って興宗、耀先、継祖と名づけたりした。

女性にはしとやかさを願って貞、淑、静、潔、美しい女性になるように美、艶、嬌、珍、琴、花、芬蘭、梅、菊、蓮、薇、珠、霞、雲、月、玲、燕というような、人びとに愛された植物にちなんだ草冠、中国で太古から珍重された玉《ぎょく》にちなんだ玉偏の文字、あるいは、いい意味をもつ女偏の文字や花鳥風月にまつわる字が伝統的に好まれた。楊貴妃の小名（幼名）は、玉環（玉でできた腰におびる飾りの意味）である。もっとも楊貴妃の場合は、親の願いを託すというより、その

おもな姓の原籍（アルファベットは左地図内の位置）

a）太原（たいげん・山西省太原）＝王、郭、武、伏、祝、霍（かく）、宮、閻（えん）、弓、郝（かく）、鄔（う）、祁（き）

b）汝水（じょすい・河南省上蔡）＝周、袁（えん）、殷（いん）、斉、昌、平、和、藍（らん）、梅、盛、応

c）天水（てんすい・甘粛省天水）＝趙、秦、厳、姜（きょう）、皮、肖、尹（い）、強、秋、双、桂、荘

d）潁川（えいせん・河南省許昌）＝陳、鐘（しょう）、干、頼（らい）

e）隴西（ろうせい・甘粛省隴西）＝李、彭（ほう）、時、董（とう）、牛、辛（しん）、関、閔（びん）

f）扶風（ふふう・陝西省扶風）＝魯（ろ）、馬、万、竇（とう）、班、恵、井（せい）、法

g）平陽（へいよう・山西省臨汾）＝舒（じょ）、汪（おう）、解、欧、饒（じょう）、柴（さい）、巫（ふ）、敬、牟（ぼう）、来、丙、風

h）京兆（けいちょう・陝西省西安）＝宋、杜（と）、韋（い）、史、康、宗、於（お）、段、黎（れい）、車、米

特徴から名づけられたのかもしれない。

また、『金瓶梅《きんぺいばい》』のヒロイン、潘金蓮《はんきんれん》の名は彼女の足が小さかったことによる。中国では昔から纏足《てんそく》した小さな足を「金蓮」とよんでいた。

また、病気がちな子どもに鉄柱と名づけることもあれば、あまり立派な名前をつけると丈夫に育たないという言い伝えから、わざと「虫、愚、狗（いぬ）、矮（背が低い）」というような字を使うこともあった。

中国の民間の命名習俗はさまざまで、時代の出来事、生まれた季節（前節のように女性に多い）、出生地や身体の特徴にちなんだもの、願望や期待を込めたもの、五行法、排行法、字輩による命名などがある。

五行法とは占い師に見てもらい、五行（金、木、水、火、土）の欠けているもので

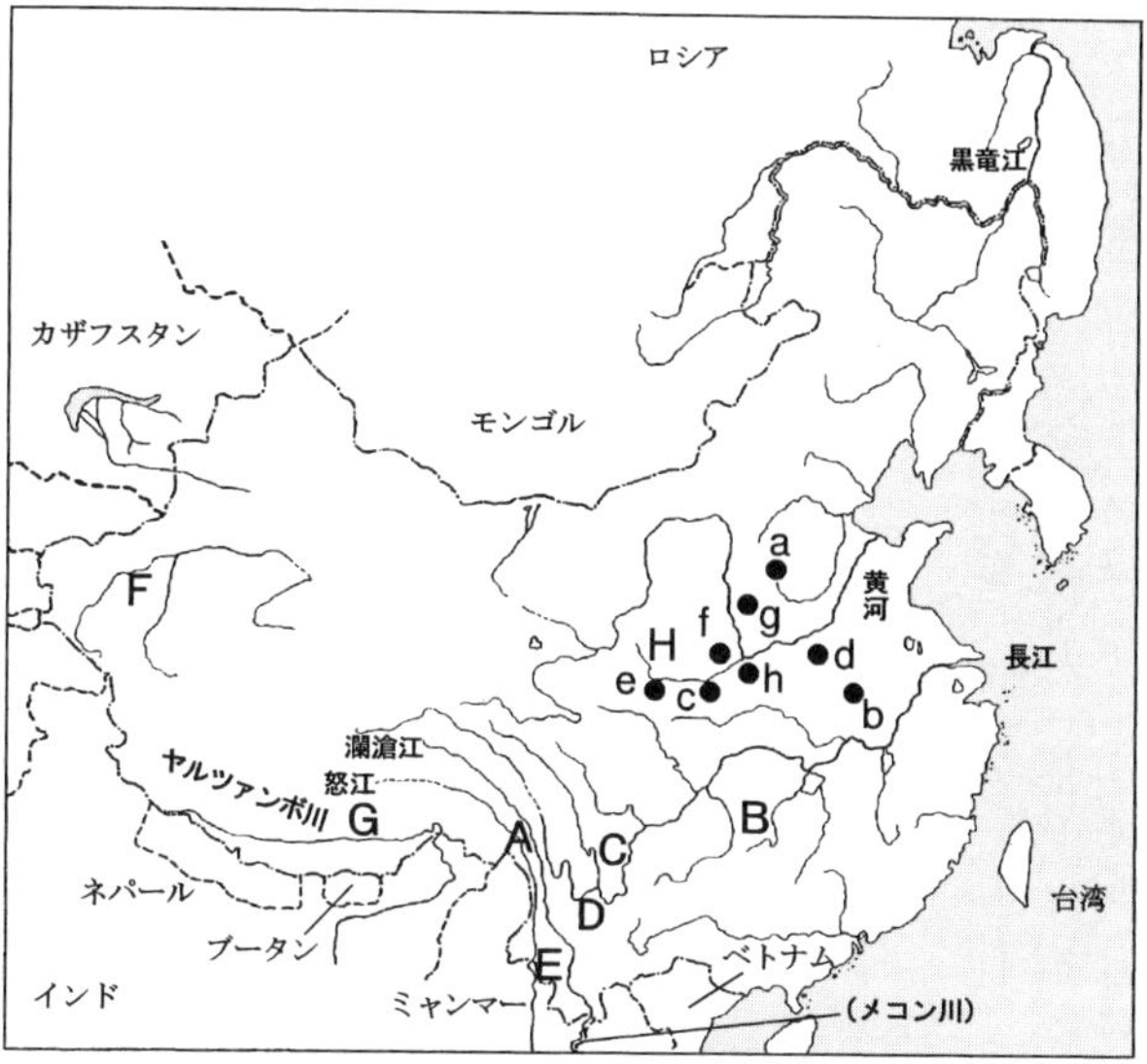

A：トールン族　雲南省西北部の高地に住む。
B：ミャオ族　貴州、湖北、湖南省、広西壮族自治区に分布し、地域によって特色が異なる。
C：イ族　四川、雲南省に広範に分布する。固有の文字を使うなど、独自の習俗をもつ。
D：ナシ族　雲南省を中心に四川省、チベットに分布する。トンパ教を信仰し、経典には象形文字のトンパ文字をもちいる。
E：ワ族　雲南省南西部からミャンマーにかけて分布する。宗教はアニミズム。
F：ウイグル族　新疆ウイグル自治区に住むトルコ系遊牧民で、ウズベキスタン、アフガニスタンに多く住む。中国国内では、都市部で貿易や教職にたずさわる人が多い。
G：チベット族　チベット自治区、青海、四川、雲南、甘粛省など、広範に住む。チベット仏教を信仰している。
H：回族　寧夏回族自治区をはじめ、中国全土に住む。シルクロードを通じて移住したペルシア人、アラブ人が祖先。イスラーム教を信仰する。

命名するという方法である。たとえば、魯迅の小説『故郷』に閏土《ルントウ》という人物がでてくるが、彼は閏月の生まれで、五行の土が欠けているということから閏土と命名された。

排行法とは、長幼の序列による命名法である。日本でいえば、太郎、次郎、三郎というようなもので、たとえば『水滸伝』にでてくる阮《げん》小二、阮小五、阮小七がそれに当たる。また、古代でよくもちいられたのは、長男から順に、伯、仲、叔、季である。

字輩は世代をあらわす決まった文字で、祖先あるいは地方の知識層に選定されたものだ。子孫はこの字輩にのっとって命名されるので、名前をみれば、その家系の何代目かがすぐにわかる。たとえば毛沢東の家系図をみると、清代・乾隆二年の七代目のときに、立顕栄朝士、文方運際祥、祖恩貽沢遠、世代永承昌という字輩が定められた。その後さらに二十の字輩が追加されたが、これによると毛沢東は一四番目、つまり二十代目ということがわかる。ちなみに彼の弟や妹の名は、毛沢民、毛沢覃、毛沢建である。

広大な中国には、漢族以外に、五五の少数民族がいるという。古くは、姓がなく、名前しかもたない民族も多かったというが、今日では、ほとんどが中国風（漢族風）、つまり漢字表記で「姓＋名」の形にした名前をもっている。伝統的なものをいくつか紹介してみよう。

トールン族のある女性の名前は「白麗《バイリ》・丁板《ディンバン》・頂《ディン》・阿克洽《アクチャ》・南《ナン》」という。白麗は族名、丁板は父の名前、頂は母の名前、阿克洽は愛称、南は姉妹の序列である。

父子連名制、母子連名制という名づけ方もある。

父子連名制は一種のしりとり形式による命名法で、系譜が覚えやすく、血縁関係を強めるといわれている。これはミャオ族、イ族、ナシ族、ワ族、ウイグル族などにみられる。四川の涼山イ族の例をあげると、古侯海子《グーホウハイズ》、海子黒得《ハイズヘイダ》というようになってゆくが、前の二字が父親の名前、後ろの二文字が息子の名前である。

チベット族は子供が生まれるとラマ僧に命名してもらうことがある。卓瑪《チョマ》（観音）、強巴《チャンパ》（弥勒仏）といった宗教的な名前のほかに、多欽《トチン》（大力士）、尼瑪《ニマ》（太陽）という名もある。貴族たちは自分たちの出自を誇るために、索康《スウオカン》、阿沛《アペイ》というように、出生地や領地名を名前の前におくこともあった。

イスラーム教を信仰している回族は、いまでは漢族の姓名を使っているが、そのほかに穆罕黙《ムハンマ》得《ド》などのイスラーム名ももっている。

紀元前二二一年、中国史上最初の統一王朝が成立した。秦の始皇帝である。

姓は趙、名は政の彼は、歴代の王朝の原形となる帝国組織を作りあげたが、自分の尊号についても考えをめぐらした。そして、殷周の君主は「王」であったが、秦の権威はこれをはるかにこえるとして「皇帝」と呼称することにした。

また、死後の称号である諡号（舜が堯に贈ったのが最初とされている）については、「このようなやり方は、子が父のおこないを議し、臣が君のおこないを論ずることで、いわれがない。今より、諡号の法をなくして、朕を始皇帝とし、後世は二世、三世とかぞえて万世にいたり、無窮に伝えることとする」(『史記』)とした。

しかし秦は三代で滅び、諡号は漢代になるとすべての皇帝に贈られるようになった。

しかも周から隋にかけては一文字か二文字であった諡号が、唐代に入ってからしだいに長くなっていった。最長は清の太祖ヌルハチ(努児哈赤)の「承天広運聖徳神功肇紀立極仁孝叡武端毅欽安弘文定業高皇帝」の二五文字である。

この諡号の意味は、「天意を受け、良運に恵まれ、道徳があり、神のごとく武勇に秀でた、初めての皇帝、最高の地位に立ち、仁や孝行があり、文武両道、人柄もよく、文化的に清の国を治めた尊敬すべき偉大なる皇帝」ということである。うがった見方をすれば、清朝が満州族の王朝であったことから、意識的にできるだけ漢族風にと気張ってつけた諡号かもしれない。

なお、年号を最初に制定したのは、漢の武帝である(紀元前一四一年の即位の翌年に建元を年号として制定)。年号は、古くは、一年の途中で改められることもあったが、南宋の頃から年の初めに改められるようになり、明代に入ってからは、「一帝一号」(ひとりの皇帝一代につき一つの年号)となった。中国史上一番長かった年号は「康熙《こうき》」(一六六二〜一七二二)である。

小名(幼名)

小名は乳名、小字ともいい、古代から現在まで、地位の如何にかかわらず受けつがれてきた習慣である。

もっとも、古代には家族だけが小名でよぶことを許されていたが、現在では、親兄弟や親戚はもとより、同級生でも小学生のときは、この小名を愛称として使っている。

芳芳《ファンファン》とか明明《ミンミン》というように同じ音を重ねた可愛らしいものもあれば、晋の成公のように、黒《ヘイ》臀《ビー》（黒い尻）といった身体の特徴にちなんだものや、丈夫に育つようにと、わざと汚い名前をつけられることもあった。小狗児《シャオゴー》（子犬）のように、名前が悪いほど避邪（魔よけ）になるという思いがあったのは日本と同じである。ブルース・リーの小名は小鳳凰だった。これは女の子の名前だが、幼い男の子の命を奪おうとする女の悪魔から守るために、両親がわざわざ彼を女の子の名前でよんでいたのだという。

文豪郭沫若《かくまつじゃく》の小名は文豹《ウェンバオ》であるが、これは彼の母親が、妊娠中に豹に左手を噛みつかれ驚いて目覚めた、という夢にちなんだ名前だという。

周恩来の小名は大鸞《ダールアン》。鸞《ルアン》は『山海経《せんがいきょう》』に出てくる吉祥・幸福の象徴の神鳥で、この鳥があらわれると、天下太平がもたらされるという。学問のある父親が、長男である周恩来の出世と周家の繁栄を願ってつけたというが、中国の偉人にふさわしい名前であろう。

字《あざな》と号

杜甫字子美（杜甫は字を子美という）と、漢文の授業で習ったことを覚えている人もいるだろう。あるいは三国志ファンならずとも、諸葛亮の字は孔明と知っている人も多いだろう。字《あざな》とは本名の他につける別名である。

字の歴史は、西周にまでさかのぼることができる。長らく一文字であったこの字《あざな》は、秦漢以降二文字が主流となり、長幼の序に基づいた排行や「子」などの美称はしだいに使われなくなっていった。そして唐、宋の頃から、文人や風流人が字《あざな》以外に号を使うようになった。

これは趣味的な別名である。李白ならば、字《あざな》が太白で、号は青蓮居士という。東坡肉《トンボーロウ》という豚の角煮料理を発明したのは蘇軾《そしょく》だが、この料理名は彼の号、東坡にちなんだ命名である。字も号も、他人がその人をよぶときに使う名前なので、自称にはもちいない。

字《あざな》をもっているのは、実在の人物とは限らない。『西遊記』のなかで「猪八戒《ちょはっかい》」という名前で親しまれている豚の怪物の本名は「猪悟能《ちょごのう》」である。くいしんぼうの彼が精進をやぶることがないようにと、三蔵法師がつけた字《あざな》が「八戒」なのだ。八戒は仏教用語で、「不殺生《ふせっしょう》」「不偸盗《ふちゅうとう》、不邪淫《ふじゃいん》、不妄語《ふもうご》、不飲酒《ふおんじゅ》」の五戒に次の三戒を加えたもの（ゆったりとしたベッドに寝ないこと、装身具をつけずに歌舞をみないこと、昼過ぎの食事をとらないこと）である。おさらいすると、他の二人は孫悟空と沙悟浄だ。

一九一一年の辛亥革命以降、中国では「一名（名前と字《あざな》を統一）主義」が推進され、しだいに字《あざな》は廃れていった。一般的には、一九二〇年代以降に生まれた人はほとんど字をもっていない。毛沢東の字は潤芝《ルンジー》あるいは潤之《ルンジー》だが、誰もそれが毛沢東の字とは知らないだろう。

新中国が生みだした名前

名前は、やはり時代を反映する。

一九四九年に新中国が成立すると、華、国、建、解、民といった字を使って、建国とか解放という名前が子供たちにつけられた。抗米期には抗美（中国語でアメリカは美国）、五〇年代中期には建設とか和平、大躍進の頃には鉄とか剛といった字を使った名や、そのものズバリ躍進という名前もあった。一九六〇年代初期の困難な時代には、自力、更生などといった名前も登場した。六〇年代中期には志農、学雷、学鋒などがあり、文化大革命時には文、紅、梅、軍、東、立、斌、衛、兵といった文字が多く使われ、文革、紅衛、造反、衛東、向紅、学軍といった名前が登場した。

ときとして、男女を問わず同じような名前がつけられたこと、文革期には、伝統的な二文字の名前を嫌って一文字の名前としたこともあったため、同姓同名が氾濫するということもあった。

八〇年代になると、そうした一文字名前の世代が親になり、自分の子供にも一文字の名前をつける人が多かった。そのため、同姓同名による混乱をさけるために、子供にはなるべく二文字の名前をつけ、あまりにも一般的すぎる漢字はさけるようにという記事が新聞に載ったこともある。

最近では、伝統的な名前とともに、建国、文革期の名前もあまり好まれず、女性であれば、従来あまり使われなかった媛《ユアン》、薇《ウエイ》、姍《シャン》、莉《リ》、娜《ナー》、琦《チー》、茜《シー》、蕾《レイ》、琳《リン》、璐《ルー》などという外国風の字（外国人の名前を音訳するときに使われてきたような漢字）が使われるようになっている。

また小名（幼名）風の名前が正式な名前として命名されるようにもなっている。とくに女性に多いが、麗麗《リリー》とか京京《ジンジン》というような、見た目にも美しく、響きのよい名前が好まれつつあるようだ。これも計画出産や一人っ子政策の反映といえるのかもしれない。

唐宋以前、男性と同じように名前をもつ女性もいた。晋の『華陽国志《かようこくし》』には、後漢の張覇《ちょうは》の妻司馬敬司《しばけいし》とか、王堂の妻文極《ぶんきょく》、字は季姜《ききょう》といった記載があるし、名前が記された女性作家や詩人も少なくなかった。しかし唐宋以降、男尊女卑の風潮が強まり、明・清時代には、たとえ烈女（貞節を守るために命をかけたり、夫の死に殉じた貞女など）であっても、本人の名前は記されず、夫の名前が残っているだけである。

旧中国においては、基本的に、女性は結婚前は「小名」でよばれ、結婚後は父親の姓の前に夫の姓を載せて、それを生涯の名前とした。生まれては親にしたがい、嫁しては婚家にしたがうということであり、女は個人としての存在ではなかったということである。姓は家族制度を支えるものとして機能していたので、当然ながら夫は結婚後も、自分の姓を変えることなく名乗った。

ただ一九一〇年以後の都市の知識層のあいだでは、女性も小名だけでなく、正式な名をもち、結婚後も通称として旧姓を使い続けることもあった。孫文の妻、宋慶齢《そうけいれい》や、蔣介石の妻、宋美齢《そうびれい》はその典型であろう。宋慶齢の結婚後の名は、戸籍上は孫宋慶齢である。また新中国以降は、男女平等の原則にのっとって「夫婦双方はそれぞれ自分の氏名を使用する権利」があるとされ、夫婦は別姓、同姓、冠姓などを選択できるようになった。

子供の姓についても、父母どちらの姓を名乗ってもよいことになっているが、実際には、ほとんどが父親の姓を名乗っているのが実情だ。

改名、筆名、変名

庶民から有名人にいたるまで、中国では改名が多い。ただ、姓の改名は非常に稀で、ほとんどは名前だけを変える。それは中国人にとって、姓がいかに大切かということをあらわしているともいえよう。そもそも名前は、親や他人がつけたものだから、必ずしも自分の気に入ったものとは限らない。そのため、そのときの情勢や自分の気持に応じて、名前を変えてきたのだ。

もっとも他人によって名前が変えられてしまうこともある。鄧小平は本名を鄧先聖《とうせんせい》といった。二人の弟の名が鄧先修、鄧先治というように、これは字輩にのっとって父親がつけた名前である。ところが学校にあがると、先生が、「かの孔子を聖というのに、聖人に先んずるとはけしからん」といって、勝手に希賢と改名してしまった。この名前を、彼は二十年間も使い続けたが、一九二七年、二三歳のときに彼は党中央の秘書に配属され、機密保持の必要から名前を小平と改めた。なぜ「小平」かについては不明だが、非常に平凡でよくある名前（「小」や「平」は人名にはよく使われる漢字である）として、この名を選んだのかもしれない。

映画監督の陳凱歌《チエンカイコー》のもとの名前は皚鴿《アイコー》である。「純白の鳩」を意味するこの名は、父親の懐皚という名前と、彼が生まれる少し前に北京でおこなわれた「アジア・太平洋地区平和大会」でピカソの描いた鳩が会議の象徴となったことに由来する。しかし身長が一八〇センチもあった彼は、その名前が自分には似つかわしくないと考え、中学のときに自分で凱歌と改名した。凱歌と暟鴿は字こそ違うが発音が似ているのである。

　ひとりの人間がいくつかの名前をもつこともある。たとえば作家は筆名を使うが、驚くほど多くのペンネームをもっていたのは魯迅《ろじん》である。魯迅の姓は周、名は樟寿《しょうじゅ》、字《あざな》は予山《よざん》（後に予才）。樹人と改名したのは南京の学校に遊学したときである。魯迅というペンネームを使いはじめたのは一九一八年に発表した『狂人日記』以降で、魯鈍にして迅速といった意味合いをもつ。母親の姓が魯であったことも少なからず影響していたのかもしれない。結局、彼は五六歳の生涯で、およそ百四十ものペンネームを使った。

孫文は、日本ではそのまま孫文の名で知られているが、中国では孫中山《そんちゅうざん》と尊称されている。

　それは孫文が、日本に亡命したとき、中山樵《しょう》という変名を使っていたことによる。彼が考案した人民服は中国では中山装とよばれ、中国の主要都市の大通りには中山路という名前がよくある。ヨーロッパでは孫逸仙（Sun Yatsen）というほうがポピュラーである。孫文の小名は帝象《ていしょう》、のちに文と改めたわけだが、陳文、陳載之《さいし》、呉仲《ごちゅう》、高達成、杜嘉諾《とかだく》や、高野長英にあやかった高野長雄といった偽名もあった。これらの名前は、お尋ね者になった孫文が身を守るための術《すべ》でもあったのだ。

しかし中国の現在の改名事情を法律からみると、昔ほどには融通がきかなくなっているようだ。法律では、一八歳未満であれば、本人、父母、保護者の申請によって、一八歳以上であれば本人の申請によって、改名が認められている。しかし中華人民共和国居民身分証条例では、一六歳以上はよほどの理由がない限り改名はすべきでない、と記載されている。

イングリッシュ・ネーム

李小龍、陳美齢、成龍、林憶蓮、劉徳華、黎明、周潤発、これらの名前をみて誰だかわかるような、相当の香港通である。片仮名で書けば、ブルース・リー、アグネス・チャン、ジャッキー・チェン、サンディ・ラム、アンディ・ラウ、レオン・ライ、チョウ・ユンファ。いずれも香港を代表するスターたちだ。台湾人でも、テレサ・テン（鄧麗君）、ヴィヴィアン・スー（徐若宣）などが英語名を使っているし、ビジネスマンのほとんどが英語名の入った名刺をもっている。

もとはごく少数の香港人エリートたちに限られていたイングリッシュ・ネームだが、一九六〇年代から七〇年代にかけて香港が急成長を遂げたことによって、英語が重視されるようになり、イングリッシュ・ネームが一般的になっていった。英語の授業のときに、先生が生徒に英語名をつけるパターンが多いという。またクリスチャンだと、洗礼名をそのまま使う人もいるし、両親がつける場合もある。むろんファースト・ネームだけで、姓はそのままである。

職場では、ふだんは、イングリッシュ・ネームでよび合うことが多い。中国名だと、あっちにも黄先生、こっちにも陳小姐と同姓が多くて混乱するのだという。香港人にとっても、複雑な漢字の名前より、英語の名前のほうが覚えやすいという。英語名は、ファーストフードの店員のネーム・プレートにもよく使われている。念のためにいっておくと、これはイギリス人に押しつけられたわけではない。あくまでも自然発生的な習慣なのだ。

イングリッシュ・ネームも世代を反映している。

かつては先生が『イギリス名前事典』を片手にヘンリー、スティーヴン、ピーター、ウィリアム、マイケル、スーザン、ジョディなどと、そこに出てくる名前をつけたことが多かったが、最近の若い世代はキティ、トマトなどという名前らしからぬ名前をイングリッシュ・ネームとして使っている人もいる。また、陳果《チャングオ》（映画監督）のイングリッシュ・ネームはフルーツ・チャン、名前を英訳してしまったというユニークな例である。

イングリッシュ・ネームの習慣は、中国本土から香港に来た人たちも「郷に入れば郷にしたがえ」で、しだいに取り入れていった。大陸で使う普通語《プートンホア》（標準中国語）と香港で使う広東語では、同じ名前であっても発音が違うが、イングリッシュ・ネームであれば、そんな混乱もおこらない。イングリッシュ・ネームは、まさに多言語地域における国際化の象徴といえるかもしれない。

第9章

先祖の名とともに生きる朝鮮半島の人たち

韓国・慶尚北道、安東（アンドン）の陶山書院
伝統的な李氏朝鮮時代の生活様式を残す安東にあって、陶山書院は儒学研究のために建てられた大規模な学校で、多くの著名な学者を輩出している

姓のはじまり

朝鮮半島には、代々の先祖が記録された「族譜」という壮大な家系図がある。族譜は、家族の始祖の話にはじまり、家族のなかで傑出した人物の功績を称え、始祖から現代にいたるまでの男性の名、字《あざな》、号、生没年月日、官職、墓所、配偶者と本貫（その姓が発祥した土地）が記載されている。韓国では、女性は結婚しても姓が変わらないが、族譜には、女性の名前はなく、ただ「女」などと記されていることが多い。

この国では昔から、同じ姓をもち、同じ本貫であることは、父系血族における構成メンバーであるという証《あかし》である。韓国人は絶対に守らなければならない約束をするときに、「破れば姓を変える」といって誓うほど、姓を大事なものとする。

現在、使われている中国式の姓が一般化してきたのは、中国から漢字が導入され、定着してきた七世紀以後と考えられている。『三国史記』や『三国遺事』では、高句麗・百済・新羅の始祖伝説にすでに中国式の姓が使われていたように記されているが、実際には神話上の話と解釈されている。

高句麗の始祖・朱蒙《チユモン》は国名にちなんで「高朱蒙《コチユモン》」と高氏を名乗ったり、百済では扶余《プヨ》族の始祖温祚《オンジヨ》は扶余氏という姓を名乗ったと伝えられている。

新羅の始祖は、天から光に包まれて降ってきたカボチャのように大きい卵から生まれたという伝説から、カボチャ（パク）を意味する「朴《パク》」、光り輝くを意味する「赫」で朴赫居世《パク・ヒョッコセ》となった。新羅では四代目の脱解王からは昔《キョ》氏、十三代目の味鄒王からは金《キム》氏に受けつがれ、朴氏、昔氏、金氏となるそれぞれの始祖伝説をもっている。

史書によると、三国時代は、始祖伝説に関係する者以外でいわゆる中国式の姓をもっている者はほとんどみられない。六～七世紀に登場する高句麗の武将は「乙支文徳《ウルチ・ムンドク》」、日本書紀に「伊梨《イリ》柯須弥《カスミ》」の名で登場する高句麗の権力者は「泉蓋蘇文《チョンゲソムン》」、七世紀の百済の軍官は「鬼室福信《クイシルポクシン》」に「階白《ケベク》」である。新羅の始祖の赫居世も別名は「弗矩内《プルクネ》」ともいう。

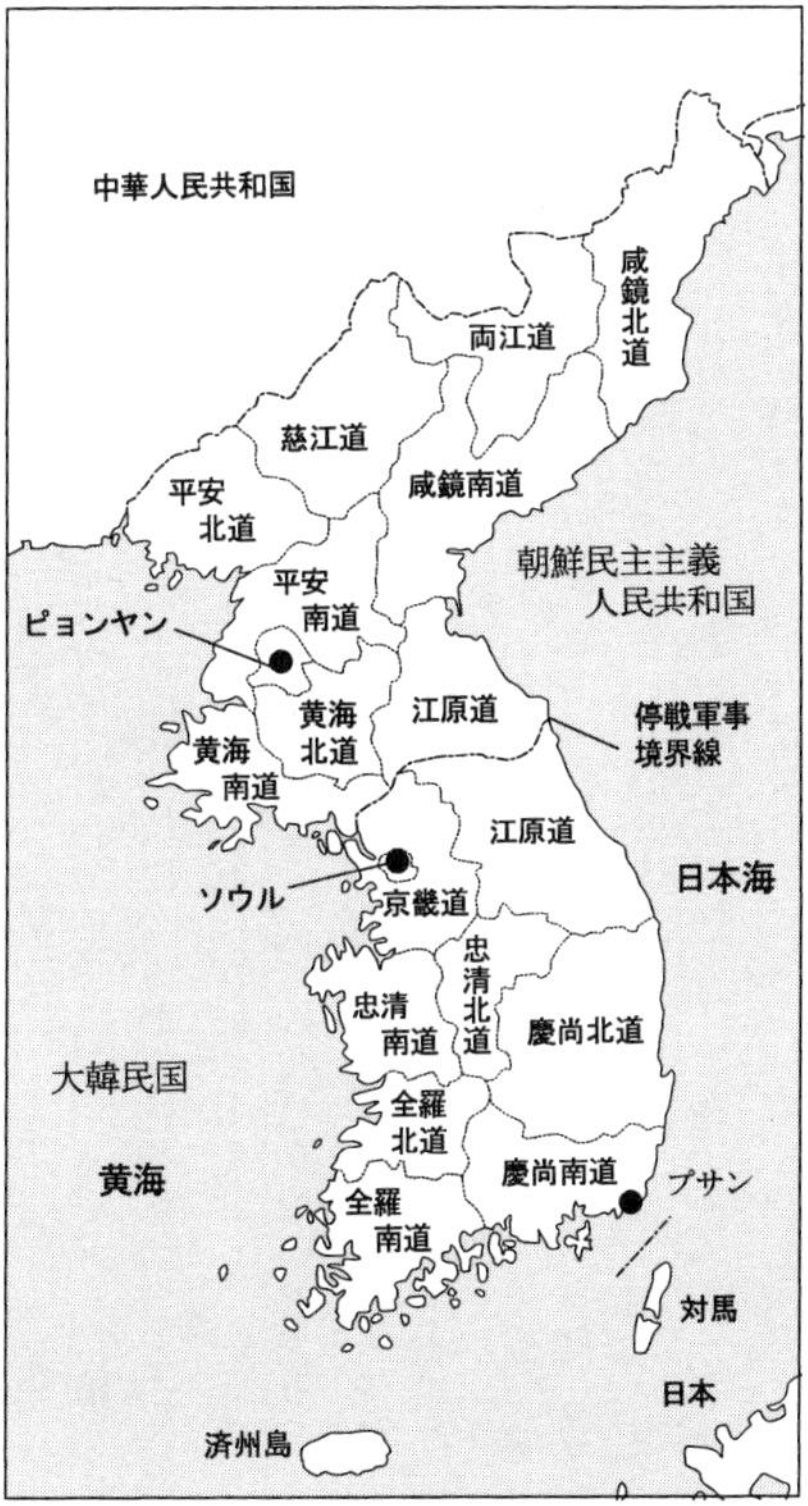

実際に、朝鮮半島で姓が生まれたのは、統一新羅時代になってからである。統一新羅の

王族、貴族が中国・唐の文化を取り入れるなかで、中国式に姓をもつようになっていったのだ。また、中国の姓をまねただけでなく、自分の住んでいる地名、周囲の山や川にちなんでつけられた名前もあったようだ。そして高麗時代になると、姓をもつことが一般化し、李朝時代には「経国大典」という戸籍台帳ができて、姓名制度が確立した。

一九八五年の調査では、大韓民国には二二五の姓しかないという。

韓国では、基本的に、姓は漢字一字である。朝鮮半島の姓に一字姓が多いのは、中国式の姓を取り入れたことと、李朝時代からの儒教的な影響で血筋を重視するために、一字姓の多い王族の血を引くと言われている金海《キムヘ》金氏、慶州《キョンジュ》金氏、密陽《ミリヤン》朴氏などの大族や、両班《やんばん》（貴族）の家系に帰属しようとしたためといわれる。例外的には南宮、司空、皇甫、夏侯、司馬、諸葛、西門、鮮于、東方といった二文字の姓もいくつかあるが、これらは「稀姓《きせい》」とよばれている。韓国人の姓名は、姓一字、名二字の三文字が多いが、なかには姓一字、名一字の二文字の人もいる。

一九八八年の調査によると、一番多い姓は「金」で、八七六万六千人、全人口の二二パーセントにものぼる。二番目は「李」で、五九八万五千人、こちらは全人口の約一五パーセントだ。三番目の「朴」は、三四三万六千人で、約九パーセント。この三氏を合わせただけでも、全人口の四六パーセントを占める。以下、多い姓は、崔、鄭、姜、趙、尹、張、林の順である。

そのなかでも、金氏は慶尚北道を中心に、慶尚南道、全羅南道、京畿道などに二百八十五の本貫（その姓が発祥した土地）があるが、同じ金氏でも、本貫の違う「金海金氏」と「慶州金氏」

などの場合は結婚が認められる。ただ例外として、「朴氏」は、本貫が違っても、祖先が同じだという言い伝えがあることから、「朴氏」同士の結婚は認められない。また、釜山付近に本貫をもつ「金氏」と「許氏」の場合も、神話上で始祖が兄弟だったという理由から結婚が許されないという。

日本人からすれば、同じ姓とはいえ、近い親戚でなければ、血のつながりはほとんどないのだから関係ないではないかと思うが、韓国人の場合だと、同じ姓、同じ本貫同士が出会っても、まずお互いを兄妹としか思えず、異性としての感情はわかないという。

韓国では儒教的なしきたりとして、長年、同じ姓で同じ本貫の男女は結婚することができなかった。民法八〇九条一項には「同姓同本内の婚姻の禁止」が定められている。韓国では、結婚できないことに悲観して、精神に異常をきたしたり、心中したり、同姓同本の夫婦の子供には戸籍が与えられないなどの問題が起きていた。この法律があるために、韓国では結婚の申告をできずにいた人々が数万人にものぼるといわれていた。

ところが、一九九七年七月に、八組の同姓同本の夫婦が出していた「民法八〇九条一項は違憲」の申し立てに対して、憲法裁判所が「憲法違反」の判決を下した。判決の理由は「婚姻の禁止規定は人間の尊厳と幸福追求権を保障している憲法の理念や規定に反し、婚姻の範囲を同姓同本の血族および男系血族以外に限定しているのは、平等の原則に違反している」とのことだった。

この判決に対して、年配者のなかには「民族の美風良俗を捨て、西洋の風俗に従うのはおかしい」という強い反発もあった。現在でも、民法に禁止規定は存在しているが、この裁判所の判決とともに、事実上、効力を失っている。

最近の日本では、人気のある名前は芸能人やスポーツ選手の名前であったりする。また昔から日本には、偉人の名前や尊敬する人の名を子供につける習慣もあった。

しかし朝鮮半島では、たとえば金大中大統領にちなんで「大中」という名前をつけることはないし、偉人や芸能人の名前をつけることもない。というのも、朝鮮半島の人の名前には、代々続く自分の血族の流れが示されているからである。朝鮮半島には、「虎は死後に皮を残し、人は死後に名を残す」ということわざがあるほど、姓名は自分の血族にとって大事なものである。韓国人の名前は二文字が多いが、その一字には必ず、血族に受けつがれてきた序列を意味する文字がつけられる。この文字を「行列字」という。同じ一族で同じ世代の者には必ず同じ行列字がつけられている。

たとえば、全斗煥元大統領の弟は全敬煥で、「煥」がこの行列字にあたる。

行列字は陰陽五行にしたがって、代々決められており、かわるがわる上下に必ず使われる。行列字は、何年かに一度、一族の識者が集まって、五行の「木火土金水」の五つの元素に基づいて、お互いに補い合うと考えられている「五行相生」の組み合わせのなかで、字画、文字の意味、音韻を考えながら決められる。行列字は、伝統的に、家を継承する男子だけにつけられてきた。たとえば、行列字が、

木＝東、火＝熙、土＝在、金＝鉉、水＝泰
と決められた家では、
(祖父) 東吉――(父) 仁熙――(子) 在寿――(孫) 成鉉――(曽孫) 泰元
のように、名前の上下に交互に行列字をつけて名づけられる。
行列字もふくめ、名前には、それまで祖先が使った文字は避けられ、日本やヨーロッパのように祖父や父の世代の名前の字をつけることもない。

日本と違って姓の数が少ない韓国では、同じ金さん、李さんをどのようによびわけるのか。名前でよべば区別がつくではないかと日本人は思ってしまうが、年長者を尊ぶ習慣のある朝鮮半島では、年上の人を名前でよぶのは失礼にあたる。

職場では、役職名に敬称のニム（様を意味する）をつけて、「金部長ニム」「李課長ニム」などという。職場以外では、姓の次に「～先生ニム」「～社長ニム」とつけてよべば、失礼にあたらない。女性に対しては、韓国語には「～君」や「～さん」にあたる言葉がないので、「氏」をつけてフルネームで「朴賢淑氏」などとよんだり、姓に英語のミスやミセスをつけて「ミス朴」「ミセス鄭」などとよぶことが多い。

金日成一家にみる名前の変遷

北朝鮮（朝鮮民主主義人民共和国）では、一九四九年以降、「日本植民地時代の残滓」である漢字表記を廃止したため、名前をふくめすべての表記がハングルのみになっている。日本では北朝鮮の人や地名を漢字で表記するが、誤って伝えられていることも多い。

姓をハングルで表記すると、「鄭」「丁」「程」は「チョン」、「石」「昔」「碩」は「ソク」、「韓」「漢」は「ハン」というように、同音異字の姓の区別がつかなくなってしまうのだ。また、父系血族によって守られてきた姓も、北朝鮮では、父親が反国家的犯罪を犯した場合、子供は母方の姓に変えられるという法律があるため、以前のような姓の継承方法はしだいに崩れつつあるようだ。

金日成・金正日一家の家族関係をみてゆくと、そのことがよくわかる。父親の金日成は、本名を金成柱《キムソンジュ》といったが、植民地時代の抗日パルチザンとして英雄扱いされるようになってから、金成柱は金日成を名乗りはじめた。金成柱の二人の弟は哲柱《チョルジュ》、英柱《ヨンジュ》だから、この世代の行列字は「柱」であったことがわかる。

息子の金正日は、金日成の「日」と母親の金正淑の「正」をとって正日と名づけられたといわれている。ロシア生まれで、両親とともにロシア、満州を転々とした幼年時代、彼は「ユーラ」とよばれていたという。「ユーラ」とは、ロシア語で「ユーリイ」あるいは「グレゴリイ」の愛称である。

一九四五年に第二次世界大戦が終わり、金日成が北朝鮮に戻ってからも、正日は家のなかではしばらく「ユーラ」、金日成は「ユーラパパ」とよばれていたという。朝鮮半島では、親になると「〜のお父さん」「〜のお母さん」と、子供の名前をつけてよばれる習慣があるので、北朝鮮にもそうした呼び方が残っていたのだろう。

一方、金正日の異母弟の名は、伝えられるところによると、平一《ピョンイル》、英一《ヨンイル》、成一《ソンイル》、清一《チョンイル》という。また、敬一《キョンイル》という妹もいる。この名前によると、息子世代の行列字は「一」である。金正日が正式に後継者になる前には、北朝鮮からの報道では「金正一」と表記されていたので、本名は「正一」であると考えられる。「一」と「日」をハングルでは同じように「イル」と読むが、金正日だけは、金日成と金正淑の正式な息子かつ金王朝の後継者であることを誇示するために、「正日」と改名されたのだといわれている。

行列字は、親の世代にその字が下についた場合は、息子の世代には上につくのが原則である。しかしこのように、共産主義国になったことで、儒教的な「行列字」の習慣も崩れつつあることがわかる。さらに、金正日の息子の名前は「正男」であるが、普通は親や祖先が使った漢字は避けられることが多いのに、「正」の文字が使われていることをみると、ここにも変わりつつある朝鮮の命名法がはからずもあらわれている。

犬の糞という名前

最近では、戸籍に記された名前だけが自分の名前であるが、昔の男性は本名以外にいくつもの名前をもっていた。

儒者などは号をもっているのが普通であった。李朝時代の有名な儒学者である李退渓《りたいけい》の「退渓」は号であり、本名は「李滉」といった。近代になると、戸籍制度によって名前は一つという人が多くなってきたが、本名のほかに号をもち、筆名などに使っている人はまだかなり多い。

昔は、生まれるとすぐに幼名がつけられ、成人すると字、号と、成長とともに名前が増えていき、亡くなると諡号《しごう》が与えられた。子供のときは幼名でよばれるが、そもそも幼名とは、衛生状態が悪く子供がなかなか育たなかった時代に、健康に育つことを願ってつけられた名前である。

日本のアイヌにもみられたことだが、悪い名前をわざとつけて禍いを避けるという意味合いもあった。たとえば、ケットン（犬の糞）、マルトン（馬の糞）、トンケ（雑種犬）などがある。また、動物にちなんだアジ（生まれたばかりの動物）、カガジ（子犬）、ケプリ（犬の睾丸）といったものもあった。また、子供の容姿からつけられたチャックム（小さい）、チョムペギ（痣）や、性格からつけられたトルトリ（くるくる動き回る）、生まれた場所にちなんだプオク（台所）などがある。

朝鮮半島では、世継ぎの男の子を望む習慣が日本以上に強い。

子供を一人しか望んでいない若いお嫁さんでも、第一子が女の子だった場合は、「男の子を産むまで頑張らなくては」と思うそうである。昔は、男の子を望んでいたのに女の子が生まれた場合、次に男の子の出生を願って、その女の子に希男（男の子を望む）といったように、名前に「男」の字を入れたり、摂々（遺憾）、バリ公主（捨て姫）などと名づけることさえあった。

創氏改名で生まれた名

日本の植民地統治下にあった一九三九年、「創氏改名《そうしかいめい》」がおこなわれ、それまでの朝鮮姓を日本式の氏姓に変えることを強要された。朝鮮人は、当然、これに激しく抵抗して、当時の朝鮮総督府長官であった南次郎の名をもじり、自分のほうが兄として上にいるという意味をこめて、「南太郎」と名乗った人もいた。

しかし、たいていは、なんとか祖先からの姓を生かそうと工夫した。たとえば、本貫や出身地からとった姓としては、金を「金海、金光」、申を「平山」、沈を「青松」などと変えた例がある。姓の漢字をふくめたものには、「金田、金本」「安田」「李本」「朴本」、崔は上の山をとりいれて「山田」としたものがある。先祖の由来がちなんだものには、密陽朴氏が新羅王の伝説からとった「新井」がある。これは新羅王が蘿井《ラセイ》のほとりから発祥したという故事にちなんでいる。また、林や南などはそのまま日本語の読み方に変えたりした。

朝鮮半島は父系血族社会であったため、男性には先祖代々伝わっている行列字があるが、女性には行列字がつけられることは少なく、昔は個人名さえない場合も多かった。

女の子が生まれると、女性らしさをあらわす意味で、「春、礼、蘭、順、姫、娘、玉、純」といった漢字が使われたが、たいていは、ただのよび名としてアギ（子供の意）、小斥者（小さい子供）、後方（女性の部屋）、処女、小伊（小さい子供）、点白伊（顔に点のある子供）、大女、小女、熊女、金女、玉女などとよばれる場合が多かった。戸籍制度が整ったいまでも、七十歳以上の女性のなかには、その頃のよび名のまま戸籍登録されているため、「女」の字がつく名前や、女を意味するハングル名の人もみられる。

現在、五十代以上の女性の名前には、親戚に一人は必ずいるというほど、「子」のつく名前が多い。全斗煥元大統領の夫人は李順子《イスンジャ》であり、歌手の李美子《イミジャ》、金蓮子《キムヨンジャ》などもそうである。

朝鮮半島の女性に、日本女性の名前のように「子」がつくようになったのは、日本の植民地時代の影響であるが、その原因が創氏改名にあるため、「植民地政策の悪しき残滓」との指摘も多い。

しかし一方では、文化人類学者の崔吉城氏のように、「子」がつくのは創氏改名以後ではなく、「それより以前からの日本の影響」と指摘している人もいる。

日本式の「子」のつく名前は、創氏改名後もそのまま使われているが、一九四一年に刊行された『創氏年鑑』（朝鮮新聞社）によると、明子、政子、英子、正子、美子、栄子、貞子というような「子」のつく名前は、創氏改名以前に、すでに全体の二八・六パーセントもいたという。

戦後、韓国では、日本の植民地支配を清算するために、「子」のつく女性の名前を変えるよびかけがおこなわれたというが、現在でも五十代以上の女性は「子」のつく名前のまま暮している。

主形《ジュヒョン》の意味がわかりますか

日本の小学校の教科書で、最初に出てくる名前が「太郎と花子」だとしたら、韓国では「チョルスとヨンヒ」である。

韓国で一九九八年に公開された「美術館の横の動物園」という映画では、主人公のチュニ（女性）とチョルス（男性）がお互いの名前を「古臭い」とけなしあう場面がある。

子供が生まれると、親や祖父がその子の名づけ親となることが多いが、昔から「作名所」に駆け込むことも多い。作名家に生年月日や陰陽五行などで占ってもらい、行列字と合う縁起のいい名前をつけてもらうのである。最近では、名前にこめられた意味などはあまり重視されず、漢字の意味よりもまず語感で名前がつけられることが多い。男の子の場合は、決められた行列字に基づいて名づけられるのでバリエーションは限られるが、女の子の場合は漢字の意味や語感で女の子らしい可愛い名前をつけることもある。

今の五十代以上の女性には、順子、明子、貞子など「子」のつくものや、明淑、貞淑、賢淑などといったように、「淑」のつく名前が多かったが、現在では「古臭い感じがする」と、若者には不評である。二、三十代では、智《ジ》、賢《ヒョン》、延《ヨン》、政《ジョン》といった漢字を組み合わせて、「ジョン」「ジヒョン」「ジョンヨン」「ジョンヒョン」のような女性らしい柔らかい語感を重視した名前がつけられている。

最近では、漢字で表記できないハングルだけの名前が多くなっている。たとえば、ソラ（ほら貝）、ハヌル（天）、パダ（海）、ハンセム（大きい泉）、ボラ（紫）など、自然や動植物や色の名前をつけたりするが、特別な意味はなく、語感だけでつけられている。日本でもみられるように、国際化の時代に外国でも通用するようにと、「ナナ」「リリ」といった西洋人風の名前も増えている。

韓国人はクリスチャンが多いので、伝統的な作名方式にこだわらず、聖書に登場する聖者の名前をとって、「ハンナ」「パウロ」「ヨハン」などとつけたり、行列字とキリスト教にちなんだ言葉を組み合わせて、主形《ジュヒョン》（キリストの形）や燦孝《チャンヒョ》（燦はキリストを称える漢字）と名づけたりもしている。

第10章 アジア・アフリカの人名地図

エジプト・カイロ
古代エジプト、キリスト教、イスラーム教と大きな文化の舞台となってきた

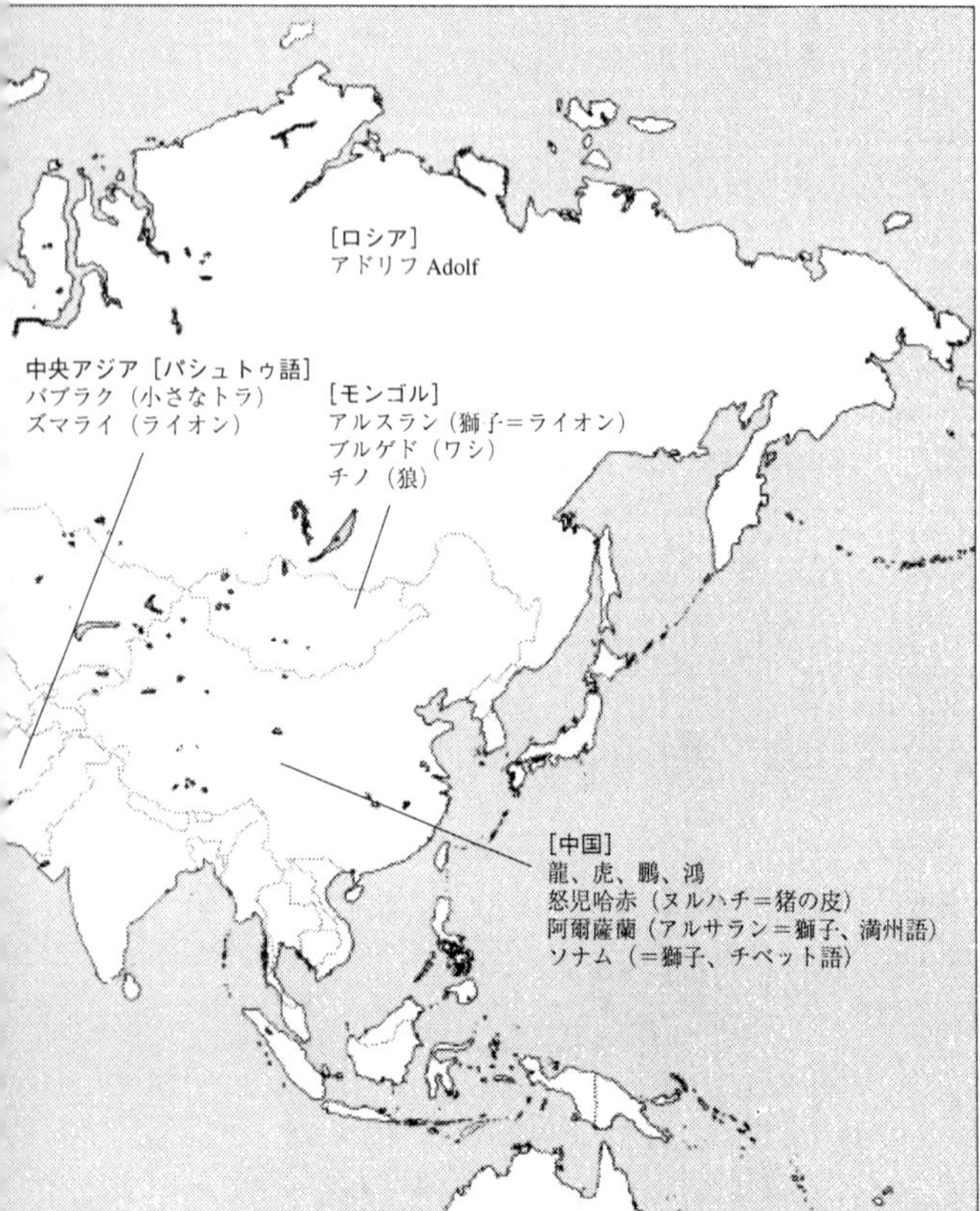
[ロシア]
アドリフ Adolf
中央アジア［パシュトゥ語］
バブラク（小さなトラ）
ズマライ（ライオン）
[モンゴル]
アルスラン（獅子＝ライオン）
ブルゲド（ワシ）
チノ（狼）
[中国]
龍、虎、鵬、鴻
努児哈赤（ヌルハチ＝猪の皮）
阿爾薩蘭（アルサラン＝獅子、満州語）
ソナム（＝獅子、チベット語）

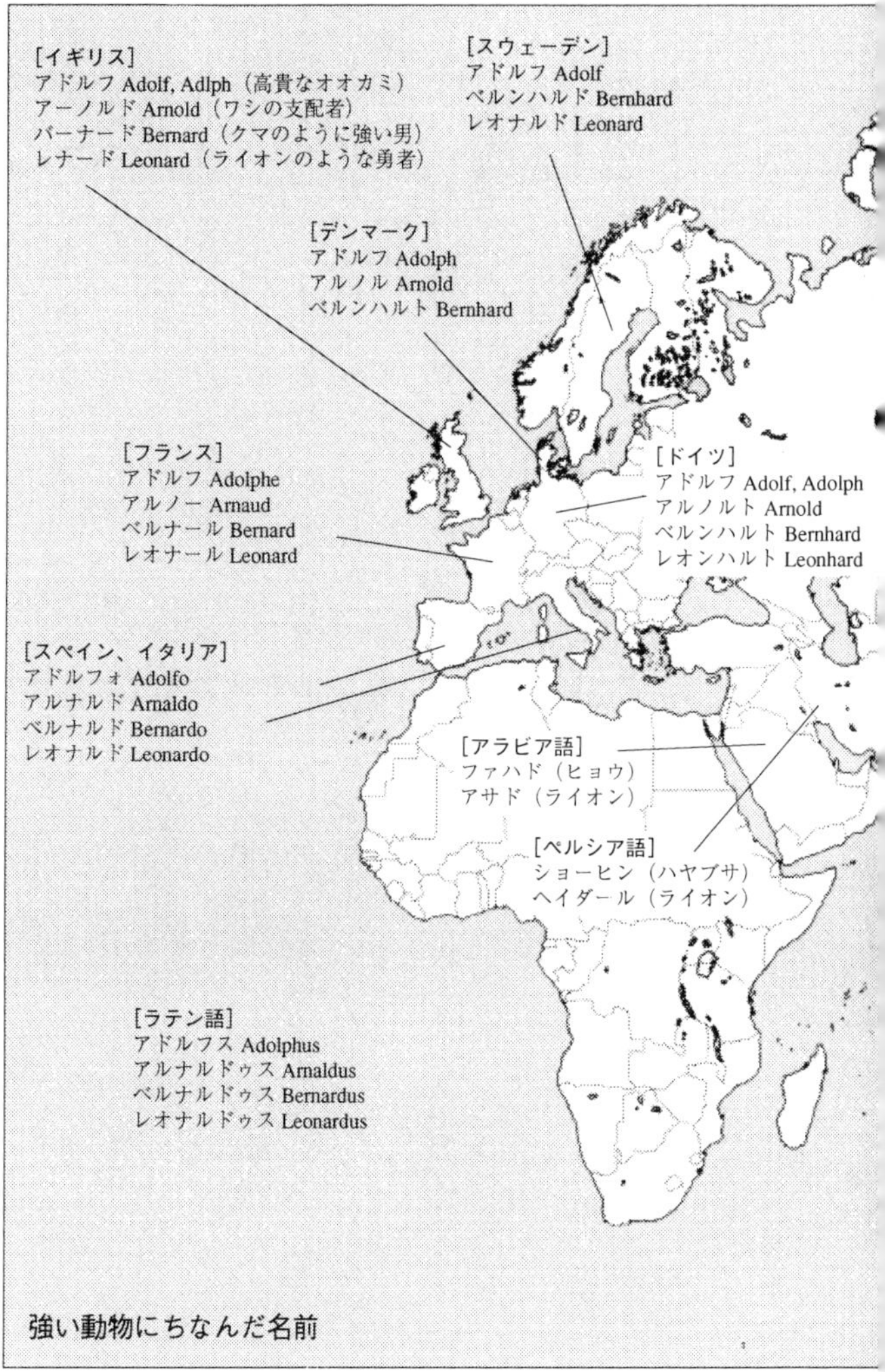
[イギリス]
アドルフ Adolf, Adlph（高貴なオオカミ）
アーノルド Arnold（ワシの支配者）
バーナード Bernard（クマのように強い男）
レナード Leonard（ライオンのような勇者）
[スウェーデン]
アドルフ Adolf
ベルンハルド Bernhard
レオナルド Leonard
[デンマーク]
アドルフ Adolph
アルノル Arnold
ベルンハルト Bernhard
[フランス]
アドルフ Adolphe
アルノー Arnaud
ベルナール Bernard
レオナール Leonard
[ドイツ]
アドルフ Adolf, Adolph
アルノルト Arnold
ベルンハルト Bernhard
レオンハルト Leonhard
[スペイン、イタリア]
アドルフォ Adolfo
アルナルド Arnaldo
ベルナルド Bernardo
レオナルド Leonardo
[アラビア語]
ファハド（ヒョウ）
アサド（ライオン）
[ペルシア語]
ショーヒン（ハヤブサ）
ヘイダール（ライオン）
[ラテン語]
アドルフス Adolphus
アルナルドゥス Arnaldus
ベルナルドゥス Bernardus
レオナルドゥス Leonardus
強い動物にちなんだ名前

アジア・アフリカの命名事情

これまでみてきたとおり、ヨーロッパや東アジアの人名には、長い歴史を通して養われてきた規範があった。またのちに述べるが、アラブ諸国は、伝統的には姓、つまり氏族名や家名ではなく、父祖の名を連ねることによってその出自をあらわしてきた。

名前のあり方は、民族固有の文化の反映である。地球上の四分の三を占める地域は、キリスト教文化かイスラーム文化か漢民族の文化の影響下にあり、それぞれ名前の規範が整えられてきた。しかし残る四分の一は、少なくとも近代までは、各民族が名前についてもっていた固有の伝統を守ってきたのである。

ただ、いわゆる「第三世界」のなかでも、ラテンアメリカなどでは、キリスト教文化とともにスペイン語かポルトガル語、あるいは英語が浸透したことによって、国によっての差はあるものの、個人名と姓というヨーロッパ的な組み合わせが定着している。

しかしアジア、アフリカやオセアニアの島々には、姓がなかったり、同じ家族でも違う姓だったり、個人名が何度も変わったりするなど、私たち日本人の常識ではわかりにくい慣習をもつところも多い。

アジアとアフリカの国々は、その圧倒的多数が多民族国家である。それぞれが固有の言語や習慣をもつ民族集団であれば、名前のあり方も、当然、多様なものとなる。また、姓名に関する法律をとくにもうけていない国も多い。

サハラ以南のブラック・アフリカでは、表面的には、広範囲にキリスト教がいきわたっているようにみえるが、そこで使用されるクリスチャン・ネームをヨーロッパの聖人名と同じように考えることはできない。またインドでは、ヒンドゥー文化が、民族集団ごとの多種多様な伝統をまとめる役割をになうが、名前に関しては、一般に神の名前にちなんだものがよく使われるというくらいのことしかいえない。アフリカの名前、あるいは東南アジアの名前とはこういうものだ、という一般論は成り立たないのだ。それどころか、北インドではと限定してみても、やはり体系的にきちんと述べることは難かしい。

そうした事情から、これらの地域については、情報がどうしても断片的になってしまう。私たちの手の届く範囲で、こうした地域の命名事情についてみてゆくことにしよう。

まず、近いところで、アイヌの人びとの命名についてみてみよう。

かつてアイヌの社会では、名前がつけられるのは四、五歳になってからであった。これは日本に七五三の習わしがあるように、医療がまだ未熟だった時代の幼児死亡率に理由があるのだろう。

こうした考え方は赤ん坊の呼び名にもあらわれている。生まれたばかりの赤ん坊はテイネプ（べちゃべちゃ濡れているもの）とよび、座れるようになるとションタク（糞の塊）とよばれた。これは汚い名前で子供をよぶと、魔物も嫌がって近寄らないと考えられたからである。

アイヌは魔物が人間と同じように、汚いものや臭いものを嫌うと考えていたようで、赤ん坊の揺りかごの吊り紐にひどい臭いを放つエゾウワミザクラの樹皮を編んだものなどを「お守り」として吊り下げたという。なかには、兄弟がみな早死にするのでトウルシノ（垢だらけ）と名づけられた女性もいた。

アイヌに限らず、個別の名前をつけることは、子どもを、人間として「存在させる」ことだと考えられている。

だから反対に、個別の名前がなければ「存在しない」のであり、存在しなければ魔物に見つかることもないと考えたのかもしれない。明治のはじめの戸籍調査で、レヘ・イサム（名無し）という名前が出てくるのはこうした事情による。

また、死者の名前も忌み嫌ったようで、同名または似た名前の死者が出ると、生者のほうは急いで改名しなければならなかった。おそらく病気などをもたらす魔物がその名前を気に入ったと考えたからであろう。

そうでなくとも、同名はなるべく避けたようで、とくに、妻は夫の名前をよぶことが許されていなかったので、子どもには夫と同じ名前はもちろん、似た名前をつけることも避けた。また、他人と似た名前をつけると、その人にいくはずの災難が間違って降りかかるとも考えたようで、とにかく独創的な名前をつけることを心がけたようである。そのためアイヌには、民族を代表するような名前が存在しなかった。

子供が四、五歳になると、それぞれ固有の名前が与えられることになるが、たいていはその子供の性格や癖、その子にまつわる出来事にちなんで命名された。

たとえば、話すのが上手なのでチャンルラ（言葉を運ぶように達者に話す）、涙を流さずに泣きわめくのでサッチシ（乾いて泣く）、また家族が出かけた後、凍え死にしそうだったのをある老婆が温めて助けてくれたというので、フッチルレ（おばあさんが溶かす）とつけられた名も記録されている。

北海道では、明治四年の戸籍法によって日本名に改名させられ、アイヌの人たちも、一般の日本人のように姓をもつこととなった。しかしつけられた名前は、実にいい加減なもので、血縁関係がなくとも同じコタン（村）のものには同じ名字をつけたり、山の中なので「山中」だとか、名前を考えた日が寒かったので「北風」などということさえあったという。また、元国会議員萱野茂氏で有名になった萱野や貝澤のように、地理や自然環境による命名も多かった。

「スー・チー女史」はなぜ間違いか

一九九一年のノーベル平和賞受賞者で、ミャンマー（ビルマ）民主化の指導者であるアウン・サン・スー・チー女史のことを、日本の新聞は「スーチー」女史と書いているが、これは実はミャンマー人に対しては失礼な書き方である。というのも、ミャンマーには姓はなく、名前しかないのだ。つまり、アウン・サン・スー・チーは全部合わせて一つの名前なので、その一部分だけを取り出すことはできないのだ。

姓はないが、複数の名前をもつことは、ミャンマーの人口の七割を占めるミャンマー人の伝統である。ただし、アウン・サン・スー・チーのように父親（アウン・サン将軍）の名前をつけるのは例外的だ。ちなみに「アウン」は「勝利」「成功」、「サン」は「珍しい」「驚くべき」ということである。また、「スー」は父親アウン・サン将軍の母であるドー・スーからとったものであり、「チー」は「澄んでいる」という意味だ。

第二次世界大戦中のインパール作戦、そして映画「ビルマの竪琴」などで、ミャンマーは、日本人にはなじみの深い国だ。敬虔な仏教徒が国民の大部分を占めている国だが、その名づけ方には、占星術が大きくかかわっている。

伝統的にミャンマーでは、赤ちゃんが生まれると、その子に名前をつけるためには、生まれた曜日や時刻だけでなく、厳密には、分、秒までもが必要とされてきた。

その時刻をもとに、地位の高い僧侶などが占星術にしたがって「ザーター」というホロスコープ（出生票、天宮出生票）を作成する。生年月日や天空の状態を彫り込んだザーターは、ミャンマー人の人生の出発点であり、その後の人生の節目節目で重要な役割を果たすことになる。たとえば結婚のときに、相手との相性を調べるためにザーターを持ち寄ったり、病気にかかったときにもザーターをみて、患者に合った治療法を考えることもあったという。

実際には、文字、数字、惑星、方角、守護する動物と四要素（火、土、風、水）を定めた表が原則となる。

命名にあたっては、生まれた曜日（水曜日は午前と午後に分けられるため八曜日）によって決まっているイニシャルからはじまる名前をつけることがほとんどだ。たとえば、「ダリ」という名前は、「ダ」ではじまっているため、土曜日生まれで、守護神は龍とすぐにわかる。

ちなみにミャンマー人は、パゴダ（仏塔）で祈りをささげるときにも、自分の名前に込められた曜日の方角に向かって礼拝する。パゴダには、八曜日それぞれの方角があり、曜日ごとの守護神がまつられているからだ。

占星術が個人名を決めるという習慣は、インド、とくにアーリア系の民族が多く住む北インドなどでもみられる。

ミツバチ、カボチャとよばれる子供たち

スペインによる植民地支配の時代に、多くの人びとはフィリピン固有の名前を捨てて、スペイン風のキリスト教の聖人にちなんだ名前をつけるようになった。

姓の使用も広まったが、当初は何の規則もなく、同じ家族なのに姓が違ったり、同じ地区では同じ姓ばかりといったような混乱が生じた。そのため一九世紀半ば、スペインのクラベリア総督は、キリスト教の修道会に作らせた「アルファベット順姓カタログ」を配布して、フィリピン人家族に姓の採用を命じた。

ところが、このカタログが全地域に均等に配布されず、ある地域にはAからFまで、ある島に

はDからHまでと、ばらばらに配布されてしまったため、地域によって姓の偏りが生じてしまった。そのため、サン・ホセやクルス、サントスなどのように、全国的に使われている姓もあるが、場合によっては、姓でどの地方の出身かがわかることもあるという。

「カタログ」によらない姓としては、フィリピン固有の姓やムスリムの姓がある。

フィリピン固有の姓にはマナロ（勝つ）、ダキラ（偉大）、アラウ（太陽）、スムロン（前進）といったような勇ましい姓が多い。またタン、ディー、リーなどは、華僑・華人の姓だ。コラソン・アキノ元大統領の旧姓コファンコ（許華公）をはじめ、チュウ（周）、ディ（李）、ラオ（劉）など、さまざまな中国姓が知られている。おもに福建省系の中国人の名前が多いという。

フィリピンの国民的英雄ホセ・リサール José Rizal の姓リサールは、彼の父が、スペインから押しつけられたカタログを無視して創ったリシアル Ricial（草原）という姓に由来する。

ミツバチにカボチャ、カエルに象に豚――タイの人びとには本名のほかに愛称やあだ名がいくつもあり、ふだんの生活では、本名よりもこの愛称のほうがよく使われる。本名は学校や役所などの公式的な文書に使われるだけで、何かのきっかけがあるまで親友の本名を知らなかった、ということは決して珍しいことではない。

タイの人びとは、一九一二年の「姓名法」以来、姓と名前をもつようになったが、姓は日常的にはほとんど使わない。個人名は、タイ文化の底流にあるサンスクリット語からとったものが七、八割を占める（サンスクリット語の名前については、大索引の末尾を参照）。

男の子には男らしく力強く、さらに大きく成長するようにとの願いを込めて、「勝利」や「力」を意味するナロン、キティサック、「幸福」や「発展」を意味するピシット、ブンロート、チャイスック、ソムサックといった名前がつけられる。女の子には、やはり女性らしく「美」を意味するウィモンワン、タッサニー、プレーンピット、「花」や「木」をあらわすカモンワン、オーイティップ、オーラピン、「自然」を意味するサシトーン、ウサー、「心」をあらわすチットサーイ、ドワンチャイといったような名前がよくつけられる。

しかしこうした本名は、目上の人に敬称つきでよびかけるとき以外はあまり使われることがなく、親しい者どうしや年下の人間に対しては、はじめに紹介したような奇妙な愛称でよぶほうがふつうなのだ。女性の愛称のプン（ミツバチ）ちゃん、クン（エビ）ちゃん、メーオ（猫）ちゃんや、男の子のチャーン（象）君、タオ（カメ）君、ケン（上手）君などは、愛称としてさほど違和感はない。また、レック（小さい）ちゃん、ウワン（肥満）君など、幼い頃を想像させる愛称や、チャイディー（親切）君、ニムチェン（にこやか）さんなどという愛称もある。

だがチャイダム（意地悪）君、ヤイサム（いつも大きい）さん、カーイモエ（ボクシングジム）さんという愛称でよばれる子も少なくなく、その由来を聞くと思わず笑ってしまうことがある。

こうした奇妙な愛称の背景には、タイ独特の「精霊信仰」がある。

タイ人は生まれてすぐ死ぬ子は、ピー（精霊）が連れ去ってしまうためだと考えており、人間の子どもが生まれたことをピーに気づかれないようにするため、そして赤ちゃんの名前をうっかりよんでしまってもピーがわからないようにと、豚のような動物や昆虫の名前、身体の特徴などを愛称にするのだという。

イスラーム教徒のなかにも、本名を知られると悪霊にとりつかれると考える人びとがいるが、このような呪術的な観念は、前にも述べたように、他人と同じ名前をつけないとか、わざと汚い名前をつけるという発想にもつながってゆく。

サンコンとゾマホン

アフリカ人の命名習慣は、地域、宗教、民族集団によってさまざまだが、ここではマスコミを通じて日本でよく知られた二人のアフリカ人の名前を紹介しよう。

オスマン・サンコン氏は本名オスマン・ユーラ・サンコンという。

母国ギニアはフランス語を公用語とし、住民の九割近くがイスラーム教徒である。ギニアでは、オスマンはイスラーム教徒の名前として、イブラーヒームなどとともに好まれる名前だという。二つめのユーラは、共同体の首長だった祖父の名前で、サンコンは姓だ。ギニアでは、もともと姓をもたなかった人びとのあいだでも、サンコン家のように、数世代前の祖先の名前が姓のように固定化しつつあるという（オスマン・ユーラ・サンコン『大地の教え』）。

もう一人の有名人、ゾマホン氏は、本名をゾマホン・イドゥス・ルフィンといい、個人名はイドゥルス・ルフィン、ルフィンが洗礼名である。

母国ベナンはギニアと同じく西アフリカに位置する。両国とも一五世紀にポルトガル人が来航し、一九世紀末にフランスの保護領、一九〇四年にフランス領西アフリカに編入され、二十世紀後半になって独立を達成するという、よく似た歴史を歩んできた。

ベナンもまたフランス語を公用語とするが、イスラーム教の影響は少なく、精霊信仰を基盤とする伝統文化が受けつがれている。フランスの影響によるキリスト教はそれと併存しており、統計では信者の数は二割強にすぎないが、ゾマホン氏によれば、ベナンではほとんどの住民がフランス語の洗礼名と姓をもつという。

彼の家は父親が地方公務員で有力者だったため、ゾマホンという伝統的な名前を残すことができた。またイドゥスという名前は、双子の次に生まれた男の子に与えられる名前である（ゾマホン・ルフィン『ゾマホンのほん』）。

ところでアフリカ人には双子が多く、ベナンの隣国のナイジェリアに住むヨルバ族は、双子の出生率が世界一だそうだ。西アフリカや東アフリカには、双子が生まれると決まった名前を与えたり、またゾマホン氏のイドゥスのように、双子の次の子どもの名前まで決まっている社会が珍しくない。また、何番目に生まれたかを示す添え名をつける社会もよくある。

ガーナ独立の父として歴史に名を刻んだクワメ・ンクルマ初代大統領（日本語ではエンクルマとも表記される）は、正式名をフランシス・ンクィア・コフィア・クワメ・ンクルマという。最後のンクルマは「九番目の子」という意味である。またクワメは土曜日生まれの男の子であることをあらわす名前だから、クワメ・ンクルマとはつまり、「土曜日生まれの第九子」ということだ。

このように曜日によって決まった名前を与える習慣は、古くから西アフリカで一般的だったようで、奴隷制時代のアメリカでも知られていた。なかでも金曜日生まれの男子名が英語化したカフは、さらにコフィ Coffee（コーヒー）と変化して、アフリカ系の奴隷に名づけられた。

生まれた順番や曜日を名づける命名習慣は、出生時の状況を名前に織り込んで記録するという発想によるものだろう。生まれた場所や、その年の気候や作物などを個人名とする社会もあり、そのようなところでは、たとえばライオンを意味するシンバという名前は、この章のはじめに掲げた「強い動物にちなんだ男性名地図」に出てくるような「強さ」を願って名づけられるのではなく、生まれた頃にライオンが出たという理由だったりするのである。

しかし、このような伝統的な命名習慣をもつ社会は、しだいに少なくなりつつある。サンコン氏とゾマホン氏の名前でもわかるとおり、キリスト教文化やイスラーム教文化はアフリカの人名に大きく影響してきた。またエティオピアのマラソン選手ファトゥマが、本来、父の個人名であるロバを姓としてあつかわれてしまっているように、国際化時代は、とくに父祖の名を姓として固定化する習慣をますます強めている。

イスラーム世界の人名

中東のイスラーム世界の人名は非常に複雑である。伝統的には、～の父、～の母＋本人の名＋～の息子などのように、祖先や出身地、宗派など＋尊称、ニックネーム、職業からなる。

しかし、祖先、尊称が重ねられ、例外も多いため、ほかの世界の人たちにはなかなかわかりにくい。こうした名は、ほかの世界の人にとってはもちろん、イスラーム教徒にとっても複雑で、いまでは、パスポートなどには、このうちの本人の名＋父の名＋祖父または祖先など出身の三つの名前を書くことになっている。

それでも、エジプトのムバラク大統領の場合は、ムハンマド・ホスニー・ムバラクと書くが、ここには父親の名前はなく、ムハンマド・ホスニーが彼の名、ムバラクが家の名である。また、本人名と父親の名だけの場合もあったりして、簡略化するにしても例外は多い。

ちなみに、「～の父」という名は、かつて、よい子どもをもったという尊敬の表現で、直接に本人の名前をよぶことは失礼にあたるという考え方が強かったことから生まれた呼び名である。アブゥ～ではじまる名前で、たとえば、アブゥ・ユースフといえば「ユースフの父」ということだ。同じように、ウンム～、オンモ～ではじまれば「～の母」である。

また「～の息子」という場合は、イブン～、ビン～、「～の娘」はビント～ではじまる名前となる。

日本のように、神や仏をあまり意識しなくなった社会と違って、イスラーム世界の人びとは信仰する宗教に対して常に敬虔である。また、「アラブ」というアラビア語を話し、アッラーの神の教えにしたがって生活することが基本になっている民族としてのアイデンティティも非常に強い。

こうした宗教、民族へのこだわりは、しだいに簡略化されてきたとはいっても、その命名法に、いまだ色濃く残っている。

そのため、選ぶ名前もイスラーム教にちなんだ人物の名が多くなるので、日本のように辞書と格闘して文字を組み合わせるような国とは違って、その数も限られてくる。ただし、キリスト教圏の人名がそうであるように、イスラーム世界の場合も、神に対して忠誠をつくす者であることは強調されても、神、アッラーそのものを名前にするようなことはない。その場合は、アブダッラー（アブド＋アッラー）というように、アブド（しもべ）という言葉を補う。

二五四〜二五五頁の表にあげたように、神の名は『コーラン』のなかでアッラーも含めて九九種類の名であらわされるので、たとえばアル＝アジーズ（偉大なる者）を名前としてもちいたいときは、アブドゥル・アジーズとなる。この名はアブド・アル＝アジーズで「偉大なる者のしもべ」、つまり「神のしもべ」ということになるのだ。

実在の人物では、イスラーム世界でもっとも神に近い存在だった人物、イスラーム教を唱えたムハンマドに注目が集まった。

ムハンマドは、英語でモハメッドと転訛し、日本語ではマホメットといわれるようになった。しかし現地で、「マホメット」といっても、まったく通じない。ただ、同じイスラーム圏でも、ペルシア語を使うイランではモハンマド、トルコ語ではメフメットという。

ムハンマドは、神の子とされたキリストと違って、あくまでも神の言葉を受けとった仲介者、預言者だった。そのため、彼の名ムハンマドは「誉め讃えるべき者」と意味づけられ、のちの人びとが彼の名にあやかって、子どもの名前としたのだった。

ムハンマドの名は、イスラーム世界の男性名、それも長子の名前としては、もっとも多い。エジプトのムバラク大統領はムハンマド・ホスニー・ムバラクであり、暗殺された前大統領サダトも、ムハンマド・アンワル・サダトである。ムハンマドから派生した名前には、アフマド、アフムード、ムスタファー（選ばれた者）、ハーミドなどがある。小杉泰氏は『エジプト・文明への旅』（NHKブックス）のなかで、エジプトの電話帳から人名の調査をされているが、それによると、ムハンマド、アフマド、アフムードだけで、エジプトの男性名の四分の一を占めるという。

ムハンマドの代理人

預言者ムハンマドは後継者を指名しなかった。神の声を受けとることができる特別な後継者を神が示さなかったということだろう。

ムハンマドが亡くなると、イスラーム世界は、一時、混乱状態に陥ったが、ムハンマドが伝え聞いた啓示を後世に正しく伝えるためにカリフ（継承者・指導者）という地位が設けられた。カリフとは、最初にこの地位についたアブー・バクルがハリーファ・ラスール・アッラー（神の使

イスラーム教の神名表

一般にいわれるアッラー（イッラーフ）の名を入れて、神には、九九種類のよび方がある。人名では、この前にアブド〈しもべ〉という言葉をつけて、「〜のしもべ」という意味の名前となる。

(1)アル゠ラフマン「慈悲深きもの」
(2)アル゠ラヒーム「慈愛多きもの」
(3)アル゠マリク「比類無き王」
(4)アル゠クッドゥス「比類無き聖なるもの」
(5)アル゠サラーム「平安なるもの」
(6)アル゠ムアミーン「信仰するもの」
(7)アル゠ムハイミーン「保護するもの」
(8)アル゠アジーズ「偉大なるもの」
(9)アル゠ジャッバール「最強なるもの」
(10)アル゠ムタッカビール「大いなるもの」
(11)アル゠ハーリク「創造主」
(12)アル゠バリア「創り出すもの」
(13)アル゠ムサッウィル「形造るもの」
(14)アル゠ガハール「許し賜うもの」
(15)アル゠カハール「征するもの」
(16)アル゠ワッハーブ「無償で与えるもの」
(17)アル゠ラザック「養育するもの」
(18)アル゠ファッターフ「解放するもの」
(19)アル゠アリーム「すべてを知るもの」
(20)アル゠カービド「保持するもの」
(21)アル゠バースイット「展開するもの」
(22)アル゠ハーフィド「低めるもの」
(23)アル゠ラーフィア「高めるもの」
(24)アル゠ムイッズ「栄誉を与えるもの」
(25)アル゠ムディル「謙虚にさせるもの」
(26)アル゠サミーア「すべてを聞くもの」
(27)アル゠バスィール「すべてを視るもの」
(28)アル゠ハカム「正しく裁くもの」
(29)アル゠アアドル「公正なるもの」
(30)アル゠ラティーフ「善意あふれたるもの」
(31)アル゠ハビール「熟知するもの」
(32)アル゠ハリーム「寛大なるもの」
(33)アル゠アアジム「荘厳なるもの」
(34)アル゠ガフール「大赦を与えるもの」
(35)アル゠シャクール「感謝するもの」
(36)アル゠アアリィ「至高なるもの」
(37)アル゠カビール「大なるもの」
(38)アル゠ハフィーズ「守護するもの」
(39)アル゠ムキート「育成するもの」
(40)アル゠ハスィーブ「査定正しきもの」
(41)アル゠ジャリール「壮麗なるもの」
(42)アル゠カリーム「寛大なるもの」
(43)アル゠ラキーブ「監視するもの」
(44)アル゠ムジーブ「応えるもの」
(45)アル゠ワースィア「包括するもの」
(46)アル゠ハーキム「叡知にあふれたるもの」
(47)アル゠ワドゥドゥ「愛にあふれたるもの」

(48)アル＝マジード「栄光あるもの」
(49)アル＝バアイト「復活させるもの」
(50)アル＝シャヒード「証明するもの」
(51)アル＝ハック「真理」
(52)アル＝ワキール「受託するもの」
(53)アル＝シャヒーブ「強大なるもの」
(54)アル＝マティーン「確固たるもの」
(55)アル＝ワリィ「援助するもの」
(56)アル＝ハミィド「賞賛すべきもの」
(57)アル＝ムフスィ「算段するもの」
(58)アル＝ムブディィ「創始するもの」
(59)アル＝ムアイッド「再生させるもの」
(60)アル＝ムヒーユ「生を与えるもの」
(61)アル＝ムミート「死を与えるもの」
(62)アル＝ハイッヤ「生けるもの」
(63)アル＝カイユーム「永存するもの」
(64)アル＝ワージド「充足するもの」
(65)アル＝マージド「光り輝くもの」
(66)アル＝ワーヒド「唯一無二のもの」
(67)アル＝サマド「永遠不滅なるもの」
(68)アル＝カアディル「万能なもの」
(69)アル＝ムクタディル「克服するもの」
(70)アル＝ムカッディム「先んじさせるもの」
(71)アル＝ムアッキール「忌避するもの」
(72)アル＝アッワル「最初のもの」
(73)アル＝アーキル「最後のもの」
(74)アル＝ザーヒル「顕現するもの」

(75)アル＝バーティン「潜在するもの」
(76)アル＝ワーリー「統治するもの」
(77)アル＝ムタアーリィ「崇高なるもの」
(78)アル＝バール「誠実なるもの」
(79)アル＝タッワーブ「懺悔を受け入れるもの」
(80)アル＝ムンタキム「報復するもの」
(81)アル＝アアフゥ「赦免するもの」
(82)アル＝ラウーフ「慈悲深きもの」
(83)マーリク・アル＝ムルク「王権の主」
(84)ドゥ・アル＝ジャラール ワ アル＝イクラーム
「尊敬と博愛の主」
(85)アル＝ムクスィト「公正なるもの」
(86)アル＝ジャーミア「統合するもの」
(87)アル＝ガアニィ「満ち足りたもの」
(88)アル＝ムグニィ「富ませるもの」
(89)アル＝マアニア「制御するもの」
(90)アル＝ダール「苦難を与えるもの」
(91)アル＝ナーフィア「利益を与えるもの」
(92)アル＝ヌール「光」
(93)アル＝ハアディ「指導するもの」
(94)アル＝バディア「開祖」
(95)アル＝バアキィ「永続するもの」
(96)アル＝ワーリス「受け継ぐもの」
(97)アル＝ラシード「正道へ導くもの」
(98)アル＝サブール「忍耐強いもの」

徒＝「ムハンマド」の代理人）と称したことにはじまる。

そして二代目のウマル一世は「代理の代理」としたものの、途中から、アミール・アルムミニーン（信者を導く者）と称するようになった。このアミール（指導者）という名称は、人名にもちいられることもあったが、のちには「司令官」「総督」といった地位をあらわす言葉となった。

三代目のカリフはウスマーン＝ルカイアである。ここまでのカリフは、アブー・バクルがムハンマドの友人、ウマル一世は古くからの信者、ウスマーンは会議で選出された人物だったが、四代目にして、ようやく、預言者ムハンマドの娘婿ファーティマ＝アリーが登場する。

人名では、ムハンマドの直系という理由で、このアリーという名も好まれた。伝説にまでなったボクシングのモハメッド・アリーの名は、ムハンマドとアリーの両方にちなんだ名前だ。

イスラーム教では、このアリーまでをムハンマドとの直接のかかわりから「正統カリフ時代」とする。そして、正統カリフの最後、アリーを初代として十二代、彼の子孫がイマーム（指導者）として続く。

イスラーム教では、スンナ派、シーア派という対立がよく知られている。スンナ派がイスラーム世界の主流派、シーア派はイランなど少数派である。

スンナ派がムハンマドによるスンナ（慣例、慣行）に基づく一派であるのに対して、シーア派の主要宗派は別名十二イマーム派ともいわれるように、アリーを頂点とする十二代のイマームを、ムハンマドと同じように神の顕現があったものとして信奉する宗派だ。だから、アブド・アリーやフセインにアブドゥル（しもべ）がついたアブドゥル＝フセインというような人名はイランなどシーア派に特有の名前である。

しかし多くの人びとにとっては、イスラームの偉人であることに変わりはない。アリーに続くハサン（ハッサン）は、禁欲主義をとおして神への神秘的な愛を捧げるという精神修行の方法を説くなどして、指導者としての功績を残した。

先述した小杉氏によると、エジプトの電話帳では、アブラハムから派生した名前とハサン、アリーまでを含めると、イスラーム男子全体の三〇パーセントを超える。さらにイブラーヒーム、フサイン（フセイン）、サイイド（アッサイイド）、ユースフ（ユーセフ）といった名前を入れると四〇パーセントを超えるというから、町で男性に声をかければ二人に一人くらいは、こうした名前ということになる。

ちなみに、イブラーヒーム、ユースフ（ユーセフ）は後述するとして、フサイン（よい、美しい）はハサンの兄弟、サイイドは集団の長老格などのよび名で、そのまま「長老」をも意味する。

イスラーム教徒と聖書

七世紀はじめ、ムハンマドによってイスラームの教えが説かれる以前、西アジアにはユダヤ教、キリスト教が広まっていた。

ユダヤ教は旧約聖書を、キリスト教は旧約聖書とイエス・キリストの言行などからなる新約聖

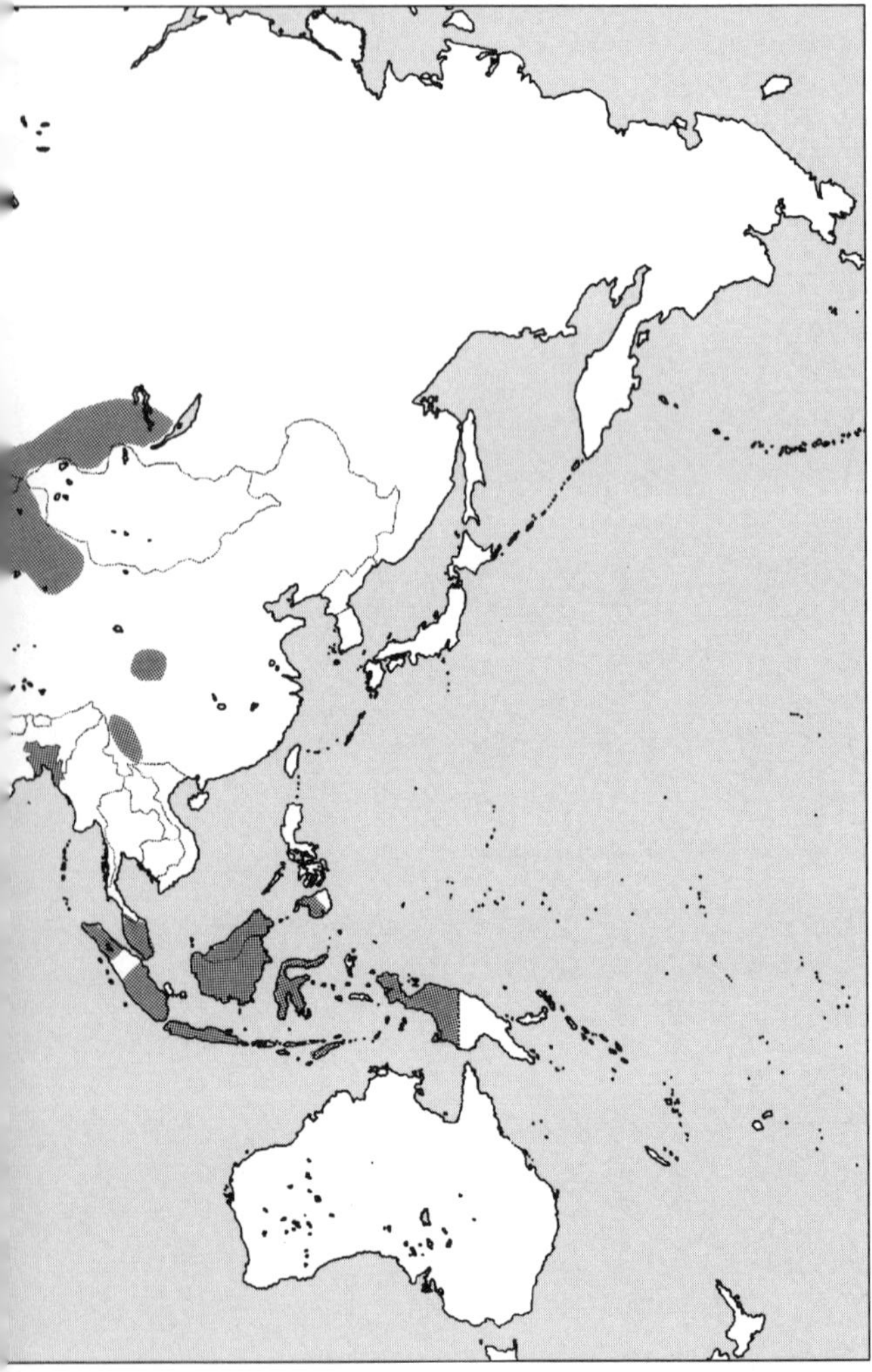

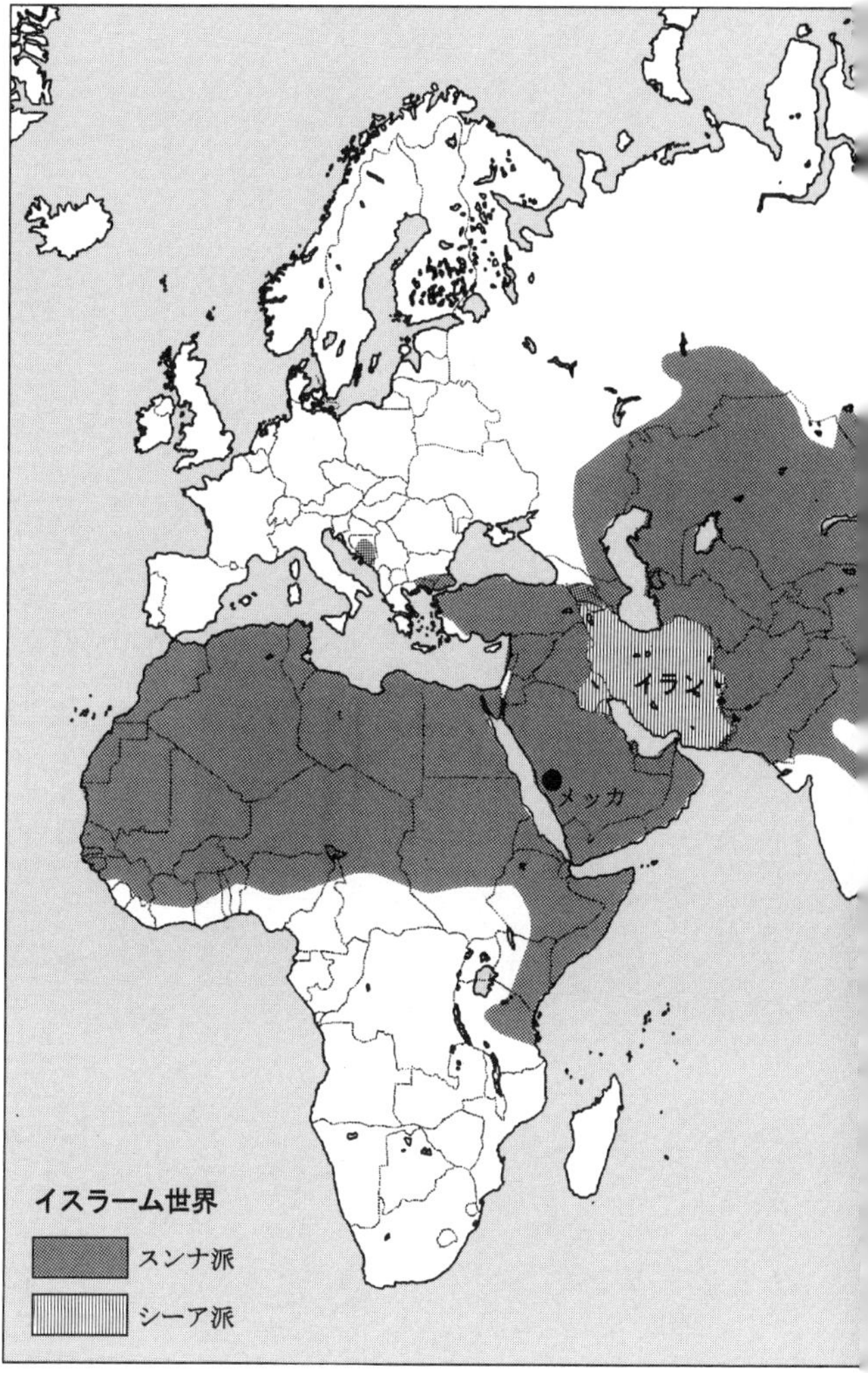
イラン
メッカ
イスラーム世界
スンナ派
シーア派

書を聖典としているように、イスラーム教は旧約聖書の天地創造からアブラハムまでを認め、アブラハムとエジプト人の女奴隷ハガルとのあいだに生まれた子イシュマエルをムハンマドの祖先としている。

アブラハムはイブラーヒーム、イシュマエルはイスマイール、そのほか、モーセはムーサ、イエスはイーサーの名で、いずれも神の言葉を受けた預言者としてイスラーム教徒の名前ともなっているのだ。

このほかにも、ヨセフは先述したようにユーセフ、洗礼者ヨハネはヤフヤー、ヤコブはヤアクーブ、ダヴィデはダウッドとして『コーラン』に登場し、人名にももちいられている。なかでもソロモン王は、エルサレムに神のための神殿を建てた人物であることから、ムハンマドの原型として尊敬を集め、イスラーム世界ではスレイマーン（スライマーン）、イランではソレイマーンという名前で知られている。一六世紀には、オスマン・トルコ帝国最盛期のスルタン、スレイマン一世のような英雄もあらわれている。

女子ではマリアが、マルヤム、ミリヤム、ミリアムなどの名前でもちいられている。

イスラーム圏にも少数ながらキリスト教徒はおり、彼らも聖書にちなんだ名前をつけるが、ブトルス（ペテロ）、ブールス（パウロ）、ジルジス（三世紀の殉教者ゲオルギオス）といった名前は、イスラム圏のキリスト教徒に特有の名前だ（アラビア語ではPはBの発音になる）。

そのほか、ムハンマドに関係する名前では、ムハンマドの曾祖父ハーシム（パンをちぎる者）

などもある。彼の活躍によってメッカはクライシュ族のものとなり、ムハンマドを世に送り出すきっかけとなったとして信奉されている。ムハンマドの父は早世したため多くは知られていない。

また女子の名前としては、ムハンマドの母アーミナ（平和）、最初の妻であるハディージャ（早熟な子）、ハディージャ亡きあとに妻となったアイーシャ（生けるもの）、アリーの妻となった娘のファーティマ（貞淑、よき母のイメージ）などがその多数を占める。三世紀、パルミラ（現在のシリアにある隊商都市）の女王で、広く西アジアに勢力を拡大したゼノビアの名が転訛したザイナブ、八世紀、イラクのバスラにあって女性の禁欲主義、神秘主義思想を説いたラービアもよく聞く名前である。そのほか女性名では、どこの世界とも同じように、ヤースミーン（ジャスミン）、イアマール（月）、ノウラ（光）、ズフラ（ヴィーナス）など、美しさを強調する名前もある。

男性名では、力強さ、有用さをあらわすために動物名をつけることもあった。

シリアのアサド大統領のアサドは「ライオン」、サウジアラビアのファハド国王は「ヒョウ」、エジプトのナセル大統領は、ジャマル・アルドゥン・ナセルが本名で、ジャマルとは「ラクダ」のことだ。（章のはじめの「強い動物にちなんだ名前」地図参照）

最近ではあまりみられないが、大切な子孫を邪悪なものから保護するために、ヒッサ（ずだ袋）、カルブ（イヌ畜生）、ジュラ（糞）とかズバーラ（ゴミ）といった汚い名前をつけることもあった。

また女の子も、一昔前までのわが国でも、これ以上女の子はいらないという意味で「末」「留」

といった名前をつけたように、イスラーム世界でも、男子の跡つぎを望んだのに女の子が生まれると、ハーティマ（末子）、ハッディー（留子）というような名前をつけた時代もあった。

国名、地名を名前にした例も少し紹介しよう。

チュニジアは、かつてマグリブ（メッカからみて「西の端」の意）とよばれていたので、そこの出身者はマグリビーとよばれた。また、モロッコのフェズの出身者はアル＝フェスィー、エジプトの場合は国の自称がミスル（軍営都市）なので、ミスリー、マスリーである。

トルコでは、国名の語源となっているチュルク（人）にちなんだ名前がある。チュルクそのままの名前のほかに、オズチュルク（純粋なトルコ人）、ギョクチュルク（トルコ民族の祖）、セルチュク（セルジューク・トルコをおこしたセルジューク人にちなんだもの）などがある。トルコ建国の父とされるアタチュルクは「父なるトルコ人」という意味である。ちなみにアタチュルクのもとの名、ガーゼイ・ムスタファー・ケマル・パシャは、分解すると、ガーゼイ（聖戦の士）、ムスタファー（ムハンマドの別称）、ケマル（完全）、パシャ（将軍）である。

イエメンでは、国名の自称がヤマーン（右を意味する。西を背にしてメッカのカーバ神殿に向かったとき右側にあるため）なので、ヤマニーのような名前がある。かつてOPECで活躍したサウジアラビアのヤマニー石油相の家系がイエメンであることがすぐにわかるわけだ。またイエメンでは、前十世紀、「シバの女王」として有名になったビルキーズ、一三世紀に国内を平和に治めた女王マルワの二人にあやかった名前も知られている。

第11章

黒人奴隷に押しつけられた名前

南アフリカ・ヨハネスバーグ
地名はこの町をおこした人物にちなんで「ヨハネスの町」という意味。アパルトヘイトを象徴する都市だった

人類史上の汚点をあげるなら、先述したユダヤ人問題と、黒人奴隷の問題は避けて通ることができない。

名前を奪われる

一五世紀末、大航海時代がはじまって、ヨーロッパ人がアフリカ大陸を訪れるようになったとき、そこには、肌の黒い「未開の」人びとがいた。当初は、そのアフリカ人たちに港の建設、開拓などの手伝いをさせていたが、やがて彼らをアメリカ大陸に、労働力として送り込んでいった。欧米人が黒人を家畜扱いしたのは周知のことだ。そして、もとの名前を無視して、まるで家畜をよぶような感覚で名前をつけていった。

そこで、アメリカ合衆国における黒人奴隷の名前を通して、黒人たちの不幸な歴史を振り返ってみることにしよう。

一六世紀後半、アフリカではじまった奴隷貿易は、ポルトガル領ブラジルやヨーロッパ各国が植民地にした西インド諸島で、砂糖や綿のプランテーションで不足した労働力を補うことが目的だった。最初はポルトガル、スペインが中心だったが、一七世紀から一八世紀には、イギリスとフランスも加わった。

しかし意外なことに、イギリス領だった北アメリカに、初めて売り込まれた「商品」としての奴隷は白人だった。それは、独立前のアメリカに、イギリスが自国の貧民を奴隷として連れてい

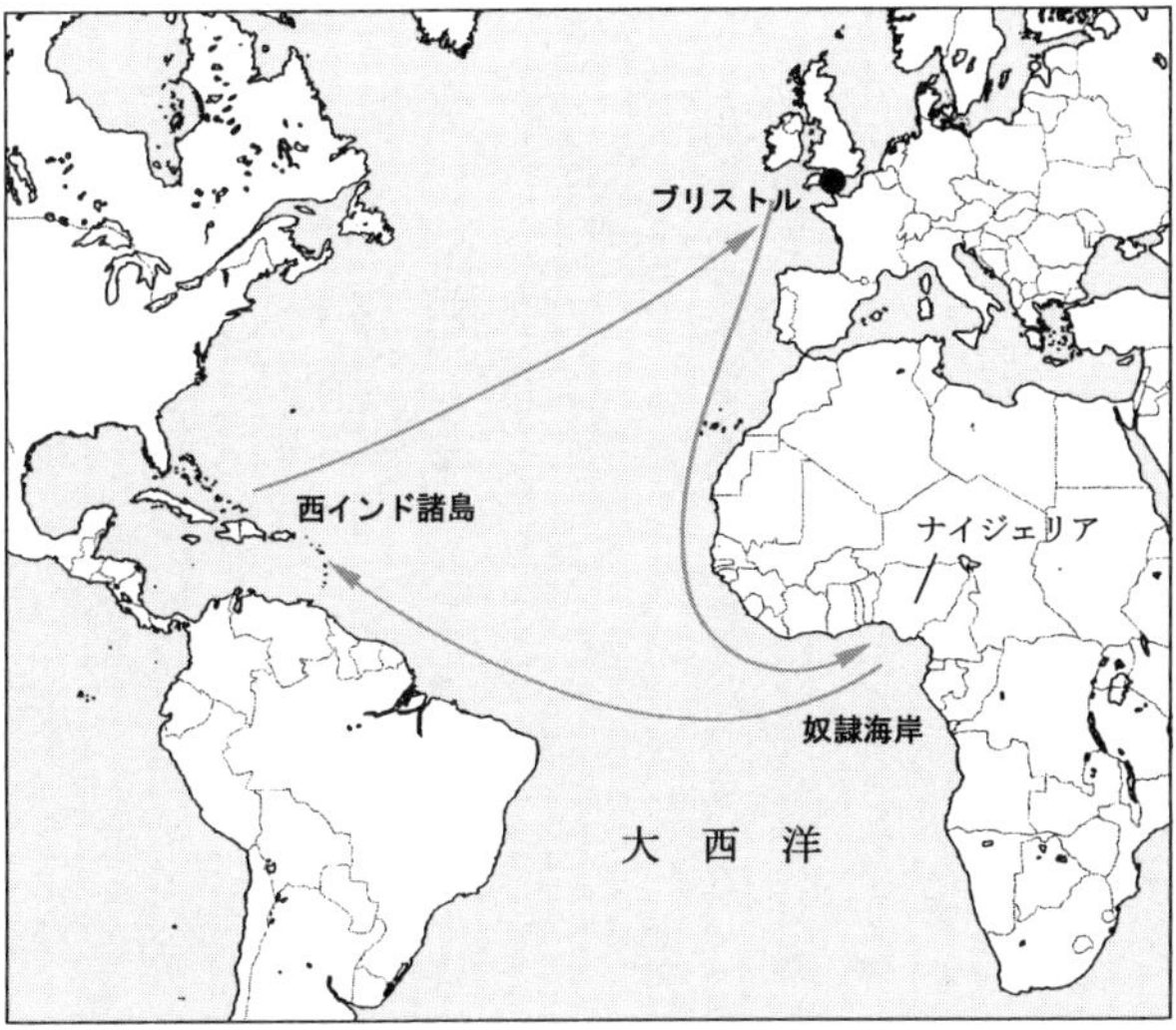

18世紀、大西洋三角貿易

イギリスのブリストルやリヴァプールで安価な綿製品やガラス製品のような雑貨、聖書を積み込み、コートジヴォアール、ガーナ、ナイジェリアの大西洋沿岸、通称、奴隷海岸へと向かう。

奴隷海岸では、品物の代わりに奴隷を積み込み、西インド諸島に向かう。中間航路ともいわれるこの航路は、５週間を要し、食糧不足や疫病、自殺などで多くの黒人の命が奪われた。西インド諸島で奴隷を売ると、そのお金で、今度は砂糖、綿花、ラム酒、コーヒー、タバコを積み、イギリスへ帰る。

ったことにはじまる。その後、イギリスは三角貿易というスタイルを確立させ、アメリカへアフリカ系黒人を送り込む流れの中心となる。

一八〇八年には、表向きはアメリカで奴隷輸入が禁止されるが、その後も密貿易でかなりの数の奴隷が運ばれていたし、輸出先の土地でも、子供を産むことを強要されたため、その数は、二百年で、白人をはるかにしのぐ膨大な数になったという。

こうして連れてこられた

黒人には、アフリカ時代のクンタ・キンテといったような本名を名乗る権利はなく、家畜、物と同じように、白人が適当な名前をつけていった。最終的には、白人と同じ名前をつけられることが多かったようだが、いい加減なものが多かったことは確かである。

一八六〇年のこと、ある奴隷船の船員は、船内にいる奴隷をメイン・ステイ（メインマストを支える支索）、ブルズ・アイ（第一滑車）、ロウプ＝ヤーン（縄をよりあわせる元糸）といったようなさまざまな海洋語でよんでいたという。

また一八世紀、イギリスの奴隷船ルービー号に乗っていた外科医は「奴隷船上では最初に乗船させられた奴隷は男女それぞれアダムとイヴと名づけられるのが常であった」と記録している。実際、当時の黒人奴隷には、アダムとイヴという名前が多かったようだ。

また、船員によってつけられた名前で、意外に多かったのがイギリスの地名で、これは一八世紀の男性奴隷によく名づけられた。もちろん記憶しやすい名前が便利だったからだろうが、自分たちと同じ名前をつけることに抵抗を感じた者もいたため、人名ではなく、町の名前などをつけたということのようだ。とくにイギリス人にその傾向が強かったようで、たとえば、奴隷貿易の拠点となっていた港町ブリストルをはじめとする有名な都市、あるいはその船員の出身地だったかもしれないヨーク、ロンドン、ケンブリッジ、エセックス、ライムハウス、ソールズベリーなどがある。また、リッチモンド、スコットランド、ボストン（イギリス中東部）、ダブリン、パリス（パリ）、アバディーンやホランドなども男性名として使われた。

なお、こうした地名が、姓ではなく名前としてもちいられることは、その名前の持ち主が黒人奴隷の子孫であることを意味するため、今日では、ほとんどみられなくなった。

王子、公爵、将軍

黒人奴隷のなかには、所有者の生半可な教養、もしくは皮肉によって、古代ローマの有名人や神々の名、シェイクスピアの作品の登場人物の名前がつけられた者もいた。

シーザー（カエサル）、ケイトウ（カトー）、ポンピー（ポンペイウス）、ジュピター（ユピテル）、スキピオウ（スキピオ）、ニアロウ（ネロ）、ユリシーズ（オデッセイ）、また、女性にはダイアナ、ダイドウ、フィービー、ヴィーナスといった名がつけられた。

もちろん一般的には、ただよびやすいというだけで、ジャック、トム、ネッド、ビルなどという名がつけられていた。しかし、こうした単純な名前をつけていくうちに、同じ名前の奴隷が増えてしまったので、やがてビッグ・ジョーのようにビッグ Big（大きい）、オールド Old（～じいさん、～ばあさん）、ファット Fat（太った）などをつけて区別するようになった。

所有者が「～の物」という意味で、自分の名前をつけることもあった。その場合は「オリヴァーのジャック」のように、「所有者名」＋「奴隷名」といった形が多かった。

ただ、こうした社会にあっても、奴隷同士では、彼らの本当の名前でよび合っていたという。ニックネームがそのまま名前になった例も多い。珍しいものとしては、スマート、レモン、オレンジ、スクラッブ（床などを磨く）、トムボーイ（お転婆）、フロア（床）、チャット（おしゃべり）、チェリー、パンチ（一撃）などがあった。

皮肉を込めた名前にはプリンス（王子）というものもあった。奴隷にはあまりにも似つかわしくない名前だが、逆に、これほど侮辱に満ちたものもないだろう。しかも、この名はかなり多かったというのだ。また、背の低い者にわざとロフティー（高くそびえた）、禿頭にカーリー（巻き毛）と名づけることもあった。そのほか、メイジャー（陸軍少佐）、ジェネラル（将軍）、キャプテン（艦長）や、キング、デューク（公爵）、ドクター、ローヤー（法律家）、ビショップ（司教）などと、名づけた人間の品性を疑わせるような名前も多かった。

一九世紀に入ると、女性の奴隷のなかには、南部の婦人たちのイギリス小説好きが高じてつけられた名前が目立つようになる。マリンダ、メリンダ、ベリンダ、セリンダ、クラリンダなどである。また、シーリア、クロウイ、シンシア、アイリス、ジュリア、ローラ、マイアラ、サリー、ソフィアなどといった名前も、文学的な出典を暗示する名前で、クラリッサ（イギリスの小説家リチャードソンの小説の主人公の名で、強姦されて捨てられる運命の女性）はとくに人気があった。

アメリカ黒人が選んだ名

さて、いくつか、黒人奴隷の名前についてみてきたが、奴隷解放のときに彼らが選んだ姓は、スミス、ジョン、ウィリアム、ジェイムズ、トマス、ジョージ、ヘンリーなどのように覚えやすいというだけの名前が圧倒的に多かった。これらは、白人社会でもありふれたものだったうえ、奴隷がアメリカで解放されたとき、主人の姓をもらうことも多かったので、名前だけで白人か黒人かを判断することはしだいに難しくなっていった。

ところで、白人にもアフリカ系アメリカ人にも多くみられる姓に、モーリスがある。モーリスそのものはノルマン人によってイギリスに持ち込まれた名前だが、その由来は浅黒い肌の人間のあだ名であったと考えられている。

またワシントンは、黒人の姓として人気があり、この姓をもつ人の八〇パーセントが黒人だといわれている。

現在、名前だけでその人が黒人か白人なのかわからないことが多いように、実は肌が白いからといってもどこかで黒人の血が入っているかもしれず、その人が純粋な白人であるという保証もないのである。事実、アメリカの白人の不安のひとつは、本当に自分は白人なのかということにあるという。もちろん、同じように黒人たちも、自分に白人の血が流れているのではないかという不安が絶えずつきまとっている。

アンクル・トムへの反発

アンクル・トムは子供向けに紹介されている『アンクル・トムの小屋』の主人公の名前である。

一九世紀初頭まで、アメリカ人（南部、北部を問わず）がもっていた黒人のイメージは、「陽気」「無責任」「怠惰」、または「獰猛」「残忍」というものだった。

しかし、南部が一八三〇年代半ば頃から奴隷制の美点を積極的に主張しはじめたことに反発して、北部では、極度に美化された黒人のプラス・イメージが流行した。黒人は「温和」で「謙虚」、「忍耐強く」「素朴」な人々であり、奴隷の主人である白人は、暴君的な支配者だとされた。

これは反奴隷制感情の高まりのなかで、北部の人びとが美化した黒人像だが、そうした流れのなかで生まれたのが、一八五二年に発表された『アンクル・トムの小屋』だった。そして、理想的な人格をもつ黒人として描かれたのがアンクル・トムだった。

しかし、白人たちには評判のよいアンクル・トムだったが、現在のアメリカの黒人には、白人の都合のいいように描かれた黒人像をあらわす侮辱的な名前とみなされている。

知名度ナンバーワン「サンボ」

日本人に、黒人をイメージさせる名前といえば、『チビ黒サンボ』の「サンボ」だろう。

サンボ（ザンボ）という言葉は、黒人とミュラット（純粋白人と純粋黒人の混血第一世代）やインディアンとの混血児の名称であり、それがやがて黒人そのものをさす名前となった、と考えられている。

大航海時代、南アメリカに広大な領土を獲得したスペインは、インディオだけでなく、アフリカから大量の黒人を労働力として送り込んだ。当然のように、暴行がおこなわれ、白人との混血児が誕生した。そのときスペイン人は、混血の度合いを示す言葉としてサンボという言葉をもちいたのだった。意味は「1/4白人」である。ちなみに、クァドルーン（3/4白人）、オクトルーン（7/8白人）という言い方もあった。

この言葉には、インディオとの混血も含まれていたが、北アメリカに伝わってきたときには、どちらかというと黒人奴隷と白人の混血児を指しているというイメージが強くなっていたようだ。とにかく、屈辱的な呼ばれ方だったことに違いはない。

この言葉のもともとの由来は、スペインが植民地としていた西アフリカ地方にあると考えられている。それは、セネガル・フラニ語のサンボSambo（叔父さん）、北ナイジェリア・ハウサ語のサンボSambo（二番目の息子につける名前）、そしてコンゴ語のンザブNzambu（サル）にあるのではないかと考えられている。これらはいずれも、黒人たちが使っていた言葉だった。

しかし「サンボ」のルーツについては諸説があり、決定的なものがまだないというのが正直なところである。

いずれにしろ、このサンボという名前は、人名として、一八世紀の文献に残っている。ただ当時は、現在のような知名度はなく、黒人名としてはそれほどよく使われた名前ではなかったようだ。むしろサンボよりも、シーザーのほうがはるかに多く使われたし、プリンスと名づけられた黒人はサンボの数倍もいたという。

これまで本書では、英語圏の名前を中心にみてきた。私たちは、日常、人の名前は人物をイメージするときのシンボル的な記号としてとらえる場合がほとんどで、名前そのものについては、ふだんは意味まで考えることはほとんどない。一生懸命考えるのは、子どもの名前をつけるときくらいだろう。こうした傾向は欧米でも同じで、私たちにとってはキリスト教的な名前であっても、当人たちはそれが聖書由来の名前だとかいうことは、あまり意識していないことが多いようだ。

しかし、いま「私たちにとって」といったように、それはある種の共通した社会のなかだけのことであって、いわゆる人種とか民族、宗教が異なり、それが問題になったときには、名前は先鋭的な意味をもってくる。

人の名前を聞いたとき、私たちの脳裡には、世界のさまざまな人びとの発想、価値観、歴史の実像が浮かびあがってくる。さらにその意味が明らかにされるとき、過去から現代にかけての民族の動き、対立、融合、迫害の歴史がみえてくる。「名前」をひとつの鍵として、民族の世紀といわれる時代の扉を開けてみようとしたささやかな試みが本書である。なお、さまざまな名前、解釈には定説のないものも多い。お気づきの点については、さらなるご教示をいただければ幸いです。

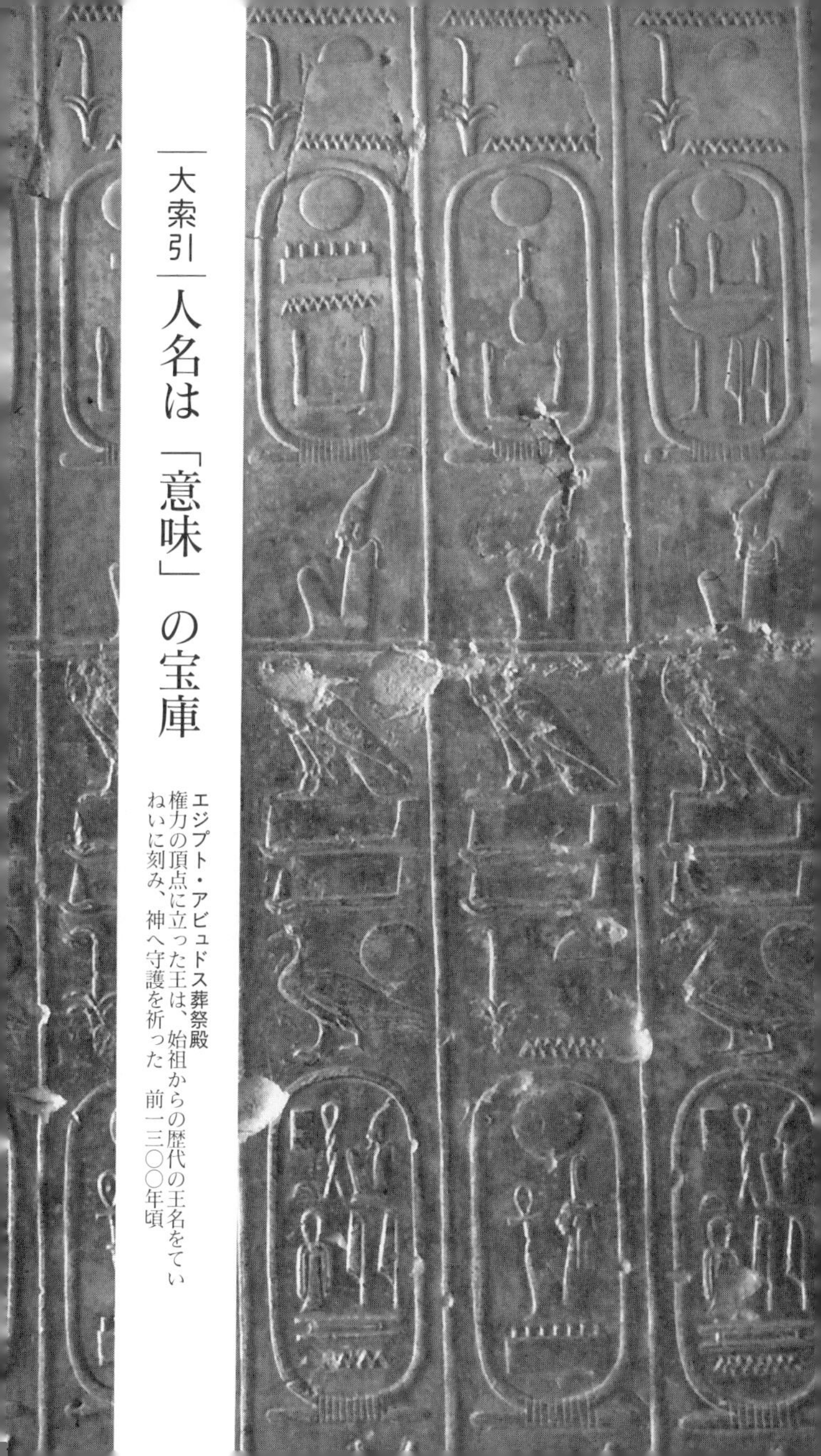

大索引

人名は「意味」の宝庫

エジプト・アビュドス葬祭殿
権力の頂点に立った王は、始祖からの歴代の王名をていねいに刻み、神へ守護を祈った　前一三〇〇年頃

おもな欧米人の名前

ここでは英語名を中心に、日常よく聞く名前や歴史上の人物の名前をあげてみた。ゲルマン諸語に起源がある名前については、とくに語源を記していない。

（旧約聖書＝旧約、新約聖書＝新約、男＝男性名、女＝女性名、姓＝姓氏）

【ア】

アイザック Isaac（男）旧約のイサク。ヘブライ語で「笑う人」という意味。

アインシュタイン Einstein（姓）「一つの石」。

アガサ Agatha（女）ギリシア語で「良い」。

アグネス Agnes（女）ギリシア語で「純潔、聖なる」。

アーサー Arthur（男）ケルト語起源だが語源、語義ともに不明。アーサー王伝説で知られる。

アダム Adam（男）ヘブライ語で「人間」または「赤」。アダムス「アダムの息子」（姓）などが派生。

アデレイド Adelaide（女）「高貴」と「位、階級」という二つの意味をあわせもつ。ドイツ語名の**アーデルハイト**と同語源。

アーデン Arden（姓）イングランドの「アーデン（住家）」または「砂利、鷲の谷」という意味。

アート Art（男）ケルト語の伝統的な名で「熊、チャンピオン」。現在は**アーサー**の愛称としてももちいられる。

アトウッド Atwood、**Attwood**（姓）「森に住む人」。

アトキンス Atkins（姓）アダムの愛称のスコットランド形から派生した姓。同系の姓に**アイトキン**、**アイトキンソン**がある。

アドルフ Adolf（男）「高貴な狼」。

アナスタシア Anastasia（女）ギリシア語の「復活」から派生した人名のロシア語形。

アニー Anny、**Annie**（女）アンの愛称。ほかに**ナン**、**ナニー**、**ナンシー**などがある。

アーノルド Arnold（男）「ワシ」と「支配」という二つの意味をあわせもつ。

アベル Abel（男）旧約のアダムの息子。ヘブライ語の人名ハヴエル「息、蒸気」からの名。

アラン Allan（男）（姓）ケルト語起源だが実際の語義は不明。もっともらしいのはケルト語で「調和」または「輝く」あるいは「石」。

アリス Alice（女）**アデレイド**と同系の名。

アール Earl（男）「戦士、貴族、王子」。

アルヴィン Alvin（男）「妖精、超自然的存在」と「友」という二つの意味をあわせもつ。

アルトマン Altmann（姓）「老いた男、親分」。

アルバート Albert（男）「高貴な」と「輝かしい」という二つの意味をもつ。愛称には**アル**がある。

アルフレッド Alfred（男）「妖精、超自然的存在」と「王」の二つの意味をあわせもつ。

アレクザンダー Alexander（姓）（男）ギリシア語アレクサンドロスから。アレクサンドロスは「〈人民を〉守る、防御する」と「男、戦士」という意味をあわせもつ。愛称には**アレック**、**アレックス**などがある。

アレック Alec（男）アレクサンダーの愛称。

アレン Allen（男）（姓）アランと同系の名。

アーロン Aaron（男）旧約のモーセの兄アロンの名から。

アン Ann、Anne（女）ヘブライ語の人名**ハンナ**「恵み深き」からの名。

アンジェラ Angela（女）エンジェル（天使）の語源と同じ、ギリシア語で「使者」という意味。

アンソニー Anthony（男）ローマの氏族名アントニウスに由来。語源は古代エトルリア語の可能性が高い。同系の名に**アントニー**。愛称はともに**トニー**。

アンディー Andy（男）アンドリューの愛称。

アンドリュー Andrew（男）ギリシア語で「男らしい」または「力強い」を意味する人名アンドレアス（聖アンデレ）から。姓として**アンダーソン**「アンドリューの息子」などが派生。**アンデルセン**はそのデンマーク語形。

アンドレア Andrea（女）ギリシア語の人名アンドレアスの女性形またはギリシア語のアンドレイア「男らしさ」からという説がもっとも有力。

アンナ Anna（女）ヘブライ語のハンナ「恵み深き」から。同系の名に**アン**、**アンネ**、**アンヌ**など。愛称は**アニー**などがある。

【イ〜ウ】

イアン Ian（男）ジョンのスコットランド形。

イヴ Eve（女）旧約の人名エヴァからの名。

イグネイシャス Ignatius（男）ローマの氏族名からの名。語源、語義ともに明らかではないが、のちに「火」と結びつけられる。

イザベル Isabel（女）エリザベスのスペイン語形イサベルからの名。

イシュマエル Ishmael（男）ヘブライ語で「神は耳を傾けるであろう」という意味。旧約のアブラハムとハガルの息子の名で、アラブ人の祖。

イーディス Edith（女）「富」と「支配者」という二つの意味をあわせもつ。

ヴァーグナー→ワーグナー

ヴァレンティノ Valentino（姓）（男）ヴァレンティンから派生したイタリア語形。ヴァレンティンはラテン語で「健康、強い」。英語形は**ヴァレンタイン**。

ヴァンダイク Vandike、Van Dyke（姓）オランダ語で「土手道（溝）の住人」という意味。

ウィスラー Whistler（姓）「笛を吹く（人）」。

ウィーヴァー Weaver（姓）「織物屋」またはチェシアの「ウィーヴァー川（蛇行する川）」。

ヴィーナス Venus（女）ギリシア神話の美の女神ヴィーナスから。

ウィリアム William（男）「意志」と「かぶと」という二つの意味をあわせもつ。愛称には**ウィル**、**ビル**、**ウィリー**、**ビリー**がある。姓として**ウィリアムズ**「ウィリアムの息子」が派生。同系の姓に**ウィルス**、**ウィルキンソン**、**ウィルソン**がある。

ウィルマ Wilma（女）ウィリアムの女性名。

ヴィンセント Vincent（男）ラテン語で「征服する」。

ウェッジウッド Wedgewood（姓）「見張りのいる森」、または、スタッフォードシャーの「ウェッジウッド（見張りのいる森）」。

ウェーバー（ヴェーバー）Weber（姓）ドイツの姓で「織物屋」。同系の姓に**ウェッバー**、**ウェッブ**がある。

ウェブスター Webster（姓）「（女性の）織物屋」。

ウェルチ Welch（姓）「ウェールズ人」。同系の姓に**ウェルシュ**、**ウォルシュ**などがある。

ヴェロニカ Veronica（女）ラテン語のヴェラ・イコニカ「真の姿」からの名。または、おそらくマケドニア出身の一族ベレニースから。ベレニースの正確な語義は不明。

ウォーカー Walker（姓）「毛織物を踏み洗いして、生地の目を詰める職人」。

ヴォーン Vaughan（姓）ケルト語で「小さい」。

ウォード Ward（姓）「監視する人、守衛」。

ウォルター Walter（姓）（男）ドイツ語の**ワルター**（**ヴァルター**）**Walter** の英語読み。

ヴォルフガング Wolfgang（男）「狼の通り道」。

ウォールポール Walpole（姓）「城壁の側の池」。

ウッズ Woods（姓）「森」。同系の姓に**ウッド**。

ウンベルト Umberto（男）「小熊、戦士」と「輝かしい、有名な」という二つの意味をあわせもつイタリア語名。

【エ】

エイブラハム Abraham（姓）（男）旧約のユダヤ人の祖先で「群衆の父、族長」。同系の名に**エイハブ**などがある。

エヴァ Eva（女）旧約に登場する最初の女性。語源は明らかではないがおそらくヘブライ語で「命ある者」。**エビータ**はスペイン語形エバの愛称。

エヴァンス Evans（姓）「エヴァンの息子」という意味。エヴァンはジョンのウェールズ形。

エゴン Egon（男）「端」から派生、「刃の先」。

エステバン Esteban（姓）（男） キリスト教の最初の殉教者聖ステパノのスペイン語形。

エスメラルダ Esmeralda（女）スペイン語で「エメラルド」。

エディソン（**エジソン**）**Edison**（姓）「エディの息子」。**エディ**はエドモンド、エドワーズなどの愛称。

エド Ed（男）エドガー、エドモンド、エドワードなどの愛称。同系の名に**エディ**がある。

エドウィン Edwin（姓）（男）「富」と「友人」という二つの意味をあわせもつ。

エドガー Edgar（男）「富」と「支配者」という二つの意味をあわせもつ。

エドモンド Edmond（男）「富」と「保護者」という二つの意味をあわせもつ。

エドワード Edward（男）「富」と「守護者」という二つの意味をあわせもつ。姓として**エドワーズ**「エドワードの息子」などが派生。

エマ Emma（女）語源、語義ともに不明のラテン語人名。おそらく「すべて、全宇宙的」から。

エマーソン Emerson（姓）（男）「エメリーの息子」。エメリーはラテン語の**アメリー**「仕事の規則」が訛ったもの。同系の姓に**エムソン**などがある。

エマニュエル Emanuel（男）ヘブライ語で「神は我々とともにある」という意味。約束された救世主のこと。

エミリー Emily（女）ラテン語でおそらく「ライバル」から。

エリオット Eliot（姓）（男）新約のエリアスからの名。エリアスは、ヘブライ語で「エホバは神である」。

エリクソン Erikson（姓）北欧系の姓で「エリックの息子」。同系の姓に**エリクセン**がある。

エリザベス Elizabeth、**Elisabeth**（女）ヘブライ語で「神は誓った」という意味。旧約、新約ともに、重要な女性の名としてあらわれる。愛称は多く、**リズ**、**リサ**、**リーザ**、**ライザ**、**エルシー**、**リブ**、**エリサ**、**リズベス**、**イライザ**、**ベス**、**ベティ**などがある。

エリス Ellis（姓）（男）新約のエリアスの名から。エリアスはヘブライ語で「エホバは神である」。また、ケルト語の人名**エリスド**「優しい、情け深い」の名の英語形ともいわれる。同系の名に**イライアス**がある。

エリック Eric、**Erik**（男）「支配者」という意味。

エルヴィス Elvis（男）語源、語義ともに不明。一説には「すべて」と「賢い」の二つの意味をあわせもつ名とも。

エルトン Elton（姓）（男）「エラの居住地」という意味。

エルナンデス Hernandez（姓）スペイン語で「エルナンドの息子」。**エルナンド**は「旅、旅行」という意味。

エンゲルス Engels（姓）「イングランド人」を意味するドイツ名。または「牧草地」の住人。

【オ】

オーウェン Owen（姓）ラテン語で「素性のよい」から生まれた姓。

オキーフ O'Keef（姓）「キーフの息子」。**キーフ**は「美しい、高貴な」という意味。

オコナー O'Connor（姓）「コナーの息子」。**コナー**は「強い意思」という意味。

オコンネル O'Connell（姓）「コンネルの息子」。

オスカー Oscar、Oskar（男）「鹿」と「友」という二つの意味をあわせもつ。または「神」と「槍」という二つの意味をもつともいわれる。フランス語形は**オスカル**。

オースティン Austin（男）ラテン語で「増やす」から意味が広がった「偉大、壮大な」からの名。

オズボーン Osborn（男）「神の誕生」という意味。

オズマンド Osmond（男）「神の守護」という意味。

オズワルド Oswald（男）「神の力」という意味。

オドネル O'Donnell（姓）「ドネルの息子」。**ドネル**は「世界」と「支配」という二つの意味をあわせもつ名。

オードリー Audrey（女）「高貴な」と「輝かしい」という二つの意味をあわせもつ。

オニール O'Neil（姓）「ニールの息子」という意味。

オハラ O'Hara（姓）「ハラの息子」。**ハラ**は「苦い、鋭い」という意味。

オブライエン O'Brien（姓）「ブライアンの息子」という意味。

オリヴィエ Olivier（姓）フランス語で「オリーヴの木」。

【カ】

カー Kerr（姓）「沼地」からの名。

カウフマン Kaufmann（姓）「（貿易）商人」という意味。

カーク（キルク）Kirk（姓）「教会」からの名。

カークランド Kirkland（姓）「教会の地所」またはスコットランドとアイルランドの「カークランド」。

カサノヴァ Casanova（姓）スペイン語で「新しい家」またはスペインの同名の地名から。

ガストン Guston（姓）ケントの地名ガストン「ガスサイジの小さな森」からの姓。

カーター Carter（姓）「荷車をつくる（引く）人」。

カッツ Katz（姓）ドイツ語のコーヘン・ゼデク「正義の聖

職者」の短縮形。

カーティス Curtis（姓）古期フランス語で「礼儀正しい、宮廷にふさわしい」からの名。

カトリーヌ Catherine（女）キャサリンのフランス語形。

カーネギー Carnegie（姓）スコットランド、アンガス州の「キャリーネギーの地所」。

カフカ Kafka（姓）チェコ語で「カケス」。カケスの絵が描かれた看板からの名。

カーペンター Carpenter（姓）「大工」。

カポーティ Capote（姓）ケープの一種からの名。

カーメン（カルメン）Carmen（女）カーメルのスペイン語形。**カーメル**はヘブライ語で「庭、花園」という意味で、聖母マリアの肩書きのひとつ。ラテン語の「歌」と関連づけられることもある。

カーラ Carla（女）カールの英語の女性形。

ガーランド Garland（姓）「槍の土地」、「三角形の野原」または「花輪の看板のある場所」。

カール Carl, Karl（男）ドイツ語で「男」または「自由農民」。

カルヴァン Calvin（姓）（男）ラテン語の「禿げ」からきた「小さな禿の男」。愛称は**カル**。英語読みは**カルヴィン**。

ガルシア García（姓）ジェラルドのスペイン語形。ジェラルドは「槍」と「支配者」という二つの意味をあわせもつ。またはスペインの「ガルシア」。

カルティエ Cartier（姓）フランス語で「トランプの製造職人または販売人」。

カルロス Carlos（男）カールのスペイン語形。

カーリー Currie（男）スコットランド南西部の地名「コーリー」。**コーリー**はケルト語で「大釜、峡谷、山峡」。

カレン Karen（女）キャサリンのスカンディナヴィア語形が変化したもの。

カワード Coward（姓）「放牧場のウシ飼い」。現在の英語の「臆病者」は、たまたま同じ綴りになってしまっただけで、語源は異なる。

カンパネッラ Campanella（姓）イタリア語の「鐘、鐘楼」からの名。

【キ】

キーツ Keats（姓）「活発な」、あるいは「ケティル（大鍋）」ではじまる名前の省略形。または「クリストファー」の省略形からなど、諸説がある。

キッシンジャー Kissinger（姓）「湿地」という意味。

キートン Keaton（姓）イングランドのレスターシャーの「ケットン（ケスティーヴンの人々の地所）」。

ギネス Guinness（姓）「アンガスの息子」。**アンガス**はケルト語で「一つの選択」。同系に**ヘネシー**がある。

ギブソン Gibson（姓）「ギブの息子」という意味。**ギブ**はギルバートの愛称。

キプリング Kipling（姓）ヨークシャーにあるイースト・ライディング、またはノース・ライディングの同名の地名からの名。

キャサリン Catherine（女）カタリーナから。**カタリーナ**はギリシア語人名のラテン語形だが語源は不明。愛称は多く、**キャシー**、**キャス**、**ケイト**、**ケイティ**、**キティ**など。

キャメロン Cameron（姓）（男）ケルト語で「鉤鼻、鷲鼻」。近年女性名としても登場している。

キャリー Carrie（女）（姓）キャロラインの愛称。最近は姓としても登場する。

キャロライン Caroline（女）カールの女性形の英語形。同系の名に**キャロリン**、愛称には**キャリー**、**リン**など。

キャロル Carol（姓）ケルト語で「曲がった口」。

キャンベル Campbell（姓）（女）チャールズと同じくカールから。もとは男性名だったが現在は姓にも女性名にもみられる。

ギルバート Gilbert（男）「契約」と「輝かしい」という二つの意味をあわせもつ。姓として**ギルバートソン**、**ギルバーツ**「ギルバートの息子」が派生。愛称に**ギル**。

キング King（姓）「王（のように偉ぶった）」または「王（の資質をもった」「王（に仕えた）」。

【ク】

クインシー Quincy（姓）（男）ノルマンディの一族の名に由来する地名から。

クック Cook（姓）「料理人」という意味。

クーパー Cooper（姓）「桶職人」という意味。

クラーク Clark（姓）ラテン語の「書記、事務官、牧師、学者（下級の聖職者）」からの名。

グラハム Graham（姓）（男）リンコルンシャーの地名「グラサム」。地名の意味は「砂利」と「家屋敷」。

クララ Clara（女）ラテン語で「明るい」または「明らかな」からの名。同系の名に**クレア**、**クラリス**、**クラリッサ**。

クラレンス Clarence（男）「クレアの」という公爵の称号。ただしクレアとは、地名であって人名ではない。

グラント Grant（姓）スコットランド地方の一族の名。「大きな」「巨大な」という意味。

クリスタル Crystal（女）「水晶」。

クリスティー Christie（姓）（女）ラテン語で「キリストに従う者」からの女性形の名。愛称に**クリス**。

クリストファー Christopher（男）ギリシア語のクリストフォロス「キリストを担う者」からの名。愛称に**クリス**。

クリフォード Clifford（姓）「流れの速い浅瀬」。

グリム Grim、Grimm（姓）「仮面」、または「残酷、野蛮」な人。

グリーン Green（姓）「草地」、または形容詞的に「若い、生意気な、青二才」。

クリントン Clinton（姓）「丘のある町に住む人」、または「オックスフォードシャーのグリンプトンあるいはノースアンツのグリントン」からの名。

クリント Clint（男）クリントンの短縮形。

グレイ Gray（姓）「銀（灰色）髪の男」。または、フランスのグレイ「グラデュスの地所」。

クレイグ Craig（姓）ケルト語で「石」または「岩山」。

クレイトン Clayton（姓）（男）「粘土の囲い地」。イングランドの各地に同名の土地がある。

クレオパトラ Cleopatra（女）ギリシア語で「栄光」と「父」という二つの意味をあわせもつ。

グレコ Greco（姓）「ギリシア人」という意味。

グレゴリー Gregory（男）ラテン語で「注意深く見る、用心深い」という意味。

グレタ Greta（女）マーガレットの北欧形の愛称。

グレーテル Gretel（女）マーガレットのドイツ語形の愛称。

クレメンス Clemence（女）ラテン語で「慈悲深い」という人名の女性形。

グレン Glenn（姓）（男）ケルト語で「谷」という意味。

グローヴァー Glover（姓）「手袋（職人、商人）」。

クロスビー Crosby（姓）イングランドとスコットランドにある村「クロスビー（十字路にある村）」から。

クローディア Claudia（女）ローマの家族名から派生したフランス語男性名クロードの女性形。イタリア語とスペイン語読みではクラウディア。

クロフォード Crawford（姓）「カラスのいる浅瀬」。

【ケ〜コ】

ケプラー Kepler（姓）「縁なし帽子、頭巾（職人、商人）」。

ケネディ Kennedy（姓）ケルト語で「醜い頭」。

ケラー Keller（姓）「貯蔵庫、酒蔵（の持ち主）」、またはそこで働く者、そこの出身者。

ケリー Kelly、Kelley、Kellie（姓）（男）（女）ケルト語起源の人名で、「闘争、戦争」、「賢い」または「修道院」、「教会」など諸説ある。

ゴア Gore（姓）「三角地」。

コーエン、コーヘン Cohen（姓）ヘブライ語で「僧侶」という意味。アングロ的に改変したものが**コーン**。同系の名に**カガン**、**カハン**、**カーン**がある。

ゴディヴァ Godiva（女）「神の贈り物」という意味。イングランド、コヴェントリーの領主の妻ゴダイヴァの名から。彼女は領主である夫に、住民に対する減税を嘆願したところ、裸で馬に乗って広場を駆け抜ければ聞き入れようと無理を言われた。果敢にも彼女はそれを実行したのだが、住民は皆、彼女に敬意を表して戸を閉ざし、見ないようにした。それをただ一人覗き見たのがトム。これも有名なピーピング・トムである。

ゴードン Gordon（姓）ケルト語で「大きな丘」。または、ベラルーシの「グロデュノ（城塞）」。

コネリー Connelly（姓）コネルと同じ。またはアイルランドの聖者コンガル「勇敢な」から派生した姓。

コーネリア Cornelia（女）語源、語義が不明なローマ氏族名の女性形。一般的にはラテン語で「角」の意味とされている。

コネル Connell（姓）（男）ケルト語で「オオカミ、猟犬、気高い」と「強い」という二つの意味をあわせもつ。同系の姓にコンナル、コノリーがある。

コラソン Corazon（女）スペイン語で「心、心臓」。

コリン Collin（姓）（男）ギリシア語名ニコラウスからの名。ニコラウスは「勝利」と「人々」という二つの意味をあわせもつ。またはゲール語で「子犬」または「わんぱく小僧」という意味がある。

コール Kohl（姓）「キャベツ」。なお、「キャベツ頭」は「愚か者」という意味。

ゴンサレス Gonzalez（姓）西ゴート族の人名ゴンサロ「戦いの用意ができている」から派生したスペインの姓。

【サ】

サイモン Simon（姓）（男）旧約のシメオンの英語形。

サザランド Southerland（姓）「南の土地」。

ザックス Sachs（姓）「ザクセン（地名）」からの名。ザクセンはサクソン族の名に由来する。

サッチャー Thatcher（姓）「屋根葺き職人」。

ザビエル Xavier（姓）バスク語で「新しい家」または同じ名の地方。

サミュエル Samuel（男）旧約のサムエルによる。愛称にはサム、サミーがある。

サム Sam（男）サミュエルの愛称。

サリー Sally（女）セーラの愛称。

サリヴァン Sullivan（姓）ケルト語で「黒い目の（または片目、鷹の目）」という意味。

サリンジャー Salinger（姓）ドイツの地名サリンジェン「湿地」から。またはヘブライ語の「平和」から派生した人名、あるいは、フランス北西部またはフランス北部にある聖レジェ（サン・レジェ）にちなんだ地名から。

サンダーズ Sanders（姓）「サンダーの息子」。サンダーはアレクザンダーの愛称。

サンチェスSanchez（姓）「サンチョの息子」。**サンチョ**はラテン語の「聖なる」に由来するという説が有力。

サンドラSandra（女）**アレクザンダー**の女性形**アレクザンドラ**の愛称。

【シ】

シアーズSears（姓）「海」と「戦士」という二つの意味をあわせもつ。または「勝ち誇る」と「武力」という二つの意味があるともいわれる。

シェイクスピアShakespere、**Shakespeare**（姓）「小作人の農場」。または、「槍」と「振る」という二つの意味をあわせもつ姓。

ジェイコブJacob（男）旧約の聖ヤコブの英語形。愛称には**ジェイク**がある。

ジェイソンJason（男）ギリシア語で「治療する人」から。

シェイファーShaffer、**Shaeffer**（姓）「羊飼い」。

ジェイムズJames（男）旧約の聖ヤコブから派生した名。愛称には**ジム**、**ジミー**がある。

ジェシカJessica（女）シェイクスピアがつくった名。

ジェラルドGerald（男）「槍」と「支配者」という二つの意味をあわせもつ。アメリカでの愛称は**ゲリー**、**ジェリー**。

シェリーShelley（姓）「森（または開拓地）にある坂（または崖縁）」。

ジェリーJerry（男）**ジェレミー**または**ジェラルド**の愛称。

シェルダンSheldon（姓）イングランドの「シェルダン（深い谷）」からの名。

ジェレミーJeremy（男）旧約の預言者**エレミア**「神に選ばれし者」からの名。

シェーンShane（男）ジョンのアイルランド語形の変化形。

ジェーンJane（女）新約のヨハネの英語の女性形。

シーヴァースSievers（姓）「シーヴァーの息子」。**シーヴァー**の語源はシギイワート（「勝利」と「値する」という二つの意味をもつ）という名、またはシヴァー（「勝利」と「番兵」の二つの意味をもつ）の名の短縮形。

シガニーSigourney（姓）（女）一九二〇年代に姓から名に転じた。『華麗なるギャッツビー』の登場人物にちなんで女優が芸名にもちいてから定着しつつある。語源、語義ともに不明。

ジークフリートSiegfried（男）「勝利」と「平和」から。ゲルマン民族の伝説の英雄の名。

シーザーCaesar（男）ローマの家族名カエサルから。おそらく古代エトルリア語起源だが、詳しい語源、語義ともに不明。ドイツ語では**カイゼル**、**カイザー**。

シドニーSidney（姓）（男）（女）「広大な干拓地の出身者」。

シートンSeaton（姓）イギリスの地名で「海の側の土地」。

ジムJim（男）ジェームズの愛称。愛称にジミーなど。

シーモアSeymour（姓）（男）もとはノルマンディの聖マウル教会にちなんだ地名からの男爵の称号。聖マウルは北アフリカの出身で、その名マウルはムーア「黒い」から。

シムソンSimson（姓）「サイモンの息子」。

シャーウッドSherwood（姓）「州所有の森」。

ジャガーJaeger、Jagar（姓）ドイツ語またはフランス語で「猟師、狩人」。ヒョウのジャガーはjaguar。ドイツ語読みはイェーガー。

シャガールChagall（姓）セガールのフランス語形。

ジャクソンJackson（姓）「ジャックの息子」。ジャックはジョン、またはジェームズの愛称。

ジャクリーンJacqueline（女）ジェームズのフランス語の女性形。

ジャックJacques（男）新約のヤコブのフランス語形。

ジャスミンJasmine（女）ジャスミンの花から。

ジャニスJanis（女）ジョンの女性形ジェインから派生。

シャーリーShirley（姓）（男）（女）イングランドに多くある地名からの名。「州（シャー）」または「眩しい」と「森、開拓地」という二つの意味をあわせもつ姓にはじまり、男性名となったといわれている。シャーロット・ブロンテの作品『シャーリー』の影響で女性名としても定着。

シャーロットCharlotte（女）カールのフランス語の女性形。英語読みはシャーロット、ドイツ語読みはシャルロッテ。愛称にはロッテ、ロッティがある。

シャロンSharon（女）ヘブライ語で「歌う、歌手」、またパレスティナにある谷で「平原」（聖書に登場する地名）からなど、諸説がある。

ジャンJean（男）新約のヨハネのフランス語形。

ジャンヌJeanne（女）新約のヨハネのフランス語の女性形。

シュヴァリエChevalier（姓）フランス語で「騎士」。

シュヴァルツコップSchwarzkopf（姓）ドイツ語で「黒い頭」という意味。

ジュディJudy（女）ジュディスの愛称。ジュディスは「ユダヤ人」または「ジュディアからの女」からの名。同系の愛称にジョディ。

シュトラウスStrauss（姓）意味は諸説ある。「ダチョウまたは花束の看板のある所」、「ダチョウ（＝愚か）的な人」、「花束」、「灌木の林」など。英語読みではストラウス、フランス語読みではストロースとなる。

シュナイダーSchneider（姓）「仕立屋」。

シューマンShumann（姓）ドイツ語で「靴屋」。

シュミットSchmidt（姓）ドイツ語で「鍛冶屋」。

シュワルツ Schwarz（姓）ドイツ語で「黒」。ドイツ語読みはシュヴァルツ。
シューベルト Schubert（姓）ドイツ語で「靴屋」。
ジュリア Julia（女）ローマの氏族名ユリウスから。
ジュリエット Juliet（女）ジュリアから派生した名。
シュリーマン Schliemann（姓）「テンチ（コイ科の淡水魚）を獲る者、商うもの」という意味。
シュルツ Schultz（姓）ドイツ語で「州（郡）の行政官」または「家令、執事」。
ショー Shaw（姓）「森、低い林」または「オオカミ（の子孫）」という意味。
ジョイス Joyce（姓）（男）（女）ケルト語で「主」を意味する言葉から。
ジョエル Joel（姓）（男）旧約のヨエル。ヨエルはヘブライ語で「エホバは神なり」。
ジョヴァンニ Giovanni（男）新約のヨハネのイタリア語形。
ジョージ George（男）ギリシア語の人名ゲオルギオス（「農民」）からの名。
ジョシュア Joshua（男）旧約のヨシュア。ヨシュアはヘブライ語で「神は救済する」という意味。
ジョセフ Joseph（男）新約のヨセフ。ヨセフはヘブライ語で「神は増やしたもう」という意味。
ジョセフィーヌ Josephine（女）新約のヨセフのフランス語の女性形。
ジョーダン Jordan（姓）（男）ヘブライ語で「（死海に向かって）下へ流れる」という意味のヨルダン川からの名。とくにその水で洗礼された（ことになっている）子どもにつけられることが多かった。
ジョディー Jody、Jodie（女）ジュディスの愛称。
ショックリー Shockley（姓）チェシャーのショックラー（悪鬼のいる小川）からの姓。
ジョナサン Jonathan（男）旧約のヨナタン「神は与えたもう」という意味。
ジョニー Johnny（男）ジョンの愛称。
ショーン Sean（男）ジョンのスコットランド形。
ジョン John（男）新約のヨハネ「神は恵み深い」から。愛称はジョニー、ジャック、ジャッキーなど。スコットランド独特の愛称はジョック。
ジョーンズ Jones（姓）「ジョンの息子」。
ジョンストン Johnston（姓）「ジョンの荘園から来た者」。
ジョンソン Johnson（姓）「ジョンの息子」。
ジレット Gillette（姓）「小山羊」または「盾（小山羊の皮を用いたからか）」と「小さな」という二つの意味をあわせもつ。

シルヴェスターSylvester、Silvester（姓）（男）ラテン語「森の」から派生した姓。

ジーンGene（男）（女）ギリシア語の**ユージン**「素性のよい」という男性名の愛称。現在は男女ともにもちいられる。

シンクレアSinclair（姓）ケルト語の地名ノルマンディの「セイント・クレアの出身」。

シンシアCynthia（女）ギリシア神話で、月の女神アルテミスが生まれたデロス島の「キュントス山Mt. Cynthus」に由来する名。

シンディーCindy（女）もともとはシンシアの愛称だが、現在は独立した名となっている。

シンデレラCinderella（女）フランス語の「灰」から。

シンプソンSimpson（姓）「サイモンの息子」。

【ス】

スコットScott（姓）（男）「スコットランド人」。

スーザンSusan、Suzan（女）スザンナから。愛称は**スージー**、**スー**などがある。

スザンナSusanna、Suzanna（女）ヘブライ語の「百合」。

スタイン（シュタイン）Stein（姓）ドイツ語の「石」に関連する地名からの名。また、Steinではじまるさまざまな姓の短縮形。

スタイン（シュタイン）ベックSteinbeck（姓）ドイツ語で「石の（多い）川」。同系の姓に**スタイン（シュタイン）バック**がある。

スタインメッツSteinmetz（姓）ドイツ語で「石工」。

スターン（シュターン）Stern（姓）「厳格な」、あるいは、ドイツ語で「星」。

スタンフォードStanford（姓）イギリスのスタンフォードからの名。地名は「石」と「浅瀬、渡瀬」という二つの意味が合わさっている。

スタンリーStanly（姓）「石の多い開墾地の住人」。同系の名に**スタンレー**がある。

スティーヴンSteven、Stephen（男）キリスト教の最初の殉教者となった聖ステパノ（ギリシア語で「王冠」）からの名。同系の名に**スティーヴ**などがある。**スティーヴンス**、**スティーヴンソン**（ともに「スティーヴンの息子」）などの姓が派生。

ステファニーStephanie（女）スティーヴンの女性形。

ステラStella（女）ラテン語で「星」。聖母マリアの肩書きの一つステラ・マリス「海の星」の影響もあるという。

スチュアートStewart（姓）（男）「執事」または、「畜舎の番人」。愛称に**スチュー**などがある。

ストーンStone（姓）「石」。

スピノザSpinoza(姓）スペインの地名エスピノサ「イバラ

の茂った場所」から派生した姓。

スミス Smith（姓）「鍛冶屋（武器や道具を作る人）」。

【セ〜ソ】

セガール Segal（姓）「代理人」と「祭司」という二つの意味をもつ名。

セシル Cecil（姓）（男）ラテン語で「盲目の」からの名。またはウェールズのセイシルト（ラテン語セクスタス「第6番目」）からの姓。

セバスチャン Sebastian（男）ラテン語で「セバスタ（小アジアにあった都市）出身の」。または、ギリシア語の「尊敬された、威厳ある」からの名。

セーラ（サラ）Sarah（女）ヘブライ語で「王女」。旧約のアブラハムの妻でイサクの母に神が与えた新しい名。愛称に**サリー**、**サル**などがある。

セリーヌ Celine（女）語義、語源ともに不明だが、おそらくラテン語で「天国」から。またはセシリア（セシルの女性形）からの名。

ソフィア Sophia（女）ギリシア語で「知恵」という意味。愛称は**ソフィー**。

ソロモン Solomon（男）旧約でダヴィデの子。ヘブライ語で「平和」という意味。

【タ】

ダイアナ Diana（女）ローマ神話の処女神で月と狩りの女神の名ディアナの英語形。

タイソン Tyson（姓）（男）ギリシア神話の酒の神ディオニュソスの愛称**ディエ**からの名。または**ティソン**「燃え木（＝すぐ怒る人のあだ名）」の二つの説がある。

タイラー Tyler（姓）（男）「タイル（職人、貼り屋）」。

ダヴィッドソン Davidson（姓）→**デイヴィッド**

タウンゼンド（タウンズエンド）Townsend（姓）「町外れ」。

ダグラス Douglas（姓）（男）スコットランド高地の地名で「黒い小川」という意味。

ダスティン Dustin（姓）（男）語源、語義はともに不明。有力な説としては、「トール神の石」または「勇ましい戦士」。

タトル Tuttle（姓）「見張りの丘」または同名の土地（リンコルンシャーとミドルセックスにある）。

ターナー Turner（姓）「旋盤工」。

ダニエル Daniel（男）旧約の預言者ダニエルの名から。ダニエルは、ヘブライ語で「神は私の審判」。愛称は**ダニー**、**ダン**。**ダニエルズ**「ダニエルの息子」などの姓が派生。

ダービー Darby（姓）（男）地名のダービー（古期ノルマン語で「鹿」と「居住地」という二つの意味をあわせもつ）。

ダミアン Damian（男）ギリシア語の「支配する、征服する」

からの名。
ダリル Darrel、Daryl（男）語源は不明だが「愛しい人、親愛なる人」を意味するダーリンから派生した可能性が高いといわれている。
ダレン Darren（男）ダリルと同じ。
ダン Dunn、Dunne（姓）「浅黒い（男）」。
ダンカン Duncan（姓）「茶色、褐色」と「首長、貴族」という二つの意味をあわせもつ名。同系の姓にダンキン、ダンカンソンがある。
ダンテ Dante（姓）（男）ラテン語で「不変の」から派生。

【チ〜テ】

チェンバレン Chamberlain（姓）「宮廷の侍従」「王の家令」「市の収入係」などの役職からの名。
チャーチル Churchill（姓）「教会の丘」。または同名の土地。
チャック Chuck（男）チャールズの愛称。
チャップリン Chaplin（姓）「礼拝堂つきの聖職者、牧師、司祭」という意味。
チャールズ Charles（男）カールから。
チャールトン Charlton（男）「自由な農民の居住地」という意味の地名から。同名の地は数多くある。
チャンドラー Chandler（姓）「ろうそく」から「ろうそくをつくる人、売る人」。さらに「小売り商人」という意味をもつようになったのは一六世紀に入ってから。
チョーサー Chaucer（姓）「半ズボン、脚絆、長靴の仕立屋」。
デイヴィッド David（男）旧約のダヴィデから。ダヴィデはおそらくヘブライ語の「最愛の人」「指揮官」「友人」「（子守歌の文句の）愛し児」から派生した名。デイヴィッドソン、デイヴィッズ（ともに「デイヴィッドの息子」）などの姓が派生。愛称にはデイヴィー、デイヴなどがある。
ディオン Dion（姓）ラテン語のディオ「ゼウス（の）」からはじまるさまざまな名前の省略形。
ディケンズ Dickens（姓）「ディックの息子」。ディックはリチャードの愛称。同系の姓にディケン、ディケンソン、ディクソン。
ディック Dick（男）リチャードの愛称。
ティファニー Tiffany（姓）「ティファニー（画家がトレーシング・ペーパーの代わりに用いたシルクの一種）商人」。
ティモシー Timothy（男）新約のテモテ。ギリシア語で「栄光」と「神」という二つの意味をあわせもつ名。
テイラー Taylor（姓）「仕立屋」。
ディラン Dylan（男）おそらくケルト語で「海」と関連した名といわれる。
デニス Dennis、Denis（男）ギリシア神話の酒神ディオニュソスの信奉者を意味するギリシア語の人名ディオニシオスから。愛称はデン、デニー。

テニスン Tennyson（姓）「デニーの息子」。デニーはデニスの愛称。

デボラ Debora（女）旧約に登場する人物の名。ヘブライ語の「ミツバチ」から。同系の名に**デブラ**など、愛称には**デビー**などがある。

デューイ Dewey（男）（姓）語源、語義は不明。有力な説はデイヴィッドのウェールズ語系デューからという。

デューク Duke（姓）「公爵」。

デュポン Dupont（姓）フランス語で「橋の近く」。

デリンジャー Dellinger（姓）ドイツの地名デリング「入り江」から。

デルモンテ Del Monte（姓）ラテン語源で「山から」。

テレサ Theresa（女）おそらくはギリシア語の「収穫」という意味の言葉に由来する地中海の島の名から。英語の発音はテリーザ。

デンゼル Denzel（姓）（男）コーンウォールにある地名。

【ト】

ドイル Doyle（姓）「色の黒い異邦人」というケルト語から生まれた姓。

ドウリトル Doolittle、Dolittle（姓）「ほとんど何もしない者」「怠け者」を意味する。

トゥルーマン Truman、Trueman（姓）「真実、信用のおける」と「男」という二つの意味をあわせもつ。

トゥワイニング Twining（姓）「二つの小川に挟まれた」。

ドゴール de Gaulle（姓）フランス語で「ゴール人、ガリア人＝ケルト人」。

ドナルド Donald（姓）（男）「世界」と「支配」という二つの意味をあわせもつケルト語の名のスコットランド形。同系の姓に**ドナルドソン**、**マクドナルド**などがある。現在はスコットランド系でなくとももちいる。

ドナリー Donnelly（姓）ケルト語で「褐色の勇気ある（アイルランド）人の末裔」。

トニー Tony（男）アントニーの愛称。しばしば女性名としてももちいられる。

ドノヴァン Donovan（姓）ケルト語で「黒褐色の（アイルランド）人」。同系の姓に**オドノヴァン**。

トーマス、トマス Thomas（姓）（男）新約の十二使徒の一人トマス（アラム語で「双子」のギリシア語と同義）。愛称は**トム**、**トミー**。

ドミンゴ Domingo（姓）（男）ラテン語で「主」を意味する言葉から派生したドミニクスのスペイン語名。

トム Tom（男）トーマスの愛称。同系の名に**トム**、**タム**。姓として**トムソン**「トーマスの息子」などが派生。

トラヴァース Travers（姓）ノルマン・フランス語で「渡る（人から租税を徴収する者）」。
トリシア Tricia（女）パトリシアの愛称。
ドレイサー Dreiser（姓）アンドリューのドイツ語形の愛称「ドレイスの子孫」。または、ドイツの地名「ドレイス（沼地の泉）から来た者」。
ドロシー Dorothy（女）ギリシア語で「贈り物」と「神の」という二つの意味をあわせもつ名前ドロテアから。聖母マリアの肩書きの一つ。

【ナ〜ノ】

ナタリー Natalie（女）ナタリヤのフランス語形。ナタリアはラテン語で「（神の）誕生日」を意味するロシアの女性名。
ナポレオン Napoleon（男）ギリシア語で「新しい都市（ネア・ポリス）」と「ライオン」という二つの意味をもつ名のイタリア語を経由したフランス語形。
ナンシー Nancy（女）アンの愛称。
ニクソン Nixon（姓）「ニックの息子」。**ニック**はニコルの愛称。発音は変わらないもののNicksonの綴りが変更されたもの。
ニコル Nichol、Nicol（姓）（男）（女）聖ニコラウスの名からの愛称。**ニコラウス**は、ギリシア語で「勝利」と「人々」という二つの意味をもつ。
ニュートン Newton（姓）「新町」。
ニューマン Newman、Newmann（姓）「新参者」。ドイツ語名では**ノイマン**。
ネイサン Nathan（姓）（男）ヘブライ語で「彼（＝神）の与えしもの」という意味。
ネルソン Nelson（姓）「ニールの息子」。
ノースブルック Northbrook（姓）「北の小川」。
ノーマ Norma（女）ラテン語で「支配、パターン、基準」から。また、ノーマンからの派生という説もある。
ノーマン Norman（姓）「ノルマンディー地方」。
ノリス Norris（姓）「北から来た人（スカンディナヴィア人とも）」という意味。

【ハ】

ハイアット Hyatt（姓）「小高い山道」「峠道」という意味。
ハイディ Heidi（女）アーデルハイドの愛称。
ハイネケン Heineken（姓）ドイツ語で「小さなハイン」ハインはヘンリーのドイツ語の短縮形。
ハイム Heim（姓）ドイツ語で「家」。
バイロン Byron（姓）（男）「牛小屋」。
ハインツ Heinz（姓）（男）ヘンリーのドイツ語短縮形ハインからの名。

ハインリヒ Heinrich（男）ヘンリーのドイツ語形。
ハウエル Howell（姓）ウェールズの伝統的人名で「著名な、高名な」からの名。
パウエル Powell（姓）ポールから派生した姓。
ハヴェル Havel（男）ラテン語の「雄鶏」から派生したポーランド語形男性名ガウルのチェコ語形。
パウンド Pound（姓）「（家畜を入れる）囲い」。
バーカー Barker（姓）古期ノルド語「（皮の渋なめしのために）樹皮を剥ぐ人」。
パーカー Parker（姓）「荘園領主の狩猟園の管理人」。
パーキンソン Perkinson（姓）「ピーターの息子」。
バーク Burke、**Burk**（姓）「砦」「荘園」。
バクスター Baxter（姓）「パン屋」。
バーグマン Bergman（姓）「山地の住民」。スウェーデン語ではベルイマン。
バージル Basil（男）ギリシア語で「王、王族の」。
パスカル Pascal（姓）フランス語で「（ユダヤ教の）過越節の、（キリスト教の）復活祭の」。
バスケス Vazquez（姓）・ラテン語で「バスク地方」に由来。
バーソロミュー Bartholomew（男）新約の十二使徒の一人。ヘブライ語で「タルマイの息子」。愛称は**バート**など。なお、タルマイはおそらくヘブライ語で「耕地に富む」。
パターソン Paterson、**Patterson**（姓）「パトリックの息子」。
バック Back（姓）「尾根」または「コウモリ」、「背が曲がった」のいずれか。
バック Buck（姓）「雄鹿」または「雄山羊」。
バッハ Bach（姓）ドイツ語で「小川」。
バート Bart（男）バーソロミューの愛称。
バート Bert（男）アルバートなどの愛称。
バトラー Butler（姓）「執事長」。ただし、語義は「ビンを見張る男」。とくに有力な古代アイルランド系家族に多い。
パトリシア Patricia（女）パトリックの女性形。愛称に**パット**、**パティ**、**トリシヤ**などがある。
パトリック Patrick（男）ラテン語で「貴族」。
バーナード Bernard（姓）（男）「熊」と「勇敢、強い」という二つの意味をもつ名。
ハーバート Herbert（姓）（男）「軍隊」と「眩しい、有名」という二つの意味をあわせもつ。愛称は**ハービー**など。
バーバラ Barbara（女）ギリシア語で「外国人」からの名。同系に**バーブラ**。愛称は**バービー**など。
パーマー Palmer（姓）聖地パレスティナからナツメヤシ（パーム）の枝（の十字架）をもち帰ってきた巡礼者が「ナツメヤシの人」とよばれたことから生まれた姓という。
ハーマン Herman（姓）（男）「軍隊」と「人」という二つの

意味をあわせもつ。ドイツ語読みではヘルマン。
ハミルトン Hamilton（姓）「平らな頂の丘」（レイセスターシャーのバークリー近くの地名ハミルトンまたはハメルデューン）あるいは、スコットランド南部の「ハンブレトン（曲がった場所、または禿げ山）の出身者」。
パメラ Pamela（女）語源不明。一九世紀に文学作品のためにつくられた名と考えられる。
ハモンド Hammond（姓）「住処、家」または「首領、保護者」という意味。
ハーリー（ハーレイ）Harley（姓）（男）「岩」または「野ウサギ」と「小さな森、開墾地」という二つの意味をあわせもつ名。
ハリー Harry（男）ヘンリーの変形。英語の愛称は**ハル**。
バリー Barry（姓）ケルト語の名前バーラから。**バーラ**はフィオンバー「白、美しい」と「頭」という二つの意味をもつ初期アイルランドの聖者に多い名の短縮形。
ハリエット Harriet（女）ハリーの女性形。
ハリス Harris（姓）「ハリーの息子」。同系の姓に**ハリソン**。
パール Pearl（女）「真珠」。
バルデュウィン、ボードウィン Baldwin（姓）古代フランス語で「禿げた、勇気ある」と「友人」という二つの意味をもつ名。
ハロッズ Harrods（姓）「ハロルドの息子」。
ハロルド Harold（男）「軍隊」と「力」という二つの意味をあわせもつ名。
ハーン Hearn、Herne（姓）「隅、湾曲」からきた「曲がり角の住人」、またはベッドフォードシャーのハーン（石ころの山）、チェシャーまたはケントのハーン（曲がり角）からの名。
バーン Byrne（姓）ケルト語の「熊またはカラスの末裔」からの名。
ハンク Hank（男）ジョンまたはヘンリーの愛称。
ハンコック Hancock（姓）ジョンの愛称ハンクから。
ハンス Hans（男）新約のヨハネのドイツ語形。
バーンズ Barnes（姓）「納屋」または「オオムギ小屋」という意味の地名、または「戦士」。あるいは、「子ども、若者、若い騎士」または「熊」。
バーンズ Burns（姓）「小川」。
バーンスタイン Bernstein（姓）ドイツ語でユダヤ人ゲットーのあったベルンシュタイン（語義は「琥珀」）という町に由来する姓。発音は**バーンシュタイン、バーンスティーン、バーンスティン**の四種類がある。
ハンソン Hansson、Hanson（姓）北欧系の姓。「ハンスの息子」。同系の姓にハンセンなどがある。

ハンター Hunter（姓）「猟師」。同系の姓にハント。
ハンナ Hannah（女）ヘブライ語で「恵み深き」。

【ヒ】

ピエール Pierre（男）新約聖書の十二使徒の一人、ペトロから。ペトロはギリシア語で「石、岩」という意味。
ヒギンズ Higgins（姓）リチャードの愛称「ヒック（ヒッグ）の息子」。ヒック（ヒッグ）はリチャードの愛称。同系の姓にはヒギンソン、ヒッグスがある。
ピーター Peter（男）新約の十二使徒の一人、ペトロから。ペトロはギリシア語で「石、岩」という意味。
ピーターソン Peterson（姓）「ピーターの息子」。
ヒッチコック Hitchcock（姓）「リチャードの子孫」。
ヒットラー Hitler（姓）「製塩所の監督」。
ヒュー Hugh（男）「心、魂、霊」を意味する言葉から派生したこの語を含むさまざまな名の愛称（短縮）形。
ヒューイット Hewit（姓）「開墾地、空き地」。
ピュリッツァー Pulitzer（姓）「毛皮を（扱う職人、商人）」。
ヒューレット Hewlett（姓）ヒューの異形。
ヒラリー Hilary（男）（女）ローマ氏族名でラテン語の「朗らか」からの名。
ヒーリー Healy（姓）イングランドの「ヒーロー（高地の開墾地、森）」、またはヨークシャーの「ヒーリー（高地の開墾地、森）」。あるいは「熟練した（学問のある）者の息子」、「主張する（頭の良いアイルランド）人の末裔」など諸説ある。
ビリー Billy、Billie（男）（女）ウィリアム（ウィルマ）の愛称。現在は女性に多い。
ヒル Hill（姓）「丘」。同系の姓にヒルズ。
ヒルダ Hilda（女）「戦い」から。
ヒルトン Hilton（姓）「丘の上の場所、または農場」あるいは、イングランドにある地名。

【フ】

ファウラー Fowler（姓）「野鳥を捕らえる人」。とくに英国南部に多い。
ファーガス Fergus（姓）ケルト語の人名で「怖れ」と「精神力、強壮」の英語形あるいは「人間の選択」。また、ケルト語で「優秀な男の息子」とも。同系の姓にファルガスなどがある。
ファルコナー Falconar（姓）古期フランス語で「鷹匠」。
フィオナ Fiona（女）ケルト語で「白、美しい」。
フィッシャー Fisher（姓）「漁師」。
フィッツジェラルド Fitzgerald（姓）「ジェラルドの息子」。
フィッツパトリック Fitzpatrick（姓）「パトリックの息子」。
フィリップ Philip（男）新約の十二使徒の一人、ピリポ「馬を愛する者」からの名。愛称はフィル。

フィリップス Philips（姓）「フィリップの息子」。

フィルキンズ Filkins（姓）「フィルの息子」。**フィル**はフィリップの愛称。

フェラーリ Ferrari（姓）イタリア語で「鍛冶屋」。

フェリックス Felix（男）ラテン語で「幸せ、好運な」。

フェルナンデス Fernandez（姓）スペイン語で「フェルナンド（旅と冒険）の息子」。

フォーサイス Forsyth（姓）ケルト語で「平和の男」から派生した姓。またはスコットランドの同じ地名から。

フォスター Foster（姓）「刃物師またはハサミを作る人」または「猟場の番人」。また、「養い（養子、養親）」、あるいは「森の人（山林監督者）」、「鞍わくを作る職人」と諸説ある。

フォースター Forster（姓）「刃物師またはハサミを作る人」あるいは「猟場の番人」。

フォード Ford（姓）「川（の近くに住む）」、または「川（の渡し場の人）」。

フォーブス Forbes（姓）ケルト語で「野原、地方」を語源とするアバーディーンシャー地方のフォーブス出身者。

フック Hook（姓）川の湾曲部など、「鉤」形の地形に住む者、出身者。

ブッシュ Bush（姓）「藪」。

ブライアン Brian（男）ケルト語「高い、高貴な」（「丘」という説も）から派生したアイルランドの名。

プライス Price（姓）ウェールズの伝統的人名「ライス（情熱、猛進）の息子」またはシュロプシャーのプレス（藪）あるいはランカシャーのプリースという地名から。同系の姓に**ライス**、**リース**、**リーズ**、**プリース**など。

ブラウン Brown（姓）「茶色（の髪、目の人）」。

ブラック Black（姓）「黒（の髪、目の人）」。

フラナガン Flanagan（姓）ケルト語で「赤ら顔（のアイルランド人）」。

フランクリン Franklin、**Franklyn**（姓）（男）中期英語で「自由人、自由土地所有者」。

フランシス Francis（男）（姓）「（イギリスに移り住んだ）フランス人」。

ブリジット Bridget（女）古代ケルトの女神からきた名。

フリードマン Friedman（姓）「平和の人」。ユダヤ人に多い。

フリン Flynn、**Flinn**（姓）ケルト語で「赤ら顔（のアイルランド人）の末裔」または「赤髪の男」。

ブルース Bruce（姓）（男）「泥だらけ、泥が深い」。またはフランスのブルイス「藪」。

ブルック Brook、**Brooke**（姓）（女）「小川」。近年、女性名

としても定着している。同系の姓に**ブルックス**。

ブレア Blair（男）（女）ケルト語で「平原、野原」。

ブレイク Blake（姓）「青白い、色の薄い」。イングランドの一部のみの姓。

フレーザー Fraser（姓）「トネリコの木、またはイチゴ」からきたフランスの地名、あるいはスコットランド、アイルランドに多い「フリースランド（自由州からきた）人」。

プレスリー Presley（姓）ケルト語で「藪」と「開拓地」という二つの意味をもつ姓。

フレデリック Frederick（男）「平和」と「支配者」という二つの意味をあわせもつ名。英語での愛称は、アメリカで**フレッド**、イギリスで**フレディ**。

フレミング Fleming（姓）「（イギリスに移り住んだベルギーの）フランドル地方出身」。

フレンチ French（姓）「（イギリスに移り住んだ）フランス人」という意味。

ブレナン Brennan（姓）諸説ある。「火傷した手」、イングランドで「罪人の手を焼く仕事についていた人」、「手に烙印を捺された人」。またケルト語で「悲しみ、または不吉なカラスという名前の男」。

フロスト Frost（姓）「霜（のように白い髪、髭、のように冷たい心）」または「寒い（時期に生まれた）」。

ブロンソン Bronson（姓）「褐色の息子」。

ブーン Boon（姓）古期フランス語で「良い」から。

【ヘ】

ヘイ Hay（姓）「垣根、生け垣、囲い」。また、「高い」。あるいは、ヒアフォードシャーの「ヘイ（囲い地）」。同系の姓に**ヘイズ**。

ベイカー Baker（姓）「パン屋」。

ヘイグ Haig（姓）「囲い地」。

ヘイワード Hayward（姓）「家畜の見張り」または「生け垣、農地を管理する役人」。

ペイン Pain（姓）ラテン語で「村人、田舎者、異教徒」。

ペーター Peter（男）新約の十二使徒の一人ペトロ（ギリシア語で「石、岩」）のドイツ語形。

ベッカー Becker（姓）「パン屋」。ユダヤ人に多い姓。

ベティ Betty（女）エリザベスの愛称。

ベーコン Bacon（姓）「ブタ飼い、小百姓」、「（豚肉やラードを扱う）肉屋」。

ヘッセ Hesse（姓）「頭巾を被った人々」。

ヘップバーン Hepburn（姓）ヘップバーン「高い塚」（ノーサンバーランドとダラムにある）から来た者、また、小川に生えた野バラの側に住んでいたものなどがある。「ヘボン式ローマ字綴り」のヘボンも同じ姓。

ベートーヴェン Beethoven（姓）「ビート農場」。

ヘネシー Hennessy（姓）ケルト語で「アンガスの子孫」から。アンガスはケルト語で「一つの選択」。

ベネット Bennet（姓）（男）ローマ時代の聖人ベネディクトゥス（ラテン語で「祝福されたもの」）に由来する名。同系の名に**ベネディクト**がある。

ヘミングウェイ Hemingway（姓）「ヘミングの地所」または「ヘンマの人々の土地に通じる道筋」。

ベル Bell（姓）「鐘楼（そこに、またはその近くに住む人）」。

ベル Belle（女）イザベルの愛称から。また、フランス語の「美女」からとも。同系の名に**ベラ**がある。

ヘルベルト Herbert（男）ハーバートのドイツ語名。

ヘルマン Herman（姓）ローマ軍と戦ったゲルマン民族の英雄の名前で「戦士」。

ヘルムート Helmut（姓）ドイツ語で「戦闘」と「偉大、有名」という二つの意味をもつ。

ベロー Bellow（姓）「鐘楼（そこに、またはその近くに住む人、そこで働く人）」、または「鐘をつくる人」。同系の姓に**ベローズ**がある。

ベンジャミン Benjamin（男）旧約のベニヤミン「右、南の息子」。愛称はベン、ベニー、ベンジー。

ヘンダーソン Henderson（姓）ヘンリーのスコットランド系「ヘンドリーの息子」。

ベンツ Benz（姓）ベネディクトスのドイツ語形。

ヘンデル Handel（姓）ジョンのドイツ語形「ハンスの息子」。

ヘンドリックセン Hendricksen（姓）「ヘンリーの息子」の北欧形。同系の姓に**ヘンドリクセン**、**ヘンドリックス**。

ヘンリー Henry（男）ドイツ語のヘンドリック（「家」と「支配者、長」という二つの意味をあわせもつ）から派生した名。英語の愛称は**ハル**。

【ホ】

ポー Poe（姓）「孔雀」。

ホイットニー Whitney（姓）（男）（女）「白い」と「島」という二つの意味をあわせもつ。

ホイットマン Whitman（姓）「白い人」。

ボイド Boyd（姓）ケルト語で「黄色い髪の」。

ボイル Boyle（姓）「有利な抵当（をもったアイルランド人の末裔）」または「誓い」。

ホーキング Hawking（姓）「鷹匠」。

ホジキン Hodgkin（姓）ロジャーの愛称ホッジからの名。ロジャーは「名誉、名声」と「槍」という二つの意味をあわせもつ名。同系の姓に**ホジキンス**、**ホッジキス**。

ポズナー Posener（姓）ポーランド西部の「ポーゼン出身」。

ホセ Jose（男）新約のヨセフのスペイン語形。

ポーター Porter（姓）「荷運び屋」の英語形。
ホッブス Hobbs（姓）ロバートの愛称「ホッブの息子」。同系の姓に**ホプキンス**、**ホプキンソン**。
ホフマン Hoffmann（姓）「(大) 農場、荘園（の所有者、経営者、あるいはそこに雇われていた人）」。ドイツ系ユダヤ人に多い。
ポーラ Paula（女）ポールの女性形。同系の名に**ポーリーン**、**ポーレット**などがある。
ホール Hall（姓）「公会堂、荘園の館（に住んでいた、そこで雇われていた人）」。または、ドイツ語で「製塩所（から来た人）」。
ポール Paul（男）新約の聖パウロ（ラテン語で「小柄な」）。
ポルシェ Porsche（姓）トルコ系の人名ボリス「小さい」から派生した姓。また、スラヴ民族の間ではボルスラヴ（「戦い」と「栄光」）からともいう。
ホロヴィッツ Horowitz（姓）「ボヘミアのホリス＝ホリッツ（山岳地方）から来た者」、または「山地の住民の息子」。
ホワイト White（姓）「白い（髪、肌）」。
ホワイトヘッド Whitehead（姓）「白髪頭」。

【マ】

マイケル Michael（男）旧約の大天使ミカエル（ヘブライ語で「誰か神のごとき?」）。愛称には**マイク**、**ミック**、**ミッキー**がある。
マイヤー（メイヤー） Mayer（姓）ドイツ語で「監督、召使い頭、農夫」。または「医者」など諸説ある。
マーガレット Margaret（女）ギリシア語の「真珠」から派生した名。愛称は多く、**メグ**、**マギー**、**マーゴ**、**ペグ**、**ペギー**などがある。
マーク Mark、**Marc**（男）ラテン語のマルクスから。マルクスの意味は諸説あるが、ローマの軍神マルスに由来する説が有力。
マクガイア McGuire（姓）「ガイアの息子」。ガイアはケルト語で「灰褐色」。
マクガヴァン（マクギャヴァン） McGovern（姓）ケルト語で「夏の息子」という意味。
マクドナルド McDonald（姓）「ドナルドの息子」。
マクドネル McDonnell（姓）「ドネルの息子」。
マクファーランド McFarland（姓）「ファーランドの息子」。
マクマーン McMahon（姓）「熊の息子」。
マクミラン McMillan（姓）「剃髪した人、僧侶の息子」。
マクナマラ McNamara（姓）「ナマラ（海の猟犬、追跡者）の息子」という意味。
マクネイル（マクニール） McNeil（姓）「ネイル（ニール）の息子」という意味。

マクファーソン McPherson（姓）「司祭の息子」。

マクラウド McLeod（姓）「醜い人の息子」。

マクレーン McLean（姓）「レーンの息子」。**レーン**はギリシア語で「太陽、輝く者」またはケルト語で「聖ヨハネに帰依する人」から派生した名。

マクローリン McLaughlin（姓）ケルト語で「ローリンの息子」。**ローリン**はケルト語またはスカンディナヴィア語で「湖の土地」という意味。同系の姓に**ローラン**、**ローランド**などがある。

マーシャル Marshall（姓）「馬」と「従者、召し使い」から派生した職業名。司法秘書官から元帥までの高位役人を意味するが、もとは馬丁。

マーク Mark、**Marc**（男）新約の十二使徒の一人聖マルコの英語形。

マコーミック MaCormick（姓）アイルランドの八人の聖者の一人。ケルト語で「コルブの息子」。**コルブ**は「戦車の御者」という意味。

マシュー Matthew（男）新約の十二使徒の一人聖マタイから。愛称には**マット**、**マティ**がある。

マシューズ Matthews（姓）「マシューの息子」。同系の姓に**マッキン**、**マトソン**がある。

マッカーサー MacArthur（姓）「アーサーの息子」。同系の姓に**マッカートニー**などがある。

マッカーシー McCarthy（姓）「カーシー（愛想が良い）の息子」という意味。

マッカラム McCallum（姓）「カラムの息子」。**カラム**は「鳩（平和、優しさ、純粋の象徴）」。

マッキンタイヤ Macintyre（姓）「インタイヤの息子」。**インタイヤ**はケルト語で「大工」。

マッキントッシュ Macintosh（姓）「イントッシュの息子」。イントッシュはケルト語で「首領」。

マッケイ McKay（姓）「ケイの息子」。**ケイ**はケルト語で「火に愛されし者」。同系の姓に**マッキィ**。

マッケンジー McKenzie（姓）「ケンジーの息子」。**ケンジー**はケルト語で「公正な人、美しい人」。

マット Mat、**Matt**（男）マシューの愛称。

マティルダ Matilda（女）「強力」と「戦士」という二つの意味をあわせもつ名。

マーティン Martin（男）（姓）ローマの軍神マルスから。

マードック Murdoch（姓）おそらく「海」から派生した「水夫」という意味のスコットランドの姓。

マドンナ Madonna（女）聖母マリアのイタリアでの肩書きで、「私の貴婦人」という意味。

マーフィー Murphy（姓）ケルト語（アイルランド語）で「海

の戦士（の息子）」。

マライア Maraiah（女）マリアから派生した名。

マリー Marie（女）マリアのフランス語形。

マリア Maria（女）新約の聖母の名。マリアと旧約のミリアムは同源とされるが、原義は不明。英語名はメアリー。

マリリン Marilyn（女）マリアから派生した名。

マルクス Marx（姓）ラテン語のマルクスから。

マレー Murray（姓）ケルト語で「海に臨む」。

マロニー Moloney（姓）ケルト語で「教会の召使いの末裔」。同系の姓にモロニーがある。

マーロン Malone（姓）ケルト語で「聖ジョンの下僕、帰依者の孫息子」という意味。

マンスフィールド Mansfield（姓）ノッティンガムシャーにある同名の地方の出身者。または、ケルト語で「マムという名の丘のそばの野原」。

【ミ〜モ】

ミゲル Miguel（男）旧約の大天使ミカエルのスペイン語形。

ミシェル Michel（男）、ミシェル Michelle（女）旧約の大天使ミカエルのフランス語形。

ミッチェル Mitchell（男）（女）（姓）マイケルの愛称。

ミリアム Miriam（女）旧約のモーセの姉（または妹）の名。マリアと同源と考えられる。

ミルン Miln（姓）「粉屋」を意味する職業由来の姓。同系の姓にミラーなどがある。

ミルトン Milton（姓）「中間にある農地」または「製粉農場」の出身者。

ミレー Millet（姓）おそらく「キビを栽培、販売する者」。

ムア Moore（姓）「ムーア人（のように浅黒い）」。または「荒野または沼沢」。

ムスタファ Mustafa（姓）アラビア語で「純粋、選ばれし者」。

ムッソリーニ Mussolini（姓）フランス語の「モスリン（綿織物）」から派生した姓。

メアリー Mary（女）マリアの英語形。愛称は多く、メイ、マリー、モリー、ポリー、モルなどがある。

メイソン Mason（姓）「石工」。

メリル Merrill（男）（姓）ケルト語で「海」と「眩しい」という二つの意味をあわせもつ。

メルヴィル Melville（姓）北フランス地方の痩せた土地につけられた地名（悪い土地）の出身者。

メンデル Mendel（姓）「知識、知恵」。

メンデルスゾーン Mendelssohn（姓）「メンデルの息子」。

メルセデス Mercedes（姓）（女）マリアの肩書きの一つ。意味は「慈悲、哀れみ、情け」。

モーガン Morgan（姓）ケルト語で「円、完成」を意味する人名モルカントから派生した姓。また、「偉大な、輝かしい」、あるいは「海に住む人」とも。

モーゼズ Moses（姓）（男）旧約のモーセから。**モーセ**は古代エジプト語で「(〜神によって）生まれた」、またはヘブライ語で「(水から）救い出された」など諸説ある。

モーツァルト Mozart（姓）一説に「精神」と「強い」という二つの意味をあわせもつドイツ語の姓。

モニカ Monica（女）聖アウグスティヌスの母、聖モニカにちなむ名。語源、語義ともに明らかではない。フランス語では**モニーク**。

モーム Maugham（姓）ケルト語で「川原」。また、イングランドのノーサンバーランドやスコットランドのラナークに同名の地名があるのでそこの出身者。

モラン Moran（姓）ケルト語で「大きな（人）」。

モーリス Morris（姓）「ムーア人（のように浅黒い）」。

モンゴメリー Montgomery（姓）イギリス中にある同じ地名から派生した姓。

モンタギュー Montague（姓）「頂の尖った山、丘」またはノルマンディーのアイギュ山（モンテ・アイギュ。アイギュは「鋭い」）。

モンロー Monroe、**Monro**（姓）ケルト語で「ロー川の河口」に基づくスコットランド系の地名から生まれた姓。

【ヤ〜ヨ】

ヤング Young（姓）「若い」。

ヤンセン Jansen（姓）「ヤンの息子」。**ヤン**はヨハネのオランダ語形。

ユーゴー Hugo（姓）（男）ヒューのフランス語形。

ユージン Eugene（姓）ラテン語で「素性の良い」。

ユング Yung（姓）「若い」を意味するドイツ語名。

ヨハン Johan（男）新約のヨハネのドイツ語形。

【ラ】

ライス Rice（姓）ウェールズの伝統的人名「ライス（の息子）」。ライスは「情熱」。同系の姓に**プライス**、**ライス**、**リース**、**リーズ**などがある。

ライト Wright（姓）「(さまざまな品物を作った）職人、大工」といった意味がある。

ライリー Reilly（姓）ケルト語で「勇壮な（アイルランド）人」という意味。

ラケル Rachel（女）ヘブライ語の「雌の羊」から派生した名。英語読みは**レイチェル**。

ラッセル Russel（姓）「小さな赤毛の人」。

ラファイエット La Fayette（姓）「ブナの小さな森」から。

ラファエロ Raffaello（男）ヘブライ語で「神は癒された」を意味する名のイタリア語形。

ラムLamb（姓）「子羊（のようにおとなしい、あるいは逆におとなしくない）」または「子羊（を扱う仕事をする職人）」という意味。

ラングLang（姓）「長い」。

ランドールRundall（姓）「ふっくらとした、丸々と肉付きのよい」または「石の円形広場」。

ランドルフRandolph（姓）（男）「ふち、盾」または「カラス」と「オオカミ」から派生した姓。愛称は**ランディ**。

【リ】

リーLee（姓）「森または森を切り開いた場所に住む人」、「牧草地の住民」またはイングランドの同じ名の地方の出身者。あるいは「スモモ、プラム」。同系の姓に**レー**。

リオンLyon（姓）ラテン語の「ライオン」から派生した名。または地名のリオン「カラスの丘」から。

リチャードRichard（男）ラテン語の「支配」と「厳格な」という二つの意味をあわせもつ名。愛称は**ディック**、**リック**、**リッキー**、**リッチー**などがある。

リッケンバッカーRickenbacker（姓）「濁り川、沼川」または同名の土地。

リッチRich（姓）「金持ち」またはリチャードの愛称から派生した姓。

リードRead、Reed、Reid（姓）「赤（髪、顔）」、「アシ（の生えた場所）」、「開拓地（の近く）」など諸説あり。

リュックLuc（男）新約の福音史家ルカのフランス語形。

リリーLily（女）「百合」。

リリアンLilian（女）リリーまたはエリザベスの愛称。

リンカーンLincoln（姓）「湖、水辺のローマ人の集落」またはリンカンシャーにある同名の地方。

リンゴRingo（男）リチャードの愛称。

リンゼイLindsay（姓）リンコルンシャーにある同名の地「リンカーンの島」または「リンカーンの所有する湿地」。その地の有力な一族の出身者がスコットランドへもたらした地名から。

リンチLynch（姓）「丘」または、同名の地方の出身者。

リンドバーグLindberg（姓）スウェーデン語で「シナノキ（菩提樹）の山」。

【ル〜レ】

ルイ（ルイス）Louis、Lewis（男）「名高い」と「戦士」という二つの意味をあわせもつ名。

ルイーズLouise（女）ルイ（ルイス）の女性形。

ルーカスLucas（姓）ルークから派生した姓。

ルークLuke（男）新約の福音史家ルカ（ギリシア語で「ルカニアからの男」のラテン語形）から。

ルースRouse、Rowse（姓）「赤い（髪、顔）」。

ルーズヴェルト Roosevelt（姓）オランダのローゼン・ヴェルト（バラの野原）の出身者、もしくはバラ園の近く、またはそこで雇われていた人。

ルソー Rousseau（姓）「小さな赤毛の人」。

ルター（ルーテル）Luther（男）（姓）「名高い軍隊」を意味するドイツ語名。英語読みはルーサー（キング牧師のミドル・ネーム）。

ルートヴィヒ Ludwig（男）ルイのドイツ語形。

ルノー Renault（姓）レイノルドのフランス語形。

ルブラン Leblanc（姓）フランス語で「白い（髪、肌）」。

ルーベンス Reubens（姓）旧約のヤコブの十二人の息子の一人、ルーベンの名から「ルーベンの息子」。ルーベンはヘブライ語で「見よ、息子だ」という意味。

レイノルド Reynold（男）（姓）ラテン語の人名で「助言、決心」と「支配者」という二つの意味をあわせもつ。同系の名にレジナルドがある。

レイモンド Raymond（男）「助言、決断」と「守護者」という二つの意味をあわせもつ。

レヴィ Levi、Levy（姓）おそらくヘブライ語起源だが語義は明らかではない。旧約のヤコブとレアの息子の名であり、また、ユダヤ教の聖職者の役職名でもある。まったく別の語源では「愛されし戦士」という説もある。

レヴィ・ストロース Levi-Strauss（姓）ヘブライ語のレヴィとドイツ語のストロースの複合姓のフランス語読み。英語読みでリーヴァイストラウス（リーヴァイス）。

レーガン（リーガン）Reagan、Reagen、Reagin（女）（姓）ケルト語で「小さな王」の息子。

レナード Leonard（男）「ライオン」と「勇敢、強い」という二つの意味をあわせもつ名。イタリア語ではレオナルド。

レノン Lennon（姓）ケルト語で「小さな外套」からの名。

レベッカ Rebecca（女）旧約のヤコブとエサウの母の名から。「束縛」を意味するとされている。愛称はベッキー。

【ロ】

ロイ Roy（姓）（男）ケルト語で「赤い（髪、顔）」。また、英語圏では「王（のようにおごった、にふさわしい威厳のある）」あるいは「王（に仕える）」など、諸説がある。

ロイド Lloyd（姓）ウェールズ語で「灰色（の髪）」。

ロウ Law（姓）ローレンスの愛称から。

ローウェル Lowell（姓）「オオカミ」と「子ども、若い」という二つの意味をあわせもつ。

ロジャー Roger（男）「名声」と「槍」。

ロス Ross（姓）ケルト語で「岬に住む人」またはスコットランドの有名なロス一族からきた姓。

ロス Roth（姓）ドイツ語で「赤い（髪、顔）」。

ロスチャイルド Rothschild（姓）ドイツ語で「赤い盾」。
ロックウェル Rockwell（姓）「石の多い泉（流れ）」。
ロックフェラー Rockefeller（姓）ドイツ語で「ライ麦畑」。
ロドニー Rodney（姓）（男）「（イギリス南西部）ロドニー出身者」という意味。愛称は**ロッド**。
ロドリゲス Rodriguez（姓）「ロドリーゴの息子」。**ロドリーゴ**は「名声」と「支配」という二つの意味をあわせもつ名。
ロバート Robert（男）「名声」と「輝かしい」という二つの意味をあわせもつ名。愛称には**ロブ**、**ロビン**、**ボブ**、**ボビー**などがある。
ロビン Robin（男）（女）ロバートの愛称ロブから派生した名。または「コマドリ」。
ロビンズ Robins（姓）「ロバート（またはロビン）の息子」。同系の姓に**ロビンソン**がある。
ロベルタ Roberta（姓）（女）ロベルトの女性形。
ロベルト Roberto（男）ロバートのイタリア語形。
ローラ Laura、**Lola**（女）ラテン語の「月桂樹」から派生した男性名の女性形。愛称は**ローリー**、**ロレッタ**。
ローランド Roland（姓）「名声」と「国」という二つの意味をあわせもつ。
ローリー Raleigh（姓）「赤（または鹿）」と「森、開拓地」という二つの意味をあわせもつ姓。
ローレンス Laurence（姓）（男）ラウレントゥム（ラテン語の「月桂樹」が有力な語源）出身の男を意味するラテン語ラウレンティウスが英語形になったもの。
ロングフェロー Longfellow（姓）「のっぽ」。

【ワ】

ワイルダー Wilder（姓）「荒野または未開地（に住む人）」または、「野獣（のような人）」。あるいは「力強い軍隊」。
ワイルドWilde（姓）バークシャーの地名「ワイルド（策略）」または、「荒野、未開地（に住む人）」。
ワーグナー Wagner（姓）「四輪大型荷馬車の御者」または「車大工」。
ワシントン Washington（姓）（男）イングランド北部の地名「ワシントン（出身者）」という意味。ジョージ・ワシントンにあやかって男姓名としてももちいられる。
ワトソンWatson（姓）「ワットの息子」。**ワット**はウォルターの愛称。
ワーナー Warner（姓）「守りの戦士」または「狩猟園の番人」という意味。
ワルサー Walther（男）古期ドイツ語で「支配」と「軍隊」という二つの意味をあわせもつ**ワルター（ヴァルター）**の英語読み。現代ドイツ語表記は **Walter**。

ロシア人の名前

アナスタシアAnastasia（女）ギリシア語の「(キリストの)復活」からの名。

アナトリAnatoli（男）ギリシア語の「日の出」から。

アルカディArkadi（男）ギリシア語「(ペロポネソス半島中央部)アルカディアの男」からの名。

アレクサンドルAleksandr（男）ギリシア語のアレクサンドロス「人々の守護者」からの名。女性名は**アレクサンドラAleksandra**。愛称に男性名**サーシャ**Sásha がある。

アレクセイAleksei（男）ギリシア語の「守護者」から。

アンドレイAndrei（男）ギリシア語の「男らしい」から。英語のアンドリューと同じ。

アントンAnton（男）ラテン語の氏族名アントニウスから。

アンナAnna（女）ヘブライ語の「神の恵み深き」からの名。

イゴールIgor（男）古期ノルウェー語の「いちいの木の弓の戦士」に由来する名。

イリナIrina（女）ギリシア語の「平和」からの名。

イリヤIlya（男）ギリシア語の「ヤハウェは神なり」に由来する名。英語のイライアスと語源を同じにする。

イワンIvan（男）ヘブライ語の「神は恵み深き」からの名。英語のジョン、新約のヨハネと同じ。

ヴァシリVasili（男）ギリシア語の「王者らしい」からの名。

ヴャチェスラフVyacheslav（男）スラヴ語で「より荘厳な」。

ヴァレリValeri（男）ラテン語の「健康」からの名。

ヴァレンティンValentin（男）ラテン語の「繁栄する」からの名。**ヴァレンティナValentina**は女性名。

ヴィクトルViktor（男）ラテン語の「征服者」からの名。

ヴェラVera（女）スラヴ語で「信仰」という意味。

ウラディミールVladimir（男）スラヴ語で「支配」「偉大な力」。愛称のひとつに男性名**ヴォロディヤVolodya**がある。

エカテリーナEkaterina（女）ギリシア語名のカテリナ（意味は不明）からの名。**カテリーナKaterina**とも。愛称のひとつに女性名**カーチャKatya**（女）がある。

エフゲニEvgeni（男）ギリシア語の「よい生まれ」からの名。

エレナElena（女）ギリシア語名ヘレンからの名。愛称のひとつに女性名**レナLena**がある。

オレグOreg（男）古期ノルウェー語の「繁栄した」からの名。女性名には**オレガOrega**がある。

ガリナGalina（女）おそらくギリシア語で「落ち着いた」。

キリルKirill（男）ギリシア語の「主の」という意味の名。九世紀、ロシアに布教に訪れた聖人の名でもある。

グリゴリーGrigorij（男）ギリシア語で「用心深い」。

コンスタンティンKonstantin（男）ラテン語で「堅固」の意味。

ゲンナディ Gennandi（男）ギリシア語名のディオゲネス「ゼウスから生まれた者」の短縮形。「ヘルメスから生まれた者」ヘルモゲネスに由来するとも。

スヴェトラーナ Svetlana（女）スラヴ語で「光」。

ステパン Stepan（男）ギリシア語の「冠」からの名。

スラヴァ Slava（男、女）さまざまなスラヴ語名で～スラヴ「栄光」のつく名前の愛称。

セルゲイ Sergei（男）ラテン語の氏族名に由来する名。

ソフィヤ Sofya（女）ギリシア語の「知恵」からの名。愛称のひとつに女性名**ソーニャ Sonya** がある。

タティアナ Tatyana（女）ラテン語氏族名に由来する。愛称のひとつに女性名**ターニャ Tanya** がある。

ディミトリ Dimitri（男）ギリシア語の「デメトル信奉者」からの名。デメトリは大地の女神デーメテール。愛称のひとつに男性名**ミーチャ Mitya** がある。

ナターリヤ Nataliya（女）ラテン語の「誕生の」からの名。愛称のひとつに女性名**ナターシャ Natasha** がある。

ナデズダ Nadezhda（女）ロシア語で「希望」。愛称のひとつに女性名**ナディヤ Nadya** がある。

ニキータ Nikita（男）ギリシア語の「征服されていない」。

ニコライ Nikolai（男）ギリシア語の「勝利した人々」からの名。愛称のひとつに男性名**コーリャ Kolya** がある。

パヴェル Pavel（男）ラテン語で「小さい」からの名。英語のポール、新約のパウロと同じ。

ピョートル Pyotr（男）ギリシア語で「石」。愛称に女性名**ペーチャ Petya** がある。英語のピーター、新約のペテロと同じ。

フョードル Fyodr（男）ギリシア語の「神の贈り物」からの名。英語のセオドアと同じ。

ボリス Boris（男）あだ名「小さい」からの名。十三世紀のモンゴル（タタール）の侵攻に対して生まれた名といわれる。

マクシム Maksim（男）ラテン語の「最も偉大な」からの名。

マリーナ Marina（女）ラテン語の「海の」からの名。

マリヤ Marya（女）ヘブライ語名から。愛称のひとつに女性名**マーシャ Masha** がある。英語のメアリーと同じ。

ミハイル Mikhail（男）ヘブライ語の「誰か神のごとき」から。愛称に**ミーシャ Misha**（男）がある。英語ではマイケル。

ユーリ Yurij（男）ギリシア語の「農夫の」に由来。愛称のひとつに男性名**ユーラ Yura** がある。英語のジョージと同じ。

ヨシフ Iosif（男）ヘブライ語の「神は増やしたもう」。新約のヨセフと同じ。

ライサ Raisa（女）スラヴ語で「楽園」。

リュドミラ Lyudmila（女）スラヴ語で「人々の慈悲」。

リュボフ Lyubov（女）ロシア語で「愛」。

レフ Lev（男）ロシア語で「ライオン」。

インド人の名前

言語、宗教がさまざまに混在するインド人の名前をひとまとめにするのは難しいが、ごく簡単に、いくつか例をあげてみる。〈サ〉＝サンスクリット語の略

アショク（男）〈サ〉「悲しみと無縁」。仏教を広めたことで知られるアショカ王の名。
アナンド（男）〈サ〉「幸福」「無上の喜び」。シヴァ神の別名。女性名は**アナンダ**。
アニル（男）〈サ〉「空気」「風」。インドラ神の御者、風の神ヴァユの別名。女性名は**アニラ**。
インディラ（女）〈サ〉「美」「輝き」。太陽光を神格化したヴィシュヌ神の妻ラクシュミの別名。
インドラ（男）おそらく〈サ〉「(雨の)滴をもっている」。暗闇を倒す空の神、雨の王インドラの名。
ヴァサント（男）〈サ〉「春」。女性名は**ヴァサンティ**。
ヴィクラム（男）〈サ〉「武勇」「力」。ヴィシュヌ神の別名。
ヴィシュヌ（男）太陽光線を神格化したヴィシュヌ神の名。
ヴィシュワナス（男）〈サ〉「すべての神」。シヴァ神の別名。
ヴィマル（男）〈サ〉「純粋」。女性名は**ヴィマラ**。
カイラシュ（男、女）ヒマラヤ山脈にある山の名。シヴァの楽園、富の神クベラの住居。
ガウリ（女）〈サ〉「白」。夫のシヴァ神に浅黒い肌をからかわれ、ヒマラヤで瞑想して白い美肌を手に入れた女神の別名。
カマル（男）〈サ〉「ピンク（＝蓮）」。女性名は**カマラ**。
カーンティ（女）〈サ〉「月のような美人」。
クマル（男）〈サ〉「息子」「王子」。**クマリ**（女）「娘」「王女」。
クリシュナ（男）〈サ〉「黒」「暗い」を意味する。神格化された伝説の英雄の名。
ゴータマ（男）〈サ〉「至高の雄牛」。ブッダ「目覚めた人」のもとの名として知られる。
サヴィトリ（女）〈サ〉「サヴィトル（太陽神）に仕える者」。伝説では、黄泉の国から夫を救出した妻の名。
サラワティ（女）〈サ〉「水をもっている者」。インダス川と同一視される女神名。
シヴァ（男）〈サ〉「恵み深い」「吉運の」。
ジェイ（男）〈サ〉「勝利」という意味。
シッダールタ（男）〈サ〉「目的を達成した者」。ブッダの幼名。
シャクティ（女）〈サ〉「力」という意味。
ジャグディシュ（男）〈サ〉「世界の支配者＝神」。
シャフジャハン（男）ペルシア語起源で「世界の王」。タージ・マハールを建設した王の名。
シャンティ（女）〈サ〉「(瞑想などで得られる精神的な)平穏」。
ジャワーハルラール（男）〈サ〉「ルビー」。

スシール（男）〈サ〉「平穏」。女性名は**スシーラ**。
スジャータ（女）〈サ〉「高貴な生まれ」「素晴らしい性格」。ブッダに乳粥を与えた女性の名。
スブーシュ（男）〈サ〉「雄弁」。
スマン（女）〈サ〉「花」「親切な」。
スーリア（男）〈サ〉「太陽（太陽神）」。
スレシュ（男）〈サ〉「神々の支配者」。
ダヤラム（男）〈サ〉「ラーマのように慈愛に満ちた」。
タラ（女）〈サ〉「星」「星座」。
チャンドラ（男、女）〈サ〉「月」。
ディネシュ（男）〈サ〉「日中の神＝太陽」。
デヴ（男）〈サ〉「神（主にインドラ）」。王に対して「陛下」の意味。女性名は**デヴィ**（女）。
ナーレンダ（男）〈サ〉「人々のなかのインドラ」、つまり「力強い男」「王」「（ヘビの危険からの守護を司る）医者」。
ナンダ（男）〈サ〉「喜び」、「息子」。ブッダの義理の兄弟の名。
ネールー（家）ヒンドゥー語で「運河」。
パドマ（男、女）〈サ〉「蓮」。肉体的エネルギーの中心。
ババール（男）トルコ語起源のイスラーム教名で「ライオン」。ムガール帝国最初の王の別名。
バラット（男）〈サ〉「維持された」。火の神アグニの名前。女性名は**バラッティ**（女）。
プラブフ（男）〈サ〉「力強い者」「王」。太陽神スーリアと火の神アグニの別名。
プルショッタム（男）〈サ〉「もっとも高貴なる存在」。クリシュナ神またはヴィシュヌ神の別名。
マハヴィル（男）〈サ〉「偉大な英雄」。ジャイナ教の始祖の名。
マヘシュ（男）〈サ〉「偉大な支配者」。シヴァ神の別名。
マラティ（女）〈サ〉「ジャスミン」。
マーヤー（女）〈サ〉「幻影」という意味。ブッダの母の名。
ミーナ（女）〈サ〉「魚」「魚座」。
モーハン（男）〈サ〉「魅了するもの」。シヴァ神の別名。女性名は**モハーナ**。
ヤシュパル（男）〈サ〉「壮麗な守護者」。
ラヴィ（男）〈サ〉「太陽（太陽神の名）」。
ラクシュマン（男）〈サ〉「めでたい兆しをもつ者」。
ラクシュミ（女）〈サ〉ヴィシュヌ神の妻で美、幸運、富の女神の名。
ラケシュ（男）〈サ〉「満月の日の支配者」。シヴァ神の別名。
ラーフラ（男）〈サ〉「月食」。この日に生まれたブッダの子。
ラーマ（男）〈サ〉「心地よい」。
ルクミニ（女）〈サ〉「金で装飾された」。
ルピンデル（女）〈サ〉「美女のインドラ＝無上の美しさ」。
マハートマー（称号）〈サ〉「偉大な魂」。高貴な人物の称号。

参考文献

"A CONCISE DICTIONARY OF FIRST NAMES" PatrickHanks・Flavia Hodges OXFORD UNIVERSITY PRESS 一九九七
"THE PENGUIN DICTIONARY OF FIRST NAMES" David Pickering 一九九九
"AN ETYMOLOGICAL DICTIONARY OF FAMILY AND CHRISTIAN NAMES" William Aurthur SHELDON, BLAKEMAN 一八五六
『ヨーロッパ人名語源事典』 梅田修 大修館書店 二〇〇〇
『データで読む英米人名大百科』 レズリー・アラン・ダンクリング 中村匡克訳 南雲堂 一九八七
『アメリカ人名事典』 G・R・スチュアート 木村康男訳 北星堂書店 一九八三
『英米人の姓名』 木村正史 鷹書房 一九八〇
『続英米人の姓名』 木村正史 鷹書房弓プレス 一九九七
『ギネスの名前百科』 L・A・ダンクリング 佐々木謙一編訳 研究社出版 一九八四
『アメリカ人名おもしろ辞典』 松本安弘・松本アイリン 北星堂書店 一九九五
『アメリカ大統領を読む事典』 宇佐美滋 講談社＋α文庫 二〇〇〇
『英語の名前』 ジオス出版編 ジオス出版 二〇〇〇
『黄金伝説』〈第一～四巻〉 ヤコブス・デ・ウオラギネ 前田敬作・今村孝訳 人文書院 一九七九
『聖者の事典』 エリザベス・ハラム 鏡リュウジ・宇佐和通訳 柏書房 一九九六
『世界人名ものがたり』 梅田修 講談社 一九九九
『名前と人間』 田中克彦 岩波書店 一九九六
『家の名・族の名・人の名』 黒木三郎・村武精一・瀬野精一郎編 三省堂 一九八八
『氏と戸籍の女性史』 久武綾子 世界思想社 一九八八
『世界人物逸話大事典』 朝倉治彦・三浦一郎編 角川書店 一九九六
『人物20世紀』 樺山紘一他編 講談社 一九九八
『聖書人物列伝』(別冊歴史読本) 新人物往来社 一九九八
『世界「人物」総覧』(別冊歴史読本) 新人物往来社 一九九七
『外国人の姓名』 島村修治 帝国地方行政学会 一九七一
『世界の姓名』 島村修治 講談社 一九七七
『架空人名辞典』 欧米編 教育社 一九八六
『欧米文芸登場人物事典』 C・I・アジザ他 中村栄子編訳 大修館書店 一九八六
『外国映画人名辞典』男優編 北島明弘監修 キネマ旬報社 一九九七
『外国映画人名辞典』 女優編 北島明弘監修 キネマ旬報社 一九九七
『英語エポニム辞典』 シリル・ビーチング 横山徳爾訳編 北星堂書店 一九八八
『世界の言語ガイドブック』 1 ヨーロッパ・アメリカ編 東京外語大学語学研究所編 三省堂 一九九八
『世界の言語ガイドブック』 2 アジア・アフリカ編 東京外語大学語学研究所編 三省堂 一九九八
『ケルト神話と中世騎士物語』 田中仁彦 中央公論社 一九九五
『第三世界の姓名－人と名前と文化－』松本脩作・大岩川嫩編 明石書店 一九九四
『韓国姓名字典』 金容権編 三修社 一九八八
『名前と社会－名づけの家族史－』早稲田大学出版部 一九九九

『金正日・北朝鮮権力の実像』恵谷治　時事通信社　一九九五
『現代中国人物別称総覧』　藤田正典編　汲古書院　一九八六
『アジア「キーパーソン」事典』　泉川オーシャン　三一書房　一九九九
『アフリカをフィールドワークする』　梶茂樹　大修館書店　一九九三
『エジプト・文明への旅』　小杉泰　NHKブックス　一九八九
『エジプト人はどこにいるか』　奴田原睦明　第三書館　一九八五
『英語物語』　ロバート・マクラム、ウイリアム・クラン、ロバート・マクニール　岩崎春雄他訳　文藝春秋　一九八九
『西欧人名知識事典』　E・C・スミス・東浦義雄・曽根田憲三編　荒竹出版　一九八四
『アイヌ語をフィールドワークする』　中川裕　大修館書店　一九九五
『アイヌの民俗（上）』　更科源蔵　みやま書房　一九八二
『アイヌ、神々と生きる人々』　藤村久和　福武書店　一九八五

21世紀研究会(にじゅういっせいきけんきゅうかい)
「戦争と革命の世紀」といわれた20世紀は終わり、通信技術の発達による国際化、ボーダーレスの時代がやってきた。しかし、はたして日本人は、地球規模の視野をもって21世紀を生きることができるのか。その答えを模索するために、歴史学、文化人類学、考古学、宗教学、生活文化史学の研究者たち9人が集まって国際文化研究の会を設立した。編著に『食の世界地図』、『新・民族の世界地図』、『法律の世界地図』(いずれも文春新書)などがある。

文春新書
154

人名の世界地図

平成13年2月20日	第1刷発行
平成23年9月15日	第17刷発行

編著者	21世紀研究会
発行者	飯窪成幸
発行所	株式会社 文藝春秋

〒102-8008　東京都千代田区紀尾井町3-23
電話 (03)3265-1211 (代表)

印刷所	大日本印刷
製本所	大口製本

定価はカバーに表示してあります。
万一、落丁・乱丁の場合は小社製作部宛お送り下さい。
送料小社負担でお取替え致します。

©21c.Kenkyukai 2001　　　　Printed in Japan
ISBN4-16-660154-7

本書の無断複写は著作権法上での例外を除き禁じられています。
また、私的使用以外のいかなる電子的複製行為も一切認められておりません。

文春新書のロングセラー

ぼくらの頭脳の鍛え方
必読の教養書400冊

立花 隆・佐藤 優

博覧強記のふたりが400冊もの膨大な愛読書を持ち寄り、〝総合知〟をテーマに古典、歴史、政治、宗教、科学について縦横無尽に語った

719

日本人へ リーダー篇

塩野七生

ローマ帝国は危機に陥るたびに挽回した。では、今のこの国になにが一番必要なのか。「文藝春秋」の看板連載がついに新書化なる

752

日本人へ 国家と歴史篇

塩野七生

ローマの皇帝たちで作る「最強内閣」とは？とらわれない思考と豊かな歴史観に裏打ちされた日本人へのメッセージ、好評第2弾

756

新約聖書Ⅰ・Ⅱ

新共同訳 解説・佐藤 優

一度は読んでみたいと思っていた人。途中で挫折した人。この新書版なら、佐藤優氏のガイドによってキリスト教のすべてが分かる

774・782

日本人の誇り

藤原正彦

危機に立たされた日本は、今こそ「自立」と「誇り」を回復するために何をすべきなのか？『国家の品格』の著者による渾身の提言

804

文藝春秋刊